工商管理教学案例精选

The Case of Business Administration Teaching

王瑞华 主 编
贾晓菁 王玉霞 副主编

图书在版编目（CIP）数据

工商管理教学案例精选／王瑞华主编.—北京：北京大学出版社，2018.11
（财经类专业硕士教学案例丛书）
ISBN 978-7-301-29980-7

Ⅰ.①工… Ⅱ.①王… Ⅲ.①工商行政管理—研究生—教案（教育）—汇编 Ⅳ.①F203.9

中国版本图书馆 CIP 数据核字（2018）第 232459 号

书　　　名	工商管理教学案例精选 GONGSHANG GUANLI JIAOXUE ANLI JINGXUAN
著作责任者	王瑞华　主编　贾晓菁　王玉霞　副主编
责任编辑	兰　慧
标准书号	ISBN 978-7-301-29980-7
出版发行	北京大学出版社
地　　　址	北京市海淀区成府路 205 号　100871
网　　　址	http://www.pup.cn
微信公众号	北京大学经管书苑（pupembook）
电子信箱	em@pup.cn　　QQ：552063295
电　　　话	邮购部 010-62752015　发行部 010-62750672　编辑部 010-62752926
印 刷 者	三河市博文印刷有限公司
经 销 者	新华书店 730 毫米×1020 毫米　16 开本　23.75 印张　376 千字 2018 年 11 月第 1 版　2018 年 11 月第 1 次印刷
定　　　价	49.00 元

未经许可，不得以任何方式复制或抄袭本书之部分或全部内容。
版权所有，侵权必究
举报电话：010-62752024　电子信箱：fd@pup.pku.edu.cn
图书如有印装质量问题，请与出版部联系，电话：010-62756370

编委会
（按姓氏笔画排序）

马海涛　　王瑞华　　尹　飞　　白彦锋

朱建明　　李建军　　李晓林　　辛自强

张学勇　　赵景华　　袁　淳　　唐宜红

殷先军　　戴宏伟

总　序

中国改革开放四十年来尤其是党的十八大以来,社会经济发展取得了举世瞩目的成就,党和国家事业发生历史性变革,中国人民向着决胜全面建成小康社会,实现中华民族伟大复兴的宏伟目标奋勇前进。党的十九大报告指出"建设教育强国是中华民族伟大复兴的基础工程,必须把教育事业放在优先位置",要"加快一流大学和一流学科建设,实现高等教育内涵式发展"。

实现高等教育内涵式发展,研究生教育是不可或缺的重要部分。2013年,教育部、国家发展和改革委员会、财政部联合发布《关于深化研究生教育改革的意见》,明确提出研究生教育的根本任务是"立德树人",要以"提高质量、满足需求"为主线,以"分类推进培养模式改革、统筹构建质量保障体系"为着力点,更加突出"服务经济社会发展""创新精神和实践能力培养""科教结合、产学结合"和"对外开放"。这为研究生教育改革指明了方向,也势必对专业学位研究生教育产生深远影响。

深化研究生教育改革,要重视发挥课程教学在研究生培养中的作用,而高水平教材建设是开展高水平课程教学的基础。2014年教育部发布《关于改进和加强研究生课程建设的意见》,2016年中共中央办公厅、国务院办公厅发布《关于加强和改进新形势下大中小学教材建设的意见》,2017年国务院成立国家教材委员会,进一步明确了教材建设事关未来的战略工程、基础工程的重要地位。

中央财经大学历来重视教材建设,推进专业学位研究生教学案例集的建设是中央财经大学深化专业学位研究生教育改革、加强研究生教材建设的重要内容之一。从2009年起,中央财经大学实施《研究生培养机制综合改革方案》,提出了加强研究生教材体系建设的改革目标,并先后组织了多批次研究生精品教材和案例集建设工作,逐步形成了以"研究生精品教材系列""专业学位研究生教学案例集系列""博士生专业前沿文献导读系列"为代表的具有中央财经大学特色的研究生教材体系。其中,首批九部专业学位研究生教学案例集已于2014年前后相继出版。

呈现在读者面前的财经类专业硕士教学案例丛书由多部精品案例集组成,涉及经济学、管理学、法学三个学科门类,所对应课程均为中央财经大学各专业学位研究生培养方案中的核心课程,由教学经验丰富的一线教师组织编写。编者中既有国家级教学名师等称号的获得者,也不乏在全国百篇优秀案例评选中屡获佳绩的中青年学者。本套丛书以"立足中国,放眼世界"的眼光和格局,本着扎根中国大地办大学的教育理念,突破案例来源的限制,突出"全球视角、本土方案",在借鉴国外优秀案例的同时,加大对本土案例的开发力度,力求通过相关案例的讨论引导研究生思考全球化带来的影响,培养和拓宽其国际视野。

财经类专业硕士教学案例丛书的出版得到了"中央高校建设世界一流大学(学科)和特色发展引导专项资金"的支持。我们希望本套丛书的出版能够为相关课程开展案例教学提供基础素材,并启发研究生围绕案例展开讨论,提高其运用理论知识解决实际问题的能力,进而帮助其完成知识构建与知识创造。

编写面向专业学位研究生的教学案例集,我们还处在尝试阶段,虽力求完善,但难免存在这样那样的不足,恳请广大同行和读者批评指正。

财经类专业硕士教学案例丛书编委会

2018年8月于北京

前　言

20世纪初，美国哈佛大学将起源于法学和医学的案例研究法引入管理学科中，创造了案例教学法。案例教学法指围绕一定培训目的，把生活中真实的情景加以典型化处理，形成供学员思考、分析和决断的案例，让学员把自己纳入案例场景中，通过独立研究和小组讨论的方式，来提高自身分析问题和解决问题的能力的一种方法。案例教学法被管理学界广泛接受，成为一种重要的教学方法。

借鉴美国哈佛大学商学院工商管理硕士(MBA)案例教学取得的成就，我国的全国工商管理硕士(我国第一个专业硕士学位)教育指导委员会于1999年正式将案例教学作为MBA教学的重要方法，以培养学员的实际管理能力、增强学员的进取精神，实现学员的知识结构实用化、能力结构实践化，提升我国MBA教育的整体水平。

2003年，中央财经大学(以下简称"中财")获得中华人民共和国教育部批准开办MBA教育，中财MBA教育秉承了中财务实、稳健、诚信的教育传统，贯彻了培养精英人才的使命，不断追求卓越。中财MBA教育中心集中了全校资源，针对市场需求和学校优势学科方向，将MBA项目分为金融管理、会计与财务管理、企业管理、金融与大数据营销四个专业方向，针对这四个方向分别设置了相应的课程，并组织了大量的专题讲座和论坛与之配套，形成了完善的课程体系。中财MBA教育中心一贯重视案例建设，投入了大量资金对MBA任课教师进行案例教学培训。面对适合国情的本土化案例严重匮乏的情况，中财MBA教育中心以开发高质量、本土化、有中财特色的管理案例为己任，专门设有案例与课程研究中心，配有专职的教学科研人员，以推动中财案例与课程开发工作，并面向全校公开招标 MBA 课程及案例开发团队。此外，中财 MBA 教育中心每年召开一次教师案例教学研讨会；每年举办一次哈佛商业评论案例大赛；定期遴选、结集出版《中国工商管理案例精选》，迄今为止已公开出版七辑，共收录具有鲜明财经学科特色的教学案例二百余篇；截至目前累计有 13 篇管理案例作品入选全国 MBA 教育指导委员会、中国管理案例共享中心、中国管理现代化研究会管理案例研究专业委员会联合组织评选的全国百篇优秀管理案例。

本辑案例是在中财研究生院的组织下，MBA 任课教师和部分研究生亲临企业、深入研究企业管理实际问题的基础上，凝练出的具有中国特色的管理问题、管理思想、管理理论的原创案例。其中有几篇入选全国 MBA 教育指导委员会等评选的全国百篇优秀管理案例。

我们希望中财开发的管理案例能为发展具有中国特色的工商管理教育、管理案例研究和教学做出更多的贡献。

由于时间仓促，再加上编者水平有限，书中可能存在疏漏之处，恳请各位读者批评指正！

王瑞华

2018 年 9 月

目录
Contents

战　略
祥源茶，一片中国树叶的多品牌策略故事 …………………………… 王俊杰　003
再造和创造：祥源茶业的品牌开发战略 …………………………… 王俊杰　035

市场营销
变数为宝——味多美的大数据管理之路 ………… 贾晓菁　张利强　王　萌　067
坚持走"学术营销"之路——NW 公司的战略决策 ………… 贾晓菁　钟　旭　080
新浪乐居房产电商营销策略分析 ………………………… 王俊杰　王　元　108

运营管理
构建互联网初创公司的管理模式 ……………………… 赵铁柏　王　哲　131

人力资源
开元科技公司的人事地震 ………………………………… 赵铁柏　李　兴　147

管理沟通
"天敌"间的合作与制衡——运营部门与财务部门的管理沟通 … 唐　永　157

公司治理
股权对等的陷阱——真功夫的控制权纠纷 ………………………… 李汉军　167
公司控制权的创新——阿里巴巴的"合伙人"制度 ………………… 李汉军　181

财务与金融

股权众筹的钱去哪了
　　——国内股权众筹第一案引发的投融资关系合法性 ……… 许　进　195
贵糖股份内部控制重大缺陷与会计报表重述 …………………… 李晓慧　206
信威通信借壳上市案例分析 ……………… 王汀汀　邓　铭　刘　通　244
顺丰控股借壳上市投资分析 …………………………………… 王玉霞　275
上海家化：控股股东发起部分要约收购为哪般 ………………… 王玉霞　290
"全通教育"变成"神通教育"——企业内在价值与市场价格 …… 杨长汉　309
獐子岛 8 亿元扇贝游去游来——消耗性生物资产与内部控制 … 杨长汉　318
涅槃之路漫漫其修远兮：ST 风华破产重组的启示 ……………… 郭晓焜　328
成长的烦恼：大资管之路在何方 ………………………………… 郭晓焜　340

企业社会责任

万科企业社会责任实践案例分析 ………………… 张爱卿　刘诣洋　355

战 略

祥源茶,一片中国树叶的多品牌策略故事[①]

王俊杰

摘　要:案例主要描述祥源茶业股份有限公司的品牌建设决策过程。它是一家始创于2010年、逐渐知名的中国茶叶生产企业。从2010年准备销售第一款茶至2015年12月,祥源茶业已开发60余种产品,有70余家经销商、145家专营店,预计年销售额将突破8 000万元。祥源茶业在行业内新创了一种基于授权专营店的品牌开发模式。在经历了对产品原产地商标的争夺后,祥源茶业通过同类别茶叶的品牌扩展和不同类别茶叶的品牌延伸,以及定期推出独特的品牌产品,迅速完善了产品体系。祥源茶业还定期优化和删减品牌产品。这些不同档次和特色的产品均有定位明确的消费群体,产品的原料、价格、包装设计等均不同。

关键词:品牌延伸　品牌收缩　品牌扩展

> 中国茶叶为英国人生活增添了诸多雅趣,英国人别具匠心地将其调整成英式红茶。
>
> ——中国国家主席习近平2015年10月20日在英国女王伊丽莎白二世欢迎晚宴上的祝酒辞。

[①] 由于企业保密的要求,在本案例中对有关名称、数据等做了必要的掩饰性处理;本案例只供课堂讨论之用,并无意暗示或说明某种管理行为是否有效。

引 言

邓永是一家逐渐知名的中国茶叶生产企业——祥源茶业股份有限公司（以下简称"祥源茶业"）的创始人和董事长。2010年，他准备销售公司的第一款茶——祁门红茶。其后，祥源茶业一直遵循多品牌发展战略。2015年8月，祥源茶业推出了一款名为"老白茶"的白茶产品，受到资深消费者和玩家的追捧，产品供不应求。至此，祥源茶业已将品牌延伸至红茶、普洱茶、白茶三类，每一类别进一步扩展为高、中、低三个档次；祥源茶业还定期推出特色品牌产品。祥源茶业要求这些不同档次和特色的产品均有定位明确的消费群体，并在整个品牌产品体系中各自承担明确的角色，进而优化和控制品牌产品延伸节奏。公司运营、广告推广策略、专营店员工选拔等工作均围绕品牌战略展开。

1 公司背景

始创于2010年、正式成立于2012年的祥源茶业是一家"三合一"公司。

第一，祥源茶业收购的祁门茶厂历史悠久。祁门茶厂是中国近现代最早一批茶叶科研和生产机构之一。它在中国十大名茶之一"祁门红茶"的历史上扮演了举足轻重的角色，祁门红茶享有的多数世界荣誉都是以茶厂名义获得的。20世纪90年代后期，茶厂经营不善，经历了多次并购，但效果均不理想。到祥源茶业并购茶厂时，属于祁门茶厂的只有一些老员工以及商标等无形资产。

第二，祥源茶业大股东祥源集团财务实力雄厚，且愿意塑造知名茶叶品牌。祥源茶业与安徽省祁门县政府签约了祁门茶厂投资和并购项目。该项目初期规划用地150亩，意向投资总额为3.5亿元人民币（约5 320万美元），此规模的投资在中国茶产业并不多见。

第三，祥源茶业管理团队核心成员均至少有十余年的茶行业从业经验和一定的"江湖地位"。例如，公司负责渠道运营的吴锡端副总经理曾任中国茶业流通协会秘书长，他是中国知名茶专家，在中国知名社交媒体——新浪微博上是茶行业知名"大V"，拥有5万左右粉丝。团队成员在茶行业从业多年，均有复兴中华老字号、打出一片新天地的愿望和行动。

在中国茶产业大型公司担任高级总裁职务近二十年，经营业绩和能力获得行业广泛认可的公司董事长邓永博士,为祥源茶业设定了愿景:公司为顾客创造和提供优秀的价值,祥源茶业将成为中国茶产业最具影响力的价值创造者和品牌。祥源茶业目标市场瞄准中国礼品茶市场和中高端自饮茶市场。该市场目标群体主要为25—60岁的消费者,以中国县级以上城市的商务人士和公务人士为主。

与星巴克等跨国公司掌控整个产业价值链不同,邓永认为祥源茶业属于初创,资金和精力等决定其必须在产业价值链上聚焦。公司聚焦于生产型企业,将通过掌控价值链关键生产环节和独特茶叶资源,组建价值链联盟,系统提升价值链运营效率,寻求品牌差异化,成为拥有覆盖广泛的渠道体系和知名品牌的中国茶产业领先企业,实现顾客、股东和员工共同价值的最大化。

2 中国茶产业

中国是茶的故乡。茶在中国有着悠久的历史,在三千多年前中国就开始人工栽培茶树。在中国消费者的日常生活中,首先,茶是"柴米油盐酱醋茶"的"茶",具有去腻、杀菌、防疾等功效,是生活必需品。其次,茶还是"琴棋书画诗酒茶"的"茶",它可满足人们抒情、礼仪、悟道等精神层面的追求。在长期的茶叶生产和消费中,中国形成了包括茶俗、茶礼、茶艺、茶理等茶文化。

中国茶文化中的饮茶文化体系庞大复杂,讲究"色、香、味、形",追求茶叶的自然和形态之美,追求诗化的意境,对于茶汤、茶香、茶味、茶形等均有不同的品评标准。例如,同样是一种茶的香型,还要区分原产地在哪里、茶树树龄多长、谁家制作的。茶叶要评鉴出整叶、半叶、碎叶和芽型。

据国际茶叶委员会统计,2006—2014年,全球茶叶产量以年均5.6%的速度增长(见表1),动力主要来自生产率的提高和茶叶种植面积的扩大,而产茶国消费量的增加成为拉动茶叶消费增长的新动力。中国增速尤其快,联合国粮农组织数据显示,从2005年开始,中国茶叶产量超过印度,成为世界第一。以2014年为例,中国干毛茶总产量为215.83万吨,是2006年102.81万吨的2.1倍,年均增长率为13.7%。近年来,一些风险投资机构、私募基金、企业家等认为中国茶产业是新兴的传统产业,看好茶产业的发展机会,不断向茶产业投资。

表1　全球茶叶、中国茶叶、中国红茶、祁门县红茶产量等历年统计

	2006	2007	2008	2009	2010	2011	2012	2013	2014	2015
全球茶叶总产量(万吨)	357.96	379.56	386.50	393.61	416.30	429.90	462.50	490.70	517.30	—
中国茶叶总产量(万吨)	102.81	116.55	125.76	135.86	145.38	155.29	175.70	189.00	215.83	227.80
中国茶叶产值(亿元)	258.3	298.8	381.0	488.22	607.15	728.90	939.63	1 106.24	1 349.06	1 519.20
中国红茶总产量(万吨)	4.83	5.32	6.97	7.19	10.06	12.31	18.13	19.86	22.95	25.30
祁门县红茶产量(吨)	2 409	2 600	3 042	3 100	3 200	4 000	4 730	4 650	4 500	4 700
普洱茶产量(万吨)	8	9.9	5.28	4.5	5.08	5.56	8.13	9.69	11.4	17.7

资料来源：全球茶叶数据来自国际茶叶委员会，中国茶叶数据、普洱茶产量来自中国农业部种植司，祁门县红茶产量来自安徽省祁门县祁门红茶协会。

中国茶叶企业数量众多、分布广泛，但单个企业的产值不高，运营效率也不高(见表2)。2014年，中国规模以上精制茶加工企业达1 486家，实现主营业务收入1 669.1亿元，利润总额144.5亿元。关于中国茶叶企业规模之小，新华社记者在2008年调查后认为，"从产值看，中国7万家茶叶企业抵不过一个英国立顿"。立顿在中国通过超市等渠道销售袋泡茶，是袋泡茶的知名品牌，有足够的竞争力。中国茶叶企业没有知名品牌引领世界茶产业，也没有像洗发水行业的宝洁公司这样占20%市场份额的大型企业，它们主要通过茶城(茶叶批发零售集散地)等渠道，依靠私人关系销售产品，但更容易展开价格竞争，拥有足够的关系营销能力。由此，中国企业在中国区域茶叶销售上竞争力最强。

表2　中国精制茶加工企业竞争力概览

	2011	2012	2013	2014
企业数(个)	919	1 122	1 308	1 486
从业人员人数(人)	119 989	156 820	—	—
主营业务收入(亿元)	881.810840	1 141.426340	1 454.088700	1 669.106030
利润总额(亿元)	76.590650	99.915440	132.279430	1 44.494100

（续表）

	2011	2012	2013	2014
主营业务成本（亿元）	689.879720	889.063520	1 150.225520	1 338.348860
营业费用（亿元）	36.562800	47.781870	61.447990	71.040850
资产总计（亿元）	456.908600	600.958440	778.552860	932.285670
负债总计（亿元）	213.929330	259.943670	316.846430	368.693130
资产负债率（%）	46.82	43.25	40.70	39.55
销售利润率（%）	8.69	8.75	9.10	8.66
毛利率（%）	21.77	22.11	20.90	19.82

资料来源：中国国家统计局、Wind 数据库。

从产业价值链纵向视角看，驱动中国茶叶企业开展品牌塑造的主要因素有：

第一，中国消费者日益向往健康、绿色、有品质的生活。中国消费者也会购买可乐、果汁等饮料产品，但近年来，国家统计局数据显示，中国饮料市场上碳酸饮料等的需求逐年小幅下降，茶饮料需求增速加快。作为一种介于药品和普通食品之间的物质，茶叶的多种保健功效不断为现代科学研究所验证。逐渐富裕的中国消费者普遍希望通过饮茶获得健康。此外，他们还会品味中国茶文化。饮茶一直被中国人认为是生活有品质的象征之一。

第二，中国消费者希望可以便捷购买到优质茶叶，该需求促使流通环节需要借助品牌实现升级。茶叶经销商大多聚集在茶城里，以北京的马连道茶城为例，它是中国北方地区最大的茶叶集散地，有 4 000 多家茶叶商户，2015 年交易额为 40 亿—50 亿元。然而，茶城的管理模式比较落后，管理者只收取租金，经营由茶叶经销商负责。而经销商良莠不齐，导致茶叶以次充好、消费者被坑害等现象频频发生。此外，茶城地理位置通常比较偏，对于消费者来说购买茶叶并不便利。即便是处于城市相对中心区域的茶城，也面临搬迁的命运。2015 年，约 600 家经销商撤出马连道茶城。茶城职能的低级已不能满足消费者便利购买和降低购买成本等新需求。走出茶城、到消费者身边、塑造品牌使消费者迅速识别出优质的茶叶产品，已成为茶城中一些经营情况较好的经销商的成功经验。

第三，茶产业的规模化发展需求，促使中国茶叶企业加快品牌建设步伐。中国茶叶企业主要瞄准名优茶市场，但名优茶过度发展导致茶叶价格过高，进而抑制茶叶消费。中国茶叶企业数量众多但整体规模偏小,这种状况将随着中国茶产业化程度的提高而改变。中国名优茶将从过度聚焦高价市场走向大众化,该趋势可借鉴立顿的发展路径予以说明。一百多年前,苏格兰人托马斯·立顿将当时只有上流社会一小部分人才能享用得起的红茶引入大众日常生活中,定位为大众、便捷和放心。目前,立顿每年向130多个国家销售数百亿个茶包,是全球最大的茶叶品牌。中国茶叶企业的规模也正在逐年扩大,中国茶行业正在校正曾经偏离的发展方向,行业中规模较大的企业已开始品牌建设工作。

3 祁红品牌:"祁山"还是"祥源·祁红"

在2010年祥源茶业并购祁门茶厂项目接近尾声时,由于当地祁门红茶协会理事的反对,拥有原产地标记的"祁山"商标所有权未能如约交易,但祥源茶业拥有该商标一定期限的独家使用权。这引发的问题是,公司靠什么品牌销售产品?

中国茶叶以地名命名很普遍,正如法国的波尔多葡萄酒以地名命名并知名。人们通常认为这些地域生态环境得天独厚,且产品产量有限。中国茶叶命名的主要依据还有形状、色香味、茶树品种、采摘期、加工技术、销路等。例如,按采摘季节分为春茶(明前茶、雨前茶)、夏茶、秋茶;依据颜色和加工工艺中的发酵程度,可分为白茶、红茶、黄茶、绿茶、青茶、黑茶等。但以地名命名使得此类茶叶更易被认可为名优茶叶,如西湖龙井、武夷岩茶、黄山毛峰、祁门红茶、云南普洱等。

祁门红茶以"祁门"这一知名红茶原产地命名。该茶曾一度在英国流行,成为英式早餐茶最主要的组成部分,被认为是身份高贵的象征。继1915年在巴拿马万国博览会上一举夺魁后,1959年,祁门红茶与西湖龙井、黄山毛峰等入选"中国十大名茶",是唯一获此殊荣的中国红茶。

"祁山"商标拥有祁门红茶的原产地标记,该商标以前归祁门茶厂所有。在2005年的一次并购中,当时的并购方对该商标和政府的承诺并未兑现,该商标最终由祁门县政府收回并持有,并由当地的祁门红茶协会托管。在本次并购中,当地祁门红茶协会反对"祁山"商标转让的主要理由是,商标的原产地标记应成为公共产品,为祁门县红茶行业所用。

祁门县有21家红茶精制企业,年加工能力为200—400吨的有3家,100—200吨的有9家,100吨以下的有9家,生产规模普遍较小。企业大多利用20世纪60—70年代建设的老厂或租赁闲置仓库作为厂房,加工设备老化,卫生条件较差。企业内和企业之间均无统一的产品质量标准,粗制滥造现象较为严重,不同企业间的产品质量相差悬殊。

除祁门县独有的生态外,制茶工艺是祁门红茶知名的另一个关键因素。祁门红茶制茶工艺是中国国家级非物质文化遗产,相比其他制茶工艺更为复杂和精湛,约有17道加工工序,每道工序既有人工操作、又需机器的标准化操作。以茶叶筛分为例,该工序的目的为分出茶叶的粗细、长短、轻重,最终保证各类茶叶的规格一致,工序十分细致与烦琐。由于非常考验手工,有些工人一辈子都未必能精通全部工序,可能只掌握其中几道。

邓永认为,祥源茶业将拥有国内首条实现无尘、连续和规模化的祁门红茶生产线,这足以保障品质的上乘和稳定。公司还有多位祁门红茶制茶技艺非物质文化遗产指定传承人,他们对祁门红茶制茶工艺的深刻理解是一般技师不可比的。公司的部分产品将采用非遗技师领衔、手工精制的方式予以呈现。他认为,公司有能力、有决心通过重点关注产品品质控制和效率提升,形成差异化的企业核心竞争力,塑造新的、独特的祁门红茶品牌。于是,公司将门店和品牌均命名为"祥源茶",祁门红茶的品牌名定为"祥源·祁红"。

4 授权专营店

针对目前中国茶产业流通的混乱,邓永认为有必要规范企业与消费者的接触方式,使门店成为品牌形象的主要展示窗口和必经的销售渠道。他从专营店运营规范和渠道权力关系两方面进行了创新。

首先,规范和统一了门店运营模式。中国茶叶零售商普遍采用实体店销售茶叶。店里摆放着货架和茶艺展示台,当消费者光顾时,茶艺师通常会邀请顾客试饮,通过茶艺表演,将茶叶的色、香、形、口感等系统地传递给消费者,以凸显茶叶的优质。但不同实体店的产品和服务质量相差甚远。邓永认为单纯开设专营店并不够,他决定采用类似星巴克的门店零售方式,在消费者品饮时营造一种体验感,并将这种体验感融入消费者的日常生活中。授权专营店统一由香港知名设计师精心设计,有舒适的品饮空间和高雅脱俗的装饰。公司强化了对产品零售价的控制权,实施统一、实惠的平价策略,统一的店铺氛围、统一的品饮服务、统一的价格,这些创造出一种吸引力,使消费者的消费重心放在对茶叶品质和茶文化的品味上。

其次,以门店所有权为核心,变革了原有流通模式,收紧了对门店的管理权限。邓永变革了渠道结构,重新界定了权力关系,将渠道长度限定为"茶企"→"经销商"→"授权专营店"→"消费者",且经销商必须拥有授权专营店(与传统流通模式对比如图1和图2所示)。这提高了经销商准入资质,他们必须拥有足够的经销实力和财力,保证销量上规模,对专营店等固定资产和管理予以投入。该策略体现了风险共担和利益共享。祥源茶业压缩渠道链长度,提高分销效率,由此节省的收益被产业链所有合作伙伴分享。

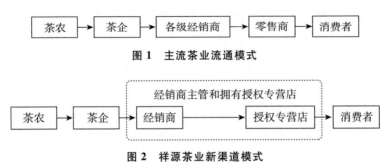

图1 主流茶业流通模式

图2 祥源茶业新渠道模式

5 祁门红茶品牌扩展

普通消费者通常不易区分不同等级祁门红茶的差异。以祁门红茶茶叶外形为例,不同等级的茶叶通常分别采用茶树枝条上的嫩芽、嫩叶等作为原料。例如高等级茶用嫩芽,档次稍低茶可用嫩叶等。但经过多道工序后,不同等级祁门红茶的外形早已变得难以区分。此外,不同档次产品的包装和专营店的设计色彩普遍雷同,多以传统中国礼品的红色为主。消费者只能依靠销售人员的介绍予以识别,但消费者普遍对销售人员和经销商心存疑虑。

邓永认为,不同收入的消费者对产品需求会有差异,让消费者区分产品差异的第一步应是企业区分消费者群体。瑞士信贷银行的研究显示,2014年年末,中国有610万人属于超富阶层(个人财富高于176.3万元人民币),占成年人总数的0.6%。邓永认为,高端人群富裕时间不长,他们普遍对价格敏感,也愿意看到产品能凸显性价比。特别是近几年,中国政府发动打击政府官员腐败行动,奢侈品消费和因公消费显得不合时宜。将品牌单一定位在高端市场的好处在于产品定价空间较大,因为高端人群在中国社会阶层中通常扮演消费意见领袖的角色。但他们数量有限,加之企业品牌知名度目前并不高,因此高价专营店不能吸引来高客流。

该研究还显示,个人财富为 18 万—180 万元的中产阶层约 1.08 亿人,占中国成年人总数的 11%。他们追求健康,注重运动;追求不止于物质财富,还有生活品质;会听音乐会,会在家里喝点红酒,品饮咖啡或茶。邓永认为,这些人群在关注产品性价比外,也看重产品的健康和茶文化价值。消费者对健康价值的追求与企业希望通过优质产品传递健康和茶文化的价值观较为契合。

此外,中国商务消费者希望在办公或旅行时无须准备一套复杂的茶具即可便利地喝到好茶,要求茶叶可随身携带和即时品饮,且数量不宜过多。袋泡茶被认为针对该需求,但在中国市场,袋泡茶含有不尽兴的、廉价的意味。而中国茶叶礼盒的包装体积较大、重量较重,不适合随身携带。

邓永的团队针对以上需求设计了三类品牌产品。为了提高产品的消费者认知差异,每一类产品在产品命名、原料等级、原料采摘时间、原料产区、加工工艺、包装设计、图案故事、价格等方面均有独特特征。

"金色庄园"系列主要针对中产阶层中收入较高的人士和超富阶层,重点突出珍稀性。它选用源自核心小产区的高等级原料——清明前和谷雨前的嫩芽。在工艺方面,它采用非遗传承人的手工技艺。外包装色彩是体现庄重内敛的青灰色。图案故事采用现代抽象画法,生动体现出名流显贵指点江山的闲情逸致。产品单价为 688—2 088 元/盒。

"云岭山房"系列主要针对多数中产阶层的自饮和馈赠,重点突出优良的香气、滋味等产品属性品质。它选用小产区的优质茶园原料,这些原料为精选的春天嫩芽和嫩叶。加工工艺为非遗传承人指导下的现代机械化规模生产。外包装色彩是象征华贵、高品位的暗黄色和暗红色,图案故事体现出文人的雅致。产品单价为 268—468 元/盒。

"小镇"系列主要针对对价格较敏感的消费者和商务人士,采用精致的小袋包装以方便携带,重点突出产品的性价比和品饮便捷。它采用优质茶园中等级相对较低的原料。加工工艺为专业技师操作的机械生产。外包装色彩是明黄色,图案故事体现出繁忙工作之余回归田园小镇的心情。产品单价为 38—138 元/盒。

6　祥源茶品牌延伸

2012年,祥源茶业在北京和合肥开设了三家直营店,作为展示给经销商的开店样板。这些门店的面积为40—200平方米。门店存在的主要问题是一些消费者认为店里陈列的均是祁门红茶,产品选择余地较少,因此不愿入店。

近年来,由于中国商铺租金等成本快速上升,一些经销商有筹资和流动资金不足的压力。以北京马连道茶城为例,80平方米的店铺5年期租金为80万元,且需一次性付清。店铺装修成本、人工成本、存货成本、周转资金等总计120万元。开设一家专营店的启动资金约为200万元。此外,消费者认为品饮祁门红茶讲究季节,不愿购买跨年产品,因此门店还面临跨年的存货变为沉没成本的风险。

公司还面临战略选择。祁门红茶产地在安徽省祁门县,祁门红茶的总体产量有限,进而销售额有限。如果只专注于祁门红茶,企业的发展空间也将受限。

邓永认为,企业有责任帮助经销商缓解存货成本损耗的忧虑,但他不愿进入茶叶瓶装饮料等市场,因为这是不同的经营模式,彼此的营销渠道相差甚远。因此,他选中了云南普洱茶。普洱茶有四个特点:产地云南拥有优良的、独特的自然生态,这里的茶叶"干净",农药残留少;普洱茶是大叶种,内含丰富的矿物质;普洱茶的晒青工艺和后发酵陈化工艺,使得它具有独特的保健功效;在合适的储存条件下和一定的时间范围内,普洱茶的品质会随存放时间长而提升。特别是普洱茶因存放而形成特定的投资价值这一特点,能降低经销商对库存占用资金的担心。此外,与祁门红茶相比,普洱茶是中国的热销茶类,总产量也高,2014年为11.4万吨。

2013年,本身即为中国普洱茶专家的邓永和公司副总经理吴锡端等公司管理团队成员多次赴云南寻找可能的项目机会。2014年5月,位于云南的祥源普洱茶加工厂竣工。该项目累计投资5 000多万元,6 000亩示范茶园等工程随后开工建设。

在消费者看来,普洱茶是云南的特产,本身可看作"云南普洱茶"的简化,公司将普洱茶的品牌名定为"祥源·普洱"。普洱茶品类丰富,可依据不同标准划分为生/熟、不同年份、不同产地、不同包装等产品。但不同的普洱茶同样存在外形相似、普通消费者不易识别产品品质的问题。沿着祁门红茶品牌扩展路线,邓永将普洱茶进行类似的品牌扩展。"金色庄园"系列普洱茶价格为160—860元/盒,"云岭山房"系列为120—180元/盒,"小镇"系列为75—90元/盒。

截至2014年12月,祥源茶业的普洱茶产品品类有20余种,祁红红茶产品品类有20余种。至此,祥源茶专营店基本上无须重复摆放,即可将货架摆满。零售商开设专营店的热情提高,跨过了初期的观望,祥源茶业在全国已有40余名经销商,建成80多家授权专营店,渠道格局初显,销售额也快速增加,2013年约为2 000万元,2014年约为5 000万元。

7 进一步拓展

祥源茶业建立了较为完善的品牌产品体系,实现了各个价格档次的全覆盖,消费者有了较多选择。但有消费者询问:中国茶叶企业众多,祥源茶业是否有自己的特色品牌产品?此外,中国消费者进入茶叶门店之后的普遍问题是,面对琳琅满目的产品,该如何做出购买选择。

中国目前茶叶企业的品牌知名度较低,存在一些区域性品牌和知名度亟须提升的全国性品牌。中国茶叶流通协会发布的信息和中国知名网络商城(天猫商城)的数据(见表3和图3)显示,尚未发现与祥源茶拥有完全重合或者高度重合业务组合的品牌企业,与其产品组合差异较小的品牌也多是与部分产品组合出现重合。在北京等市场,消费者对吴裕泰、张一元等老字号花茶的识别度较高;在广东等市场,消费者对大益等普洱茶品牌有一定的认知度。在店内的单项子品牌产品中,上述企业并无多少建树。相比之下,祥源茶在整体品牌构建和消费者认知水平中处于中游偏下水平。

表3 祥源茶与代表性竞争对手价格和产品种类数量比较

茶叶类型	企业名称	最低价格(元/盒)	最高价格(元/盒)	价格中位数(元/盒)	品种数量(个)
综合茶类	天福	10.0	12 000.00	170	255
	中茶	14.0	4 288.00	197	235
	张一元	2.8	3 500.00	80	118
	吴裕泰	9.9	418.00	79	69

（续表）

茶叶类型	企业名称	最低价格（元/盒）	最高价格（元/盒）	价格中位数（元/盒）	品种数量（个）
云南普洱茶	龙润	9.9	1 408.00	159	174
	大益	19.8	1 996.00	168	108
	下关	19.0	8 800.00	116	117
祁门红茶	天之红	28.0	2 588.00	498	82
	润思	25.0	3 666.66	317	60
绿茶	竹叶青	35.0	5 980.00	418	27
祥源茶	祁门红茶	19.0	2 088.00	170	30
	普洱茶	25.0	4 500.00	142.5	30
	总计	19.0	4 500.00	158	63

资料来源：所选企业来自中国茶叶流通协会发布的2014年百强企业名单，并基于作者经验和行业专家意见做了筛选，价格和产品组合数量来自中国最大的网络商城（天猫商城）的数据，这些企业均在天猫商城开设了旗舰店。

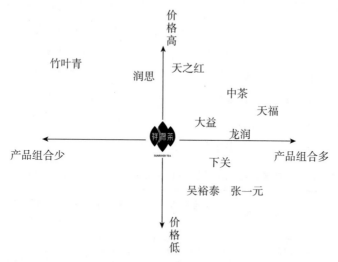

图3　其他茶品牌企业与祥源茶产品组合和价格的距离比较

邓永认为，消费者的上述两个问题要综合考虑一起解决。针对第二个问题，消费者不知如何挑选主要是因为公司未给出挑选产品的思路。如果每一类产品均有一款标杆性品牌产品，消费者便能以"标尺"作为参照系，能更快地区分产品品质。因此，祥源茶业决定从高端产品出发，逐步在不同茶类的各个产品系列中塑造标志性品牌产品。

通常,中国茶叶企业会在产品形状、外包装、价格等因素上做改进,但邓永认为该产品开发思路无助于品牌形象的提升。在开发过程中,他基于产品定位,更看重新产品优等质量的实现及产品性价比的凸显。随后,祥源茶业在茶产品的销售旺季或特定节日,通过电视台、杂志、户外广告、店内POP广告、量感陈列等多种途径,协同持续投放大量广告,强势推出产品,目标是让这些产品不仅成为各系列的标志性品牌产品、成为企业的特色品牌产品,更成为吸引消费者入店的必买产品。

2015年年初,祥源茶业推出"传祁1915"祁门红茶,以纪念祁门红茶荣获巴拿马万国博览会最高奖一百周年。该茶采用核心产区当年早春期的一芽一叶为原料,由非遗传承人带领技术骨干反复研制。"传祁1915"的汤色红艳、滋味甜醇,性价比获得消费者和专家的广泛认可。产品价格为580元/盒,弥补了祁门红茶的"云岭山房"与"金色庄园"的价格空当,成为"云岭山房"系列的标志性产品,甚至成为中国祁门红茶行业优质产品的一个标志。一些茶叶企业也跟随祥源茶业的脚步,推出了类似产品。

2015年,针对中国商旅消费者对便捷的需求,祥源茶业开发出"祁红小镇"袋泡茶。原料采用祁门产区的春季芽叶;茶包采用双袋装,这样更容易使物质浸出;不采用铁钉封装,这样更加环保。产品价格为29元/盒。公司并不打算在超市分销袋泡茶,以避免在消费者心中形成廉价印象,而是借鉴星巴克销售袋泡红茶拿铁的成功案例,在门店通过顾客试饮的方式分销该产品。消费者试饮和企业员工自饮的调查问卷显示,受众普遍对橙红的汤色、浓郁的香气、便捷的泡法表示认可并愿意频繁购买。

2015年年末,公司推出"易甘侯"普洱熟茶,采用"金色庄园"的标准。在普洱茶核心产区易武地区,由于原料昂贵、技术能力有限等,企业通常不会开发口感比较柔和的优质普洱熟茶,而更愿意开发口感略显苦涩的普洱生茶,但普洱熟茶在养胃、降血脂、减肥等方面更胜一筹。"易甘侯"普洱茶的原料是普洱茶核心小产区中的优中选优,工艺由知名茶专家反复试验,包装由香港设计师重新设计,在2016年的春节销售旺季重点推出。产品价格为228元/盒,属于该系列的中低档。该产品是云南易武核心产区少见的普洱熟茶产品。在正式推出之前,产品已被大量订购。

近年来,中国内地互联网购物平台快速扩张,为茶产业开拓了新的销售渠道,但也对传统渠道形成了挤压。邓永认为,由于互联网无法充分满足嗅觉、味觉等感官体验,又存在质量难以控制等问题,虽然会继续快速发展,但实体店依然是茶叶销售渠道的主流。此外,虽然同一款产品在线上线下的标价一致,但实体店通常会有赠品、会员价、同城速递等优惠服务,线上和线下串货的寻租空间并不大。针对部分消费者看重网购的便利性,公司开发出主打消费者自饮的网络渠道产品,主要用于借助互联网宣传企业品牌。这些产品在命名、设计风格、原料、包装、价格等方面均与线下产品形成较大的差异,且不会在线下专营店销售。以"时光沙漏"为例,其定位为关注都市白领工作之余的健康,原料使用非核心产区的优质鲜叶,采用小包装无礼盒设计,单价为49元/盒。

8 品牌产品线删减

随着产品类别的增多,祥源茶业所有产品并不都是产销对路的。一些经销商不愿销售单价较高的产品,认为这些产品价格高、销量少,占据了有限的货架空间。

邓永认为,专营店需要一个均衡的品牌产品组合,以吸引顾客和产生足够的利润。有些产品盈利能力不强,但专营店不能将其下架,因为它们承担了吸引消费者的功能,吸引来消费者才有可能促使其他产品成交,它们与利润产品是相互补充和促进的关系。他从吸引消费者和产生利润两个维度审视各项产品对专营店的贡献,赋予它们相应的角色,并让价值链上的各方知晓。如果能为某一款品牌产品找到所承担的角色,祥源茶业便予以保留,否则便考虑删减。

他以祁门红茶某家专营店的数据为例(见表4),对公司子品牌产品的角色进行了剖析。他认为,有些消费者一进入专营店,首先问的便是店内最贵的产品是什么,凭此判断专营店的档次以迅速做出购买决策。如祁红醉红吟、祁红宝华、祁红丹华等祁门红茶"金色庄园"系列中的高价产品,单品的价格最高,利润额也最高。这一类产品销售次数偏少,单品项销售额不是最靠前,但成交一单即可抵上其他产品的几十单。对于此类产品,他要求门店应给予足够的陈列位置,摆放在与视线平齐的位置,特别是在礼品季节。此类产品的广告更应集中在讲解推广上,价格促销力度要低。

表 4　祥源茶业某家专营店的祁门红茶销售情况

祁门红茶销售量排名		祁门红茶销售额排名	
商品名称	销售量（单件）	商品名称	销售额（元）
小镇壹（2013）	781	山房云境（2014）	94 464.14
山房云境（2014）	524	传祁 1915（2015）	80 710.83
小镇心趣（2014）	471	山房山境（2014）	67 496.06
山房山境（2014）	465	锦上花（2013）	61 960.00
山房水境（2014）	342	升平乐（2013）	44 775.08
小镇肆（2013）	235	山房水境（2014）	41 290.09
锦上花（2013）	215	金色庄园壹（2013）	40 816.68
小镇逸趣（2014）	206	小镇心趣（2014）	32 228.15
小镇叁（2013）	182	小镇肆（2013）	30 594.92
小镇雅趣（2014）	153	云岭山房贰（2013）	30 525.00
传祁 1915（2015）	151	小镇壹（2013）	27 575.50
云岭山房贰（2013）	116	醉红吟（2015）	23 520.00
小镇贰（2013）	115	宝华（2014）	21 992.36
金色庄园壹（2013）	65	丹华（2014）	18 576.00
升平乐（2013）	46	小镇逸趣（2014）	17 666.53
云岭山房叁（2013）	23	小镇叁（2013）	15 243.00
香螺（2014）	20	丰华（2014）	13 904.00
香螺（2015）	20	金色庄园贰（2013）	11 952.00
丹华（2014）	19	金色庄园伍（2013）	10 736.20
毛峰（2014）	18	小镇雅趣（2014）	10 149.35
金色庄园贰（2013）	13	香螺（2014）	9 960.00
宝华（2014）	12	金色庄园叁（2013）	9 788.00
安娜的密语（毛峰）	10	毛峰（2014）	9 504.00
丰华（2014）	9	小镇贰（2013）	9 354.00
金色庄园叁（2013）	8	香螺（2015）	9 015.00
毛峰（2015）	8	云岭山房叁（2013）	8 168.00
金色庄园伍（2013）	6	毛峰（2015）	4 012.00

(续表)

祁门红茶销售量排名		祁门红茶销售额排名	
商品名称	销售量（单件）	商品名称	销售额（元）
云岭山房肆（2013）	5	云岭山房肆（2013）	2 340.00
醉红吟（2015）	3	金色庄园肆（2013）	1 688.00
金色庄园肆（2013）	1	安娜的密语（毛峰）	645.00

资料来源：祥源茶业提供。

对于祥源茶业主推的特色产品（比如"传祁1915"）和"金色庄园"系列的低价产品（比如金色庄园壹、升平乐），年度销售量未进前十，但销售额进入前十，这给专营店带来足够的利润，受到门店的欢迎。

祥源茶业的"云岭山房"系列中的山房云境、山房山境、山房水境和"小镇"系列中价格偏高的小镇肆、小镇心趣等体现出高的性价比，在销售量和销售额方面均进入前十，属于门店的核心产品。

祁门红茶"小镇"系列普通价位产品的销售量最高。其中，小镇壹产品销售量排名第一，但销售额贡献则未进入前10名，排在第11位。小镇逸趣、小镇叁、小镇雅趣等产品的情况大体类似，销售量高但销售额低。但此类产品是门店促销的主要产品，对吸引消费者入店很明显。消费者看到促销信息后入店，但通常会在品饮的过程中选择其他产品。

在此思路下，祥源茶业对那些既不能带来销售量又不能产生销售额的产品进行了删减。此外，邓永认为，还要考虑消费者的感受。祥源茶业定期向入店的普通消费者发放问卷，询问他们对产品体系的感受。祥源茶业要求门店依据产品的类别和系列进行摆放，以呈现清晰的类别和系列感受。如果在销售人员的引导下，顾客还是容易产生识别混乱，那么祥源茶业将指导门店适度压缩产品类别。例如，在"金色庄园"系列中，祥源茶业曾经依据等级将其细分为7个档次，但由于区分度不足，消费者在购买时犹豫不定，公司随后将产品类别做了删减。

9 未来品牌组合

截至2015年12月，祥源茶业已开发出60余种产品（见表5），有70余家经销商、145家专营店，预计全年销售额为8 000万元（见表6和表7）。企业的基本格局已经建立,"祥源茶"品牌和专营店(见图4和图5)获得经销商和消费者的初步认可,企业度过了艰辛的创业初期。

表5 祥源茶业主要品牌产品分类明细表

茶类	子品类	产品型号/名称	生/熟	原料/等级	产品定位	零售价(元/盒)
祁门	祁红小镇系列	壹、贰、叁、肆		工夫一、二、特级	商务、便利自饮	29—138
	云岭山房系列	壹、贰、叁、肆		工夫特级、特茗;毛峰一级	馈赠、家庭茶艺自饮	268—468
	金色庄园系列	壹、贰、叁、肆、伍		工夫特茗、国礼、香螺特级	非遗手工传承,尊荣私享礼献	688—2 088
	特色产品系列	传祁1915、锦上花、升平乐、祁山春早		特级[工夫]、一级[红毛峰]	非遗手工传承,馈赠、茶艺自饮	318—1 280
		祁红小镇袋泡茶		优质祁门楮叶种茶树鲜叶	商务、便使自饮	29
云南普洱茶	普洱小镇系列	壹、贰、叁、肆	生/熟	云南勐海、大雪山高山生态茶	商务、便利自饮	25—90
	云岭山房系列	壹、贰、叁、肆	生/熟	勐海茶区高山生态茶	家庭茶艺自饮、馈赠佳品	120—180
	金色庄园系列	壹、贰、叁、肆、伍	生/熟	易武茶区高山生态茶	馈赠佳品、品鉴级佳作	160—860
	特色产品系列	金岁、藏锋、大典	生/熟	云南易武、勐海茶区	馈赠佳品、品鉴级佳作	320—1 380
		普洱小镇迷你珠	生/熟	云南勐海、大雪山高山生态茶	商务、便利自饮	25

（续表）

茶类	子品类	产品型号/名称	生/熟	原料/等级	产品定位	零售价（元/盒）
网络电商专供	春生露微系列	祁红、普洱		祁红工夫特茗	时尚、自饮	4
	时光沙漏系列	祁红、普洱	生	云南临沧茶区生态茶鲜叶	都市白领健康饮品	49
	安娜的密语	毛峰、香螺		毛峰一级	电商专供，女人茶	76
	祁红天下工夫系列	壹、贰、叁、肆		祁红工夫一、二、特级	自饮、馈赠佳品	38

资料来源：祥源茶业提供。

表6　祥源茶业损益表

项目	2012年	2013年	2014年	2015年
营业收入（万元）	512	2 134	5 020	8 120
营业成本（万元）	582	1 656	3 867	5 670
营业费用（万元）	230	496	2 132	1 360
其中：广告费	198	432	2 023	1 200
管理费用（万元）	323	386	410	432
财务费用（万元）	432	480	496	480
营业利润（万元）	−1 055	−884	−1 885	178
毛利率（%）	−13.67	22.40	22.97	30.17
销售利润率（%）	−206.05	−41.42	−37.55	2.19
经销商数量（个）	11	23	42	71
门店数量（个）	22	41	82	145

资料来源：祥源茶业提供。

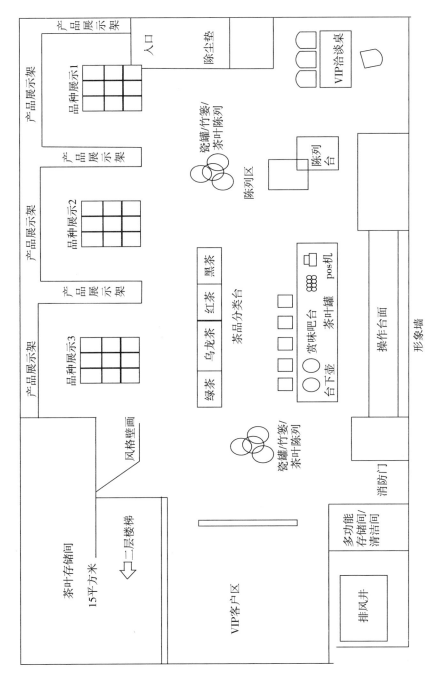

图4 一家专营店的平面图

入口

产品陈列

产品陈列

形象墙

客户服务区

楼梯和风格壁画

图 5 专营店内部格局

表7 祥源茶业资产负债表　　　　　　　　　　（单位:万元）

项目	2012年	2013年	2014年	2015年
资产				
流动资产	520	785	960	1 024
长期股权投资	6 600	10 400	10 400	10 400
固定资产	7 464	8 340	9 560	10 560
无形资产	12 963	12 703	12 443	12 183
总计	28 040	33 230	34 060	35 800
负债&所有者权益				
短期借款	213	535	857	1 023
长期负债	7 000	8 000	9 000	7 000
实收资本	10 000	10 000	10 000	10 000
总计	28 040	33 230	34 060	35 800

资料来源:祥源茶业提供。

祥源茶业将沿着既定品牌拓展思路继续前行,未来的品牌将延伸至中国几大知名茶类,比如西湖龙井、霍山黄芽等。中国不同区域消费者的口味差异较大,品牌延伸是为了满足消费者的不同口味偏好。将品牌不断延伸至新茶类上,并不断塑造标志性品牌产品,将为专营店提供足够的品类选择,吸引更多的消费者进店,进而吸引新经销商不断加入开店行列。

邓永评论说:"在制定公司品牌策略时,我们借鉴了不同跨国公司的成功经验。公司的品牌决策可分为三步,第一步决定使用'祥源茶'品牌开设专营店,第二步是拓展和延伸祥源茶品牌,第三步是对延伸的品牌产品进行优化。前两步的功能有共同点,便是让我们的产品与众不同,第三步是要确定这种与众不同的界限。

"星巴克统一且优质的品牌、管理、服务等带来了与众不同的卓越顾客体验,这一直是我们在制定第一、二步品牌策略时必须要学习和借鉴的。我们还考虑到中国茶行业市场很大,单个企业规模却很小,我们要面对数千个同行的竞争。我们必须开设专营店,走出茶城,采用'祥源茶'统一品牌。这样做可以将我们有限的资源聚焦,才能使得我们与竞争对手在公司品牌层面有显著差别。随后,我们拓展和延伸祥源茶品牌,强化不同种类和不同档次的茶叶产品(特别是在原料、工艺、运营模式、目标顾客等方面)与竞争对手产品的不同。这样便可在产品层面与目前市场定位普遍瞄准高端市场的其他中国茶叶企业有所区分。

"品牌产品的延伸相对容易,但要适度。在这一步,我们借鉴了沃尔玛等大型跨国零售商针对不同品牌产品的品类管理经验,以控制和优化品牌组合。星巴克的产品类别相对较少,价格体系也不复杂。此外,星巴克的饮品带有快速消费的性质,门店空间主要用于顾客之间的交流。霍华德·舒尔茨致力于将星巴克打造成除了家和公司的第三空间,为顾客提供最好的饮品。而目前中国的茶叶单价较高,属于慢速消费品,门店内虽有品饮空间,但主要还是用于产品陈列。从这几点看,公司门店的品类管理逻辑更近似于沃尔玛等大型跨国零售商。公司对不同品牌产品赋予不同功能角色,凸显产品之间的协同关系,进而构建一个在销量和利润两方面均有贡献的品牌产品组合,进而实现品牌发展和消费者认知的均衡。"

10 企业运营

祥源集团旗下有建筑公司,是安徽省知名企业,有丰富的地产建设经验。祥源茶业各个地区的厂房建设均外包给该建筑公司,祥源茶业负责指导和监督。以云南普洱茶厂建设为例,高效的合作使得工程建设周期仅110天左右。

祥源茶业实现了现有产品不同工艺的取长补短。中国制茶工艺大致相同,但各有诀窍,彼此技术的交流和共享很少。祥源茶业要求不同品种的生产技师定期交流,以优化产品加工技艺。例如,在云南普洱茶厂设备的选择上,祥源茶业借鉴祁门红茶精挑细作的功夫茶工艺理念,在强调现代化机器设备规模化生产的同时,适度增大人工加工比重,延长加工工序。祥源茶业开发的"金岁"等普洱熟茶产品优良口感的形成便是基于工艺交流的成果。

11 宣传推广

与咖啡相比,中国茶叶的单价较高,销售速度较慢。要想提高专营店业绩,就要加强宣传推广的力度。邓永认为,宣传推广工作需要厂商和经销商一起努力,共同承担责任。

在中国知名的传统电视栏目上做广告,对企业品牌形象拉升和销量提升的效果显著。但中国茶叶企业普遍无财力、无决心在此方面投入。2014年8月至12月,祥源茶业决定在中国广告效果排名第一的中央电视台新闻栏目投放广告,费用为2 000万元;2015年度费用为1 300万元。公司营业费用提高了很多。邓永解释道,这样做不仅是为了支持专营店和提高品牌知晓度,而且祥源茶业愿意通过这种投入方式为产品的优等质量做出承诺和背书。

在广告中,祥源茶业从"小产区 祥源茶"这个口号阐释公司品牌价值。"小产区"主要通过展示安徽祁门县和云南易武乡两个核心产区的种茶生态之美,显示原产地的独特和稀有。"祥源茶"主要通过展示几位国家级非物质传承人的工艺,从工艺角度凸显公司对优质产品的保证。

此外,通过生态之美联想健康和绿色,通过工艺师追求产品质量联想到匠人的专注精神,这样广告便与追求健康生活、有一定品位的茶文化联系在一起。

中国的茶叶经销商普遍对现代营销理念知之甚少,对产业升级趋势的认识不足。有些经销商存在"等顾客上门、靠厂商努力、要经费支持"的想法。邓永认为有必要扭转这种想法,以免错过在产业升级时期的发展机会,经销商应该和企业共同成长。2016年年初,他成立了专门的零售店运营培训部门,邀请企业外部营销专家共同制订了切实可行的专营店品牌推广计划,并让培训部门与所有的经销商和专营店面对面,共同拟订每一年度的专营店品牌推广计划,期望专营店营销技能得到提升,进而销售额有较大幅度增长,品牌知名度有较大幅度提升。随后,祥源茶业全国各地的市场部门展开一月一期的督导,将各专营店品牌推广工作的好坏作为考核各地区市场部门绩效的依据。

12 专营店员工

与霍华德·舒尔茨宣称的星巴克与员工建立"伙伴"关系不同,中国门店员工与经销商的关系是普通的雇佣关系。餐饮行业在美国的人事变动率平均达300%,中国的有可能更高。中国员工的主要收入是产品销售收入提成,门店一般提供试饮服务,但这与员工工资无关,很容易造成员工只注重推销产品但忽视顾客感受,进而破坏品牌形象。此外,随着世代的更替,1990年以后出生的中国独生子女逐渐成为专营店员工的主力,与从小饱受贫困困扰的父辈相比,他们从小物质条件优越,对创业更感兴趣,更愿意依据爱好和个人发展前景选择职业。

在邓永的品牌建设规划中,专营店员工负责将茶叶销售给入店顾客,他们的言行举止、茶艺水平、营销技巧等均直接关系到能否成交。针对90后专营店员工的爱好和兴趣,他提出专营店员工个人成长计划:其一,三年内成为茶艺专家;其二,一年内成为祥源茶专家;其三,三年内成为茶营销专家。

以培养茶艺专家为例,许多员工加入专营店是出于对茶艺的爱好。邓永利用微信公众号向员工传播祥源茶业对茶道的理解,借此实现员工茶艺的提升,试图将他们塑造为拥有不同个性的茶艺专家(见图6)。微信公众号内容包括"茶与健康""如何品饮冲泡""茶叶如何生产加工""茶文化是什么"等。其中,"茶与健康"帮助员工有效回答有关普通消费者所关注的健康问题;"如何品饮冲泡"和"茶叶如何生产加工"目标在于让店员帮助普通消费者克服不熟悉所引发的畏难情绪,降低饮茶难度;"茶文化是什么"培养店员和消费者从精神层面领会中国茶的内涵美。2015年,公司微信公众号平台被中国茶叶流通协会评为"全国茶行业十佳微信公众平台"之一。

2016年年初,祥源茶业借鉴美国可汗学院的培训经验,聘请知名茶专家,雇用知名高校茶学专业硕士,共同开发茶艺专家培训视频。每个视频不超过10分钟,负责将一个茶叶知识点讲清楚。随后,祥源茶业要求每一位店员均参与学习,公司负责内容解答。祥源茶业将中国茶文化知识分级和系统化,将毫无茶叶经验的员工在三年之内逐步培养成为具备茶学专业专科水准的茶艺专家。

针对员工高流失率,邓永建议经销商重点管理专营店店长。"如果一家门店存在问题,我们总能找出缺乏专业经验的店长。店长是门店稳定的关键,所以我们建议经销商不仅给店长业绩提成,还要让他们职位终身制,甚至可以考虑资助工作一定年限的店长开设分店创业。"公司要求店长一定是当过店员的,对专营店的运营有清楚认识。店长务必由具有大学本科学历的20—30岁的年轻人担任。与其他多数学历不高的同行相比,他们更有干劲和更易接受现代服务营销理念。

非物质遗产技艺传承人

知名茶专家

专营店店长

专营店店员

图6 不同个性的茶艺专家

案例使用说明

一、教学对象与目的

案例主要用于工商管理硕士的"营销管理""品牌管理"等课程,分析品牌管理的基本功能。案例以历史悠久的中国茶产业为背景,系统阐述了品牌命名决策的基本依据,以及品牌延伸、品牌拓展等策略的应用条件和优缺点。具体地,祥源茶业在命名品牌时要权衡茶叶原产地形象和企业形象之间的关系;决定如何通过品牌拓展拉开同类产品档次,以顺利卖给不同消费者;决定如何通过品牌延伸充分利用企业品牌价值,以销售不同类别的产品;决定在什么情形下采用品牌删减策略。案例可为类似企业的品牌开发提供借鉴。

教学目的在于促使学员理解:
- 品牌的基本职能;
- 品牌命名决策的基本逻辑;
- 品牌延伸、品牌拓展等策略的应用条件和优缺点;
- 品牌产品的删减条件;
- 品牌组合管理的基本原则。

二、启发思考题

(1) 中国消费者为何需要品牌来识别茶叶产品质量?

(2) 在经历商标争夺后,祥源茶业为什么决定采用双品牌命名策略?

(3) 祥源茶业为什么采用专营店方式销售品牌产品?

(4) 祥源茶业先后采用品牌拓展与品牌延伸两种策略,这两种策略有哪些异同?

(5) 祥源茶业为什么会采用塑造特色品牌产品和削减部分产品的策略?

(6) 如何以祥源茶业为例全面评价星巴克、沃尔玛等零售企业的品牌组合管理战略?

三、分析思路

(一) 中国消费者为何需要品牌来识别茶叶产品质量

认知质量(perceived quality)指消费者对产品适用性和其他功能特性适合使用目的的主观理解与整体反应。认知质量主要通过产品的内在线索(intrinsic cues)和外在线索(extrinsic cues)两种途径形成。

内在线索指产品的特征,如外形、原料等,是决定产品内在质量的因素。消费者通过内在线索形成较客观的认知质量。外在线索指原产地、品牌、价格等。使用哪种线索对产品做出质量评价取决于产品本身提供内在线索的程度,以及消费者对产品信息的掌握程度。

由于客观评价茶叶质量往往要求人具备专业知识,而中国普通消费者通常不是茶专家,因此外在线索在中国消费者对茶产品质量认知的形成中扮演着重要角色。

品牌便是一条重要的外在线索。不同等级的茶叶通常会分别采用茶树枝条上的嫩芽、嫩叶等作为原料,但经过多道工序后,茶叶外形变得不易区分。很多中国消费者从小喝茶,对茶有或多或少的了解。聊茶时,大家均能说上两句,但鲜有人谈得上深入知茶和懂茶。中国茶产业需要品牌这条外在线索帮助消费者快速识别茶叶质量。

(二)在经历商标争夺后,祥源茶业为什么决定采用双品牌命名策略

中国的农产品品牌与农产品本身的特征相关,与农产品是否需要通过品牌体现识别和象征两个职能相关。

1. 原产地

原产地指消费者对来自某些特定地区产品所形成的总体认知。这些地区独特的自然资源(如矿产、气候等)与这些产品的质量有着紧密的联系。中国的知名茶产品一般源自知名的原产地,这里独特的气候、海拔高度等因素使得茶叶更容易加工成为名优茶。消费者一般会认为这些原产地的茶叶质量上乘,感觉品饮这些产地的产品会更有面子。

2. 企业品牌

虽然品牌是质量和信誉的保证,但不同的品牌代表不同的形式、质量和服务的产品。特别是知名品牌,其本身就代表了产品的质量档次,代表了企业信誉。

这里,我们构建一个2×2的矩阵说明在农产品品牌命名中原产地形象和企业品牌形象的价值(见图7)。

企业品牌形象和原产地形象需求均高(第一象限):祁门红茶以"祁门"这一知名红茶原产地命名,该产地气候好,是公认的优质产茶区。有些祁门红茶

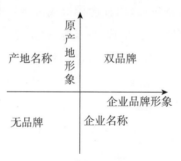

图 7　品牌命名选择模型

精制企业加工设备老化,卫生条件较差,企业内和企业之间均无统一的产品质量标准,粗制滥造现象较为严重,不同企业间的产品质量相差悬殊。企业品牌和原产地标识在祁门红茶价值中的同等地位不言而喻。

企业品牌形象需求低、原产地形象需求高(第二象限):在第一象限的产品中,除了大规模生产,有些产品在局部地区内因气候、地质等而与其他同类产品在口感等方面有较大差异,此时存在以地域命名的情形,如山东的莱阳梨等。

企业品牌形象和原产地形象需求均低(第三象限):在此情形下,企业无须进行品牌投资,消费者很容易识别产品的真正价值,也不需要通过该产品来表征自己的身份。在农产品中,一般的肉类和蔬菜便属于此类。

企业品牌形象需求高、原产地形象需求低(第四象限):农产品存在保鲜和运输等问题,有些企业在这方面积累了丰富的经验,并希望在消费者心目中树立优质形象以获得溢价。比如都乐(Dole)食品公司,它主打新鲜概念,经营水果、蔬菜、干果、水果罐头、果汁饮料等。

(三)祥源茶业为什么采用专营店方式销售品牌产品

消费者对产品质量的认知除了可通过原产地、品牌、价格等外在线索来识别,还可通过产品外形、现场试用感受等决定产品内在质量的因素来形成较客观的认知质量。

面对不同等级的茶叶外形相似、中国品牌普遍不知名等情况,中国消费者除了借助有限的外在线索,还需要"看得见、摸得着、闻得到、尝得了",通过现场体验后决定是否购买该茶。特别是对于一些价格较高的茶叶,网络图片无法替代现场的感官体验。

这还意味着专营店要在消费者购买茶叶时营造一种体验。良好周到的服务可给他人愉悦的感觉。在品饮过程中,店员还向消费者传递包括茶俗、茶礼、茶艺、茶理等茶文化。消费者通常会将这种体验融入日常生活中。这种体验性表明茶不但是产品本身,而且是由"产品+服务+文化"组成(见图8)。中国茶叶企业的品牌战略便是围绕该系统展开。

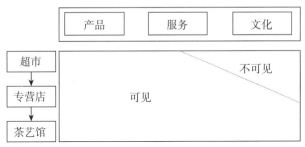

图8　茶叶的整体产品构成与渠道关系

从图8还可知,企业可通过多种途径将茶叶分销给消费者。例如,在超市购买立顿的袋泡茶,在茶艺馆享受"产品+服务+文化"。专营店介于超市和茶艺馆之间。企业和专营店主要通过两条基本途径吸引消费者:一是直接向消费者展示产品的技术指标等内在线索,二是将服务和对茶文化的理解塑造为企业品牌。这是因为不同企业对服务和茶文化的理解相差甚远。一个提供优质品茶服务和文化传播的企业,会给消费者带来不同的自我认知感觉,这也会成为茶叶企业品牌差异化、提高消费者识别程度的重要来源。

(四)祥源茶业先后采用品牌拓展与品牌延伸两种策略,这两种策略有哪些异同

品牌拓展(brand profileration)与品牌延伸(brand extension)是企业获得更高市场覆盖率常用的两种手段。在本案例中,它们的主要职能均是填满专营店的货架位置。它们既有共性,又有差异。

品牌拓展指企业向不同的细分市场销售类似的产品。这些产品在功能、包装等方面有差异,通常是现有产品做了局部改进。该策略可填补市场空隙,适合那些质量差异不大但不同档次产品有不同象征价值的产品。

对于祁门红茶等中国茶产品,目前主要的品牌问题是企业将产品集中在高档产品上,不同档次品牌的区分度不足。此外,不同等级的祁门红茶通常会分别采用茶树枝条上的嫩芽、嫩叶等作为原料,有些等级的原料比较稀缺和珍贵,但经过多道工序后,不同等级的祁门红茶外形变得不易区分。此类产品进行适度的品牌拓展是必要的。但企业新增低档产品品种可能会牺牲高档产品品种

的销售,危及企业的质量形象,所以企业应对新增低档产品采用新品牌,以保护原有的名牌产品。祥源茶业采用了三个不同的子品牌("小镇""云岭山房""金色庄园")予以区分。

品牌延伸是将现有品牌应用至新产品类别中全新或修改过的产品上,借助原产品品牌的影响力促进现有产品市场销量快速提升。该策略适合产品属性存在较大差异、不同产品象征价值差异较小的产品。两种策略的比较如表 8 所示。

表 8 品牌拓展和品牌延伸策略比较

	品牌拓展	品牌延伸
目标	获得更高的市场覆盖率,填满货架位置	
定义	向不同细分市场销售类似的产品	将现有品牌应用至新产品上
产品	质量差异不大,不同产品有不同象征价值	产品属性存在较大差异,不同产品象征价值差异较小
好处	可填补市场空隙	将现有产品和原产品联合来达到企业的战略目标
弊端	可能会淡化品牌原有的个性和形象,增大消费者认识和选择的难度	

如果祥源茶业只专注祁门红茶,其发展空间就会受到限制。这是因为消费者偏好不同口感的茶叶,此外祁门红茶的总体产量也有限。为此,祥源茶业找到云南普洱茶作为新的利润增长点。特别地,普洱茶因存放而形成特定的投资价值,这能缓释经销商对库存占用资金的担心。

(五)祥源茶业为什么会采用塑造特色品牌产品和削减部分产品的策略

品牌拓展的主要风险在于:如果消费者未能在心目中区别各种产品,品牌拓展会造成同一产品线中新老产品"自相残杀"的局面。产品线不断拓展还会淡化品牌原有的个性和形象。

品牌过度延伸会使主品牌失去在消费者心中的特殊定位,当消费者不再将品牌名称与某一特定产品或类似产品联系起来时,品牌形象便被稀释了。

上述两种现象在公司的专营店运营的过程中确实发生了。有消费者反馈,当他进入专营店时,面对琳琅满目的产品不知如何选择。消费者即使看中了产品,也会对价格相差不大的产品性价比是否更高心存疑虑,考虑新产品质量是否与原有产品一样可靠。此外,由于是初创企业,公司品牌知名度不高,下属品牌产品的知名度也不高,消费者通常不了解不同子品牌代表的含义。

这就要求祥源茶业塑造一些有代表性或者标志性的品牌产品,消费者可迅速将这些标志性产品与相近价格区间的产品做出比较。祥源茶业有意识地对一些产品原料优中选优,在生产过程中重点关注,有足够的营销力度,这些产品便可能成为企业的标志性产品,为企业带来更多的销售收入。以"传祁1915"产品为例,该产品目前是祥源茶业最主要的创收产品之一。

并不是所有产品均会得到消费者认可。从案例看,消费者对一些产品已经产生了选择困扰,对这些品牌和产品线进行删减是必要的。祥源茶业起步初期,在"金色庄园"产品系列中又区分了七个档次,但消费者不能区分这七个档次,于是祥源茶业便对它们进行了必要的删减。

(六)如何以祥源茶业为例全面评价星巴克、沃尔玛等零售企业的品牌组合管理战略

零售商均需要一个有效均衡的品类组合来盈利。有效的品类管理能改善企业经营成果,并在激烈的竞争中获得成功。品类管理理论认为,任何一款产品均应在品牌组合中扮演角色,如果产品未承担相应角色或者发挥作用,企业有必要对此做出调整。该思路也是适当削减产品的理论基础。

企业划分品类的依据通常是产品的销售量(高或者低)以及销售额(高或者低)(见图9),模型中的每一方格的名称由来是基于这一方格的产品对零售商的重要性,以及零售商对这些产品的管理方式。

图9 品牌产品分类管理

在本案例中,核心产品指销售量和销售额均高的产品,引流产品指销售量高但销售额低的产品,利润产品指销售量低但销售额高的产品,关注产品指销售量和销售额均低的产品。此分类清楚地表明了哪些产品的功能是吸引顾客,哪些产品是补偿引流产品做出的利润牺牲。

从案例数据看,我们选择销售量和销售额分别在前十的产品界定产品品类。销售额和销售量均进入前十为核心产品,销售额进入前十名但销售量未进

入前十为利润产品,销售额未进入前十但销售量进入前十为引流产品,其他为关注产品。

(1)专营店要保持合理的产品组合。四类产品均应保持合理比例,任何偏颇均不利于总体利润的形成。例如,引流产品带动利润产品销售的效应非常明显。利润产品和关注产品的销售次数仅为10%,但带来了39%的销售额。核心产品和引流产品的销售次数占比为84%,利润贡献为52%。

(2)祥源茶业目前主要推广的标志性产品基本上属于利润产品。专营店在宣传上要和公司保持一致,这样能实现宣传效果的最大化。在陈列和广告上,专营店应将利润产品置于优先位置,以有利于专营店的利润产生。

(3)应保留高价的关注产品,削减低价的关注产品。虽然高价产品的销售次数偏少,但成交一单是一单,应给予足够的陈列位置,摆放在与人视觉平齐的位置,特别是在送礼季。此类商品的广告更应集中在讲解推广上。而低价的关注产品对销售额和销售量均无贡献,企业可考虑删减。

星巴克、沃尔玛等跨国企业的品类管理思路与祥源茶业类似,但存在差异。星巴克为迎合消费者口味,不断延伸品牌产品线(比如泰舒茶),2012年又收购Teavana公司。总体来看,星巴克产品数量较少,价格差异较小,品类管理虽相对简单但同样有必要。以吸引消费者和产生利润方面为例,星巴克更侧重于通过多次的咖啡饮品销售来吸引消费者,咖啡饮品扮演引流产品的角色。消费者在购买咖啡饮品时通常会购买马克杯或者将咖啡产品购买回家,这些产品售价较高,扮演利润产品的角色。沃尔玛的产品种类非常丰富,价格差距甚大,品类管理要复杂得多。品类管理的实施是一项繁重的任务,但基本思路与祥源茶业相似。祥源茶品类管理的复杂程度介于两者之间。

星巴克统一且优质的品牌、管理、服务等给顾客带来了与众不同的卓越体验,其中的服务本身也是产品,属于无形产品。星巴克的咖啡需要即可饮用,服务的好坏和产品是否适合消费者口味等内在线索直接关系到产品能否顺利和迅速地传递给消费者。服务员在现场的作用不可替代。而沃尔玛主要销售实体产品,消费者需要带回家消费,这些产品的品牌等外在线索在购买决策中发挥较大作用。沃尔玛店员的现场作用相对于星巴克较弱。中国茶叶既需要企业品牌等外在线索标识质量,也需要现场品饮等内在线索说服消费者。在品牌等外在线索不足的情形下,服务员的现场作用甚至比星巴克更强;反之则更弱。

再造和创造：祥源茶业的品牌开发战略[①]

王俊杰

摘　要：在收购有百年历史的祁门茶厂后,承接振兴祁红品牌任务的安徽祥源茶业股份公司面临两次方向性品牌战略决策。第一,公司如何再造祁红品牌？公司必须在"祁山"产品品牌和"祥源茶"公司品牌中二选一。第二,在选择"祥源茶"品牌后,公司如何创造"祥源茶"品牌？可以将品牌延伸至普洱产品线吗？在此期间,更为重要的是,公司基本发展战略经历了一次从大致轮廓至清晰具体的演进过程,组织结构也发生了本质性的调整。

关键词：品牌再造　品牌创造　品牌开发

2014年5月,位于云南西双版纳州勐腊县的祥源易武普洱茶加工厂举行了隆重的竣工典礼。该项目随后几年内累计投资5 000余万元,茶厂的主体硬件建设已完成,6 000亩示范茶园等二期工程随后将开工建设。从安徽祥源茶业股份公司(以下简称"祥源茶业")持续了近四年的品牌战略决策和执行历程看,项目竣工意味着公司品牌战略的布局和建设基本成型。祥源茶业的两次方向性品牌战略决策是否正确,将接受市场的检验。

[①] 由于企业保密的要求,在本案例中对有关名称、数据等做了必要的掩饰性处理;本案例只供课堂讨论之用,并无意暗示或说明某种管理行为是否有效。

1 传承百年祁门茶厂

2010年11月,浙江祥源控股集团(以下简称"祥源集团")与安徽省祁门县签订了祁门红茶产业投资项目,项目规划用地150亩,总投资3.5亿元。同时,祥源集团在祁门县成立了祁红茶业公司(以下简称"祁红公司"),祁红公司收购了由安徽省祁门茶厂改制而来的祁门红茶厂。

1.1 祥源集团的并购意图

祥源集团创建于1992年,是一家主要从事旅游业、基础设施建设、房地产开发等的综合型控股集团。截至2011年年底,集团资产为74亿元,负债47.4亿元,股东权益26.6亿元。集团在浙江、安徽、湖北、上海等地拥有控股或参股企业10余家,拥有员工逾5 000人。自2008年以来,集团相继投资了湖北武当山太极湖生态文化旅游区、安徽齐云山生态文化旅游区、新疆天山天池文化旅游区、祥源·颍淮生态文化旅游区、湖北祥源湾等多个文化旅游项目,并建立了旅游产业研究设计院、精品酒店、自由家营地、高尔夫球场、旅行社、商业管理等标准化服务体系。在并购祁门茶厂时,集团主要考虑了如下几个因素。

1.1.1 集团的战略方针

集团公布的发展战略为:在坚持"旅游目的地建造者"主导产业的同时,将培育房地产开发、基础设施建设、茶业等一批行业内颇具影响力的业务实体,通过与文化旅游产业的协同发展,整体巩固和提升企业核心竞争力。祥源集团认为,该项目为集团的未来发展开拓了新领域,为集团丰富企业文化和内涵、提升企业实力和形象增添了强劲助力。

1.1.2 看好茶产业的发展前景

2003—2012年,全球茶叶产量以年均4.08%的速度增长,动力主要来自生产率的提高和茶叶种植面积的扩大;产茶国消费量的增加成为拉动茶叶消费增长的新动力,茶叶消费以年均3.81%的速度增长。中国增速更快,以2012年为例。中国干毛茶总产量178.98万吨,同比增加16.66万吨,增长10.3%,全行业规模突破1 400亿元。

近年来,一些风险投资机构、私募、企业家等认为中国茶产业是一个新兴的传统产业,看好茶产业的发展机会,不断向茶产业投资,燃起了社会对茶领域的投资热情。祥源集团同样看好中国茶产业的发展和投资机会(见表1)。

表1 全国茶叶、红茶、祁门县茶叶产量、种植面积等历年统计

	2005	2006	2007	2008	2009	2010	2011	2012
全国茶叶总产量(万吨)	93.49	102.81	116.55	125.76	135.86	147.51	162.30	178.98
全国红茶总产量(万吨)	4.79	4.83	5.32	6.97	7.19	6.81	11.37	13.24
祁门县茶叶产量(吨)	3 662	4 087	4 686	4 943	5 049	5 129	5 501	5 864
祁门县祁红产量(吨)	2 200	2 409	2 600	3 042	3 100	3 200	4 000	4 730
祁门茶叶面积(公顷)	9 566	9 823	10 044	10 288	10 323	10 385	暂无	暂无

资料来源:全国茶叶数据来自农业部种植司,祁门县产量来自安徽农业厅,祁红产量来自祁红协会。

我国约有上千种茶叶,与茶叶种类多对应的是茶叶企业数量众多、分布广泛,但单个企业的产值并不高(见表2)。中商情报网监测数据显示:2012年年末,中国规模以上精制茶加工企业达1 122家,总资产达600.96亿元,全国精制茶产量为192.9万吨,共计实现销售收入达1 141.43亿元,利润总额为99.92亿元,行业毛利率为22.11%。祥源集团认为中国茶产业竞争激烈,但缺乏大型企业,集团有能力在中国茶产业中施展抱负。

表2 2010年中国茶叶行业百强企业摘录

排名	公司名称	销售额(万元)	所在地
1	中国茶叶股份有限公司	145 700	北京
2	湖南省茶业有限公司	90 432	湖南
3	安徽茶叶进出口有限公司	77 425	安徽
4	浙江省茶叶集团股份有限公司	77 220	浙江
5	宜昌萧氏茶叶集团有限公司	62 017	湖北
…	…	…	…
96	湖南省白沙溪茶厂有限责任公司	8 174	湖南
97	河南新林茶业有限公司	8 160	河南

(续表)

排名	公司名称	销售额(万元)	所在地
98	四川嘉竹茶业有限公司	8 057	四川
99	黄山六百里猴魁茶业有限公司	8 025	安徽
100	山东日照碧波茶业有限公司	8 017	山东

资料来源：中国茶业流通协会。出于种种原因，该协会于2010年之后不再公布企业销售额。

1.1.3　看中祁门茶厂历史的厚重

祁门茶厂前身可追溯至北洋政府1915年于祁门县成立的"农商部安徽模范种茶场"，这是中国近现代最早一批茶叶科研和生产机构之一。1932年7月，它更名为"安徽省立茶业改良场"，场长为当代"茶圣"吴觉农。1949年4月祁门县解放，人民政府接管了茶业改良场，全县私营茶商全部停业，祁红毛茶统一由祁门茶厂收购和加工。

在鼎盛时期，茶厂占地18余万平方米，厂房建筑面积7.8万平方米，拥有生产设备300多台(套)，年产祁红2 500吨(年生产能力5 000吨)。所生产的祁门红茶全部属于国家调拨物资，主要用于出口创汇，先销往苏联，后销往欧盟市场。20世纪90年代之前，出口比例为90%；1990—2000年，出口比例为70%；2000年之后，出口比例为60%；近年来，内销逐渐大于外销。茶厂一直是当地支柱企业，正式员工数、缴税、工业产值均为祁门县的1/3。茶厂屡获殊荣，包括三次国家金奖和一次比利时布鲁塞尔金奖，是国家二级企业。

祁门茶厂历史厚重，它在中国十大名茶"祁门红茶"的历史中扮演举足轻重的角色。祁红享誉世界的多数荣誉便是以茶厂的名义获得的。在中华人民共和国成立之后，祁门茶厂的历史可以说就是祁红产业的历史。祁门茶厂随着祁红产业的兴盛而兴盛、衰退而衰退。祥源集团认为收购祁门茶厂不仅意味着百年老字号的传承，还是祁红产业的传承，这不仅是一份责任，在将来的营销推广、投资、竞争等方面均将使集团处于有利地位。

1.2　祁门县各界的意图

茶叶是祁门的传统经济支柱，是山区农民经济收入的主要组成部分，祁门县政府已连续多年实施"祁门生态产业富民工程"，但心有余而力不足。祁门县政府制订了"祁红振兴计划"，采取了改良品质、扶持龙头企业、加强原产地认证和商标注册等措施促进红茶生产。

祁门县政府认为,该项目对加快祁红产业标准化、市场化、现代化进程,推动祁门茶产业和茶文化的发展,促进"祁红振兴"具有重大意义。在 2012 祁门县政府工作报告中,祥源红茶一期被列入重点推进工作。这意味着在将来的征地、工厂建设、与茶农的关系、经营等方面将得到地方政府的协助,项目会进展得更顺畅。

一位即将在祁红公司工作、之前一直奋斗在生产一线的原茶厂工人认为:"既然这辈子已交给祁门红茶,我们就再也不会离开。"

1.3 祁红公司的发展定位

在与祁门县政府的签约仪式上,祥源集团表达了做好祁红产业的愿望,一定不负众望、竭尽全力地做好该项目,给当地政府和人民一个满意答卷,致力于将祁门红茶打造成一流品牌的高端消费品。

2 再造祁红品牌:是"祁山"还是"祥源茶"

2.1 祁红产业概览

1876 年,祁红诞生。祁红被称为"茶中英豪""群芳最",是世界三大高香红茶之一。祁红既有水果香味,又有松木味道(像正山小种)和花香,但又不像印度大吉岭红茶香味绚丽,国际上称其为"祁门香";祁红的咖啡因含量比斯里兰卡阿萨姆红茶低。得天独厚的地理、气候环境辅以精湛的加工技艺,使祁红一面世便受到世人关注,很快在英国流行起来,成为混合英式早餐茶的主要成分,被认为是高贵身份的象征。

继 1915 年在巴拿马万国博览会上一举夺魁后,1959 年,祁红与西湖龙井、黄山毛峰等入选"中国十大名茶"。2008 年,祁红制茶技艺入选国家非物质文化遗产名录。祁红在国内和省市农产品及茶类评比会上多次获奖,是中国政府招待外国宾客的重要茶种。邓小平视察黄山时曾说:"你们祁红,世界有名!"

祁红一直以外销创汇为主,国家一直采取"以绿补红"政策,即用出口效益好的绿茶补贴效益差的红茶,因为祁红出口大多以价格较低的散装原料茶为主。祁门县的高档祁红仅占祁红总产量的 5%,但产值占一半以上。鼎盛时期的祁红年产量约3 800吨,年产值约3 500万元,消费者遍及50多个国家和地区。

由于受到国内外红茶和绿茶市场的冲击,国外消费者倾向于接受滋味浓强的CTC(红碎茶)市场消费理念,祁红产业政策失利(祁门县实行"红改绿"政策)等因素的影响,至21世纪初,祁红的质量、产量、销量均跌入低谷,1995—2004年,祁红年均产量不足800吨。

祁门县现有21家祁红精制企业,年加工能力为200—400吨的有3家,100—200吨的有9家,100吨以下的有9家,企业生产规模偏小。加工企业普遍利用20世纪60—70年代建设的老厂,或租赁粮站闲置仓库作为厂房,加工设备老化,卫生条件较差。企业没有统一的产品质量标准,粗制滥造现象较为严重,不同企业间的品级相差悬殊,外地红茶原料大量无序流入。

2.2 战略摸底引担忧

签约仪式后,祁红公司的各项投资按原计划展开。2011年3月,祁红公司与祁门县当地100多户茶农签订了250亩的茶园流转合同,流转期限为30年,耗资巨大的5万亩优质茶园基地项目建设正式启动。2011年12月,祁红产业园开工建设,2012年7月,示范性工厂大部分竣工。

2012年年初,在工厂建设顺利进行的同时,祁红公司邀请行业内外知名学者、营销专家、咨询公司等对祁红公司品牌战略建设进行研讨,期望能制订出未来五年的发展规划。首轮的战略摸底引起与会者对公司前景的一系列担忧。

2.2.1 "祁山"商标存争议

"祁山"商标拥有祁门红茶的原产地标记,2003年被评为"安徽省著名商标"——以前归祁门茶厂所有。在2005年的改制中,当时的改制方并未兑现对该品牌和政府的承诺,最终该商标由祁门县政府委托当地的祁门红茶协会托管。在祥源集团并购祁门茶厂时,由于协会理事对祥源集团重塑祁红品牌的决心心存疑虑,商标所有权并未交易,但祁红公司拥有该商标至2015年年底的独家使用权。该争议引发的问题便是,祁红公司将来靠什么牌子销售产品。

2.2.2 产能数字生悲观

祁红公司的产能数据显示,工厂建成后至2014年年底,生产能力达1 000吨,产量为500吨。专家们算了笔账,按照2013年祁门县红茶总产量4 650吨、产值4.01亿元估算,投资回收期漫长。再参照当地一家做得不错的祁红茶企,其2013年产销量约500吨,产值超5 000万元,其中60%通过外贸渠道出口欧美、非洲、东南亚和阿拉伯国家,40%内销广东、福建、山东、江苏、浙江、上海等沿海省市及甘肃、青海、内蒙古、新疆等传统红茶饮区,这也证实了投资回收期漫长,从侧面看到了祁红公司的现实前景。

2.3 第一次品牌战略抉择

经过多轮讨论,专家们很快就祁红公司的品牌定位和目标市场达成共识,认为品牌应瞄准礼品茶市场和中高端自饮茶市场,主要面向25—60岁的消费者,主要以县级以上城市的商务人士和公务人士为主。祁红公司采用生产型品牌营销模式,做全价值链的管理者,避免一条龙经营。但其中的决策难点和重点均指向品牌开发战略:是走专注祁门红茶这一类产品的品牌路线,还是走包含其他类茶产品(比如普洱、白茶、绿茶等)的公司品牌(祥源茶)路线?

2.3.1 采用专注祁红产品的品牌开发策略

该策略主张,祁红公司还是应该走专一路线,专注祁红产品及其品牌建设,充分发挥自己的核心优势,做大做强。针对目前的"祁山"商标现状,祁红公司可同时注册自己的祁红产品商标,也可继续与祁门红茶协会和祁门县政府谈判,争取以合适价格购买"祁山"商标。该策略认为,祁红公司主要有如下优势:①历史优势。祁红公司是祁红历史的传承者,传承脉络清晰可见。②生产质量优势。示范工厂拥有万亩优质茶园基地,将拥有国内首条实现无尘化、连续化和规模化的生产线。祁红公司还拥有多位祁红制茶技艺非物质文化遗产指定传承人。③宣传优势。以上内容均可大张旗鼓地宣传,对于那些偏爱原产地品牌的消费者应能奏效。这些均是其他祁红企业无法比肩的,带来的收益自然也是其他祁红企业无法比拟的。此外,祁红在欧洲有一定的消费基础;国内城市居民的早餐越来越西式化,红茶市场已悄然生变,政府也大力推动,祁红产量在迅速增加,这个市场的蛋糕在不断增大,不是一成不变的;祁红在上海、江浙一带有固定的消费者群体。其他祁红企业可以进入的市场,祁红公司也可以进入;而且,与其他祁红企业相比,祁红公司并无明显劣势,一定会做得更好。

如果执行该策略,祁红公司当下和未来几年要面临如下难题:①如何宣传公司品牌。祁红在国内处于人们"听说过,没喝过"的状态,未建立国内市场的认知度。消费者不了解祁红的特征和价格,也不了解分类、等级和口感标准,更不了解祁红公司、公司的产品和品牌。从当地品牌实践看,当地企业有"祁红香螺""祁红香笋""祁红龙井""祁门龙袍""祁红毛峰"等近20个品牌,但缺少知名品牌。②采用什么渠道销售祁红。祁红公司定位做高端礼品,如采用传统的经销制,目前的情况是很多祁红企业无法控制零售价格,经销商要同时经营其他茶品,对某一个企业的产品未必会上心;如果采用专营店方式,祁红品种较为单一,普遍以细碎茶示人,相近等级、分类之间的区分度不易为入门者所感知,难以面对不同需求的消费者。③引发恶性竞争问题。还是以渠道为例,以往祁红产品销售一直多依赖中间经销商,流通渠道普遍不畅。为了争夺有限的中间经销商,有些企业不惜提级降价,互相压级压价。若祁红公司在渠道设计上与其他企业大同小异,则不可避免会出现恶性竞争,有如此大生产能力的祁红公司加入,后果或许会更糟。

2.3.2 采用塑造公司品牌(祥源茶)的品牌开发策略

该策略的支持者认为,自己当然希望"祁山"商标归祁红公司所有,但如果祁红公司重点投入该商标,在2015年再谈判时达不成意向怎么办?该策略主张:鉴于目前的企业品牌现状和销售渠道现状,祁红公司不能只做祁红产品和品牌,而应放眼全国,选择有广泛市场认知度的茶叶种类,与祁红形成互补,共同打造"祥源茶"品牌。"祥源茶"品牌旗下的产品被称为祥源祁红、祥源普洱、祥源龙井等。百年祁红可以借助"祥源茶"品牌实现品牌再造。

该策略的分析基于如下逻辑:

首先,从祁门红茶的产品特征来看,这是一款有鲜明特色、能够营销至全国的茶类,百年祁红绝非浪得虚名。它也有不足,如普遍以细碎茶示人,相近等级、分类之间的区分度不易为入门者所感知,即产品线、产品深度、产品组合均不足。假设开一家40平方米的专营店,祁红产品不足以填满陈列柜台,只能与其他产品搭配,一道吸引消费者。如果这些产品能在品牌知名度、顾客体验等方面与祁门红茶形成互补,它们就可以强强联合,一起快速走向全国,进而成为全国性品牌,实现祁红复兴梦。

其次,专注祁红一款产品本身当然也是一种策略,但从传统的主要销售渠道看,渠道主要在华东附近而不在全国。祁红走外销途径,价格偏低;走内销途径,价格被某些企业炒作。这根本体现不出一款全球知名茶类应有的合理性价比。因此,放眼于全国市场和整个茶类的产业视角思考,企业未来规模问题、竞争问题、"祁山"品牌问题等将迎刃而解。

如果执行该策略,祁红公司要承担如下风险:①新项目投资资金如何筹措。

按照目前祁门工厂的投入(3.5亿元)看,新项目投资估计不会少,祥源集团要有进一步的大资金投入。②如何组建兼具管理实践和理论水平的运营团队。能同时在多个地理人文环境存在重大差异的产茶区开展运营,要由一支在行业内有充分实践经验的团队来执行;团队成员也必须有足够的理论水准,能对较为混乱、演进速度较快的整个中国茶产业发展形势有基本判断。祁红公司处在创业期,很多专业人士对祁红公司处于观望中,请他们做咨询容易,但真正加入企业一起做事则需要时间。③选择新茶区的机会在哪里。无论是直接投资还是兼并其他茶叶企业,都是一项长期的系统工程,绝不可能一蹴而就。

2.4 战略评价

祥源集团董事会认为,这两种策略表面上是"做地区性的祁红产品品牌"和"做全国区域、全国茶类的祥源茶品牌"策略之争,实质上是在争论哪一种策略更能实现集团的战略意图。显然,后者能站在产业全局角度、集团战略角度实现对祁红产业品牌再造行动的升级,给集团描绘了一个更诱人和恰当的愿景。

3 创造祥源茶品牌:将"普洱"注入"祥源茶"

2012年9月,祁红公司改组,作为运营主体的祥源茶业股份有限公司正式成立,祥源茶业注册了"祥源茶"品牌,祁红公司原有管理团队变为祥源茶业的管理团队,祁红公司变为祥源茶业的子公司。

在祁门示范工厂一期建设快竣工时,祥源茶业邀请行业内外知名学者、营销专家、咨询公司等对公司下一步的品牌战略建设展开研讨,探讨如何更有效地做好"祥源茶"品牌。

3.1 向"祥源茶"填入什么"茶"

在决定做"全国区域、全国茶类的祥源茶品牌"后,祥源茶业面临选择什么茶类填入产品线和品牌线的问题。祥源茶业的决策起点为公司的战略意图——选择可以较为迅速地营销至全国的茶类。该茶类首先应上升至中国茶产业整体机会层面。中国有20个省区产茶,包括西藏林芝。但从中国茶产业机会的角度,祥源茶业认为无须过多关注一些产茶省份,当地政府当然可考虑去发展和推动,但它难以升至中国茶产业整体机会层面。其次,"特色"无疑很重要,以祁红为例,云南有滇红,但云南也有人喜欢喝祁红,普洱可销至全中国,安溪铁观音可销至全中国,就是因为它们的"特色"显著。

从中国茶产业整体机会的角度看,祥源茶业关注了当时茶叶产量最高前几位的茶区和类型(见表3)。福建、云南、浙江是中国目前名列前三的产茶省,还有几个产绿茶的大省,比如四川、湖南、湖北、安徽和贵州,这是目前中国茶叶行业的"八强省份"。祥源茶业庄从市场角度,到这些茶区寻找有特色、可营销全国的茶类。

表3　2011年全国各产茶省份茶叶产量统计　　　　　　　　　　（单位:万吨）

省份	茶叶合计	绿茶	青茶	红茶	黑茶	黄茶	白茶	其他茶
全国合计	1 623 214	1 137 646	199 747	113 679	63 459	391	14 267	94 024
山西	8	0	0	0	0	0	0	8
江苏	14 580	12 028	0	2 353	0	0	0	199
浙江	169 724	163 794	0	1 330	3 067	0	0	1 533
安徽	87 598	81 412	70	4 228	0	201	0	1 687
福建	295 976	106 376	157 450	22 707	0	0	7 815	1 628
江西	32 734	24 696	1 040	4 450	46	15	211	2 276
山东	10 704	10 704	0	0	0	0	0	0
河南	49 447	44 352	0	5 095	0	0	0	0
湖北	184 165	148 509	3 948	19 374	8 492	0	95	3 747
湖南	132 787	67 426	3 535	15 400	37 652	14	3	8 755
广东	59 637	25 300	336	1 279	0	8	5 798	0
广西	44 410	32 830	336	5 626	789	0	0	4 829
海南	1 241	1 112	0	83	0	0	0	46
重庆	27 895	22 302	29	2 856	0	0	0	2 708
四川	186 207	147 168	4 061	2 584	13 040	145	262	18 947
贵州	58 381	47 850	43	881	4	8	83	9 512
云南	238 337	172 410	1 982	25 432	369	0	0	38 142
西藏	8	2	0	0	0	0	0	6

(续表)

省份	茶叶合计	绿茶	青茶	红茶	黑茶	黄茶	白茶	其他茶
陕西	28 430	28 430	0	0	0	0	0	0
甘肃	944	944	0	0	0	0	0	0

资料来源：笔者基于国家统计局、中国茶业流通协会、农业部种植司数据整理，其他省份数字为0，中国茶业流通协会专家认为山西产量数字存疑。

从茶类产品的本质特征看，茶叶品质与产地关系密切，土壤、地形、海拔、气候、光照等因素对茶叶鲜叶的品质是非常重要的。在茶叶大众市场发展到目前规模的今天，已出现稳定的小产区市场。一个很好的类比就是西方的红酒市场，经过多年的发展，目前已形成较为稳定的红酒大众市场和酒庄酒市场。小产区市场主要由中高端消费者、发烧友和老茶客组成，这些消费者大多对品质要求较高，有些属于玩家级或专业级，喜欢钻研和把玩茶，有自己的品鉴标准，通常有自己的一个圈子并扮演意见领袖角色。与大众市场相对广泛的覆盖面不同的是，小产区市场的覆盖面较窄，但更为高端。小产区市场同样主要分布在目前中国茶叶产量最高的前几位茶区和类型中。

祁红便是具备特色和规模、能营销至全国、满足小众市场需求等特征的茶类。大众市场的茶类虽然在某些方面可与祁红产品形成互补，但在渠道、定位等方面与祁红产品相差甚远。与祁红搭配的、共同走向全国的茶类显然也应具备特色和规模、能营销至全国、满足小众市场需求等特征。

采用以上维度对中国茶叶市场细分后，祥源茶业的目标市场和战略至此便清晰可见。在中国范围内选择小产区的特色茶（见图1），组成祥源茶小产区的产品和品牌线，在全国各地进行营销推广，这就是祥源茶业的品牌战略方针。从竞争角度看，祥源茶业认为小产区茶现处在一个重大机遇期，即便现在公司不去做，也总会有其他公司去做。

3.2 普洱茶产业概览

3.2.1 中国普洱茶产业格局与趋势

在经过近百年的沉寂后，普洱茶在最近二十年逐渐发展成为全国性茶类。1997年开始，港台地区茶商对普洱茶的推广明显增加。2000—2004年，中国内地普洱茶开始普及，主要区域在珠三角地区，这与该地区品饮普洱茶的历史、位居全国前列的人均茶叶消费量及浓厚的茶文化密切相关。普洱茶热销引起了

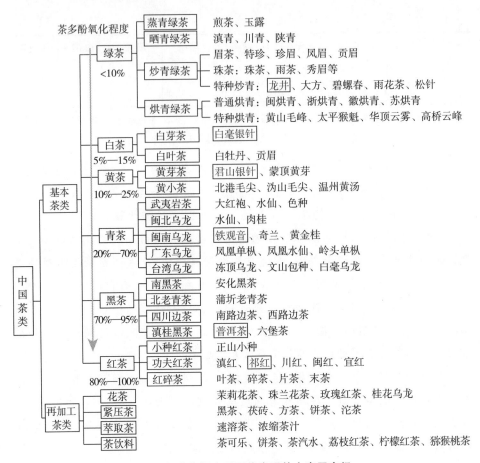

图 1　细分市场之后可能出现的小产区市场

产地政府和茶商的关注与推动。2005年,普洱茶开始进入火热发展期,2007年4月达到顶峰,当年产量为9.9万吨,逐渐成为全国性知名茶类。2007年5月开始,普洱茶从前两年的火热状况回调,并逐渐进入规范、稳步和有序的发展阶段。迄今为止,普洱茶发展整体向前(见表4和图2)。

表4　中国茶叶、云茶和普洱历年产量统计　　　　　　　　　　(单位:万吨)

	2002	2003	2004	2005	2006	2007	2008	2009	2010	2011	2012	2013
全国茶叶产量	74.54	76.81	83.52	93.49	102.81	116.55	125.76	135.86	147.51	162.30	179.00	189.00
云茶产量	8.36	8.59	9.50	11.60	13.80	17.00	17.20	18.30	20.70	23.30	27.40	30.98
普洱产量	1.80	2.20	3.00	5.20	8.00	9.90	5.28	4.50	5.08	5.56	8.13	9.69

资料来源:笔者根据国家统计局、中国茶业流通协会、农业部种植司、云南农业厅数据整理。

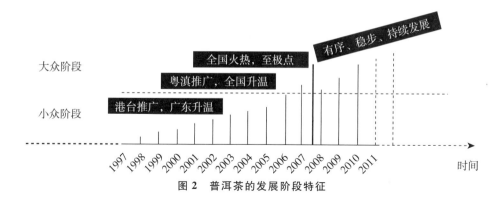

图 2　普洱茶的发展阶段特征

3.2.2　普洱茶的特点

当前国家标准对普洱茶的定义中有三个关键词：云南、大叶种、晒青毛茶。这三个词分别对应普洱茶的三个重要特点：云南优良的生态，使得这里所出产的茶叶"干净"；大叶种，以丰富的内质而闻名于世；普洱茶的晒青工艺和后发酵陈化工艺，造就普洱茶的独特内质，形成普洱茶相对其他茶的独特保健功效。此外，在合适的储存条件下和一定的时间范围内，普洱茶的品质会随时间而提升，从而催生了年份茶市场。

3.3　第二次品牌战略抉择

在此次研讨中，祥源茶业再次确认了"公司+产品"的品牌战略，决定采取"区域经销商+授权专营店"的模式布局全国渠道。但在探讨是否将祥源茶品牌延伸至普洱茶这一具体茶类时，专家们立刻分为立场鲜明对立的两派。

3.3.1　赞成派观点

这一派首先看好普洱茶的前景，认为：①普洱茶市场将稳步扩大，这是由普洱茶的特点及目前普洱当年茶品的价格竞争力决定的；②年份茶市场将逐步形成，收藏市场将作为一类生意长期存在并形成细分市场。

将品牌延伸至普洱茶还能给祥源茶业带来如下好处：①祥源茶业整体品牌效应增强。普洱茶是目前茶市场的热点，祁红世界闻名，同时做这两个产品，祥源茶业在消费者心中的品牌强度将增强。②实现普洱产品与祁红产品、祥源茶品牌的销售协同。普洱茶有特定的投资价值，这能降低经销商对库存占用资金的担心，这是其他茶类无法比拟的，这对于困难重重的新品牌早期市场推广非常重要。普洱茶品类丰富，可依据不同标准，分为生、熟、不同年份、不同产地、不同包装等产品和品牌线,这可充实授权专营店陈列柜台和更好地满足不同消费者的需求。

3.3.2 反对派观点

这一派首先不看好普洱茶的前景,认为普洱茶市场炒作过度。近两年,普洱茶的价格又在大幅波动,波动之后一般是行业大伤元气,今后几年的发展态势有可能重蹈 2007 年的覆辙。

针对这个具体项目,有些特定弊端需要克服:①如何寻求项目合作。易武地区是云南普洱茶区综合条件最好的区域之一,但被云南易武资源吸引的企业远不止祥源茶业一家,多年来希望进入易武的数不胜数。以往存在一些企业打着做好易武普洱茶的旗号、无节制地消耗易武资源的现象,导致当地政府对新企业存有戒心。②如何处理与当地茶农的关系。云南是中国旅游大省,当地一直存在"旅游+茶"的发展思路。近年来,每逢早春头摘茶叶季节,很多茶友从五湖四海来到一些产茶区的各村各寨,到茶山访茶,到茶山旅游,顺带买点茶叶带回去。一些农户利用这个特定时期的价格拔高全年的价格,甚至一千克茶叶期待一吨茶叶的收购价格。茶农期望价格不断攀升是普遍心态。③如何协调两地资源。云南地处南疆边陲,祁门地处华东中部,远隔千里,如何实现两地资源的协同?④能否达到预期的销售协同。消费者的茶叶偏好不同,喝普洱的消费者会品饮祁红吗?从产品和品牌个性看,普洱和祁红有差异,消费者群体也可能有差异,广告和推广是各做各的还是一致推广呢?

3.4 战略评价

祥源茶业认为,在明确公司的整体品牌战略之后,其他战略将按部就班地执行。至于普洱项目,祥源茶业认为:"路对了,还怕长?"

4 展望

2013 年 4 月,作为西双版纳州重点招商引资项目建设内容之一,祥源茶业与勐腊县签署了协议书,正式启动了易武茶和茶文化旅游项目建设,州长等领导出席了签约仪式。同时,祥源茶业正式成立云南西双版纳祥源易武有限公司,组织结构如图 3 所示。

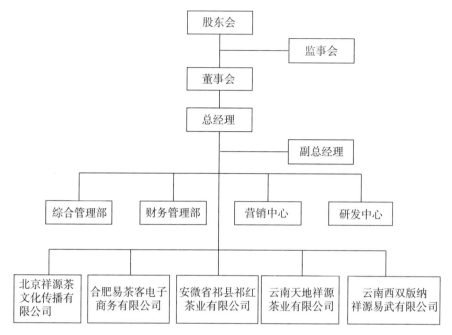

图3 祥源茶业股份有限公司(祥源控股集团成员企业)组织架构

截至2013年年底,祥源茶业已在全国各地有了40余个经销商和近百家授权专营店,公司当年销售收入突破2 000万元。这些表明公司的品牌战略执行得还不错,但这两年来市场出现了一些新变化,特别是:①受国家关于"控制三公消费""国八条"等政策影响,在三令五申禁止铺张浪费的呼声下,大多数中国茶企的高端销售盈利模式面临挑战;②微博、微信等社交工具和网络技术的普及,使得消费者接受信息的方式发生了本质改变,有学者甚至将这称作"新一轮产业革命",而面对该形势、借助茶叶电子商务销售和塑造品牌是业内共识,但如何借助则无先例可循。这些均增大了祥源茶业品牌战略进一步实施的不确定性。

5 附录

不同的祁门红茶外形如图4所示,祥源茶业专营店效果如图5所示。

◀ 品质一般

品质较高 ▶

图4　品质相差较大且价位不同的祁门红茶外形

图5　祥源茶业授权专营店

案例使用说明

一、教学对象与目的

本案例主要适用于工商管理硕士"市场营销"基础课程的品牌战略管理,以及"战略管理"课程中的战略目标制定、战略定位、战略与品牌之间的关系等。此外,本案例还适用于"品牌管理"课程中的品牌资产管理、品牌跟踪研究、品牌策略选择等章节;大学本科生高年级的"品牌管理""战略管理"等专业课程,"创业学"等相关课程。

教学目的在于促使学员:

(1) 理解企业战略决定企业品牌和组织构架等。本案例表面上看似一个企业品牌战略问题,但需要强调的是,本案例的重要核心在于讨论企业战略、企业品牌、组织之间的变动关系,强调企业战略对企业品牌和组织结构的决定性作用。

(2) 探讨在不完全信息情况下,企业如何利用相应的管理模型和框架,迅速梳理思路,将各项建议化繁为简,快速有效地做出决策。本案例的第二个设计目的便是希望学员利用品牌跟踪研究和品牌资产理论,针对案例提供的产业背景和公司决策过程信息进行分析,将决策者的思路简化和清晰化,进而迅速做出决策。

(3) 学习企业战略定位、战略目标制定、战略与品牌的关系、品牌跟踪研究、品牌资产管理、品牌化决策等理论,了解这些理论在实际应用中的关键点。

(4) 了解目前以茶产业为代表的中国传统行业的品牌复兴的现实和企业品牌决策实践,以及这些行业的产业机会。

二、启发思考题

本案例的阶段性决策点为:①第一次品牌战略抉择,是走专注祁门红茶这一类产品的品牌开发路线,还是走包含其他类茶产品(比如普洱茶、白茶、绿茶等)的公司品牌(祥源茶)开发路线。②第二次品牌战略抉择,是否将"祥源茶"公司品牌延伸至普洱茶产品。

在编撰启发思考题时,笔者考虑如下三点:①本案例的主体理论是企业战略定位、战略目标制定、战略与品牌的关系。②本案例的辅助理论主要涉及品牌跟踪理论中的品牌产业背景评估和品牌资产评估等。③本案例的两次阶段性决策涉及信息较多。如果直接询问学员选择哪项策略,学员的回答会发散,且无思路,教师需对学员进行引导。体现在思考题上便是题目的拆分,教师可依据需要适当组合或者压缩。

鉴于本案例既可用于战略教学,也可用于营销教学的特性,笔者依据课堂教学经验,综合编撰了启发思考题,具体如下:

(1)假设祁红公司选择专注祁红产品的品牌开发路线,你对品牌的产业前景有何判断?

(2)假设祁红公司选择专注祁红产品的品牌开发路线,你认为它应从哪些方面提升品牌价值?

(3)你认为祁红公司应选择专注祁红产品的品牌路线,还是走开发"祥源茶"品牌路线。为什么?

(4)如果你选择了上述方案,该方案是否符合祥源茶业的战略意图?

(5)简述祥源茶业的定位战略,你还有其他细分市场的建议吗?

(6)假设祥源茶业旗下仅有普洱茶产品,你对其品牌的产业前景有何判断?

(7)假设祥源茶业旗下只有普洱茶产品,你认为它应从哪些方面提升品牌价值?

(8)你认为祥源茶业是否应将"祥源茶"品牌延伸至普洱茶产品?

(9)如果你选择了上述方案,该方案是否符合祥源茶业的战略意图?

(10)祥源茶业随后可能还会发展其他茶类,你认为关键点可能有哪些?

(11)在微信等自媒体兴起的形势下,祥源茶业开设授权专营店传播品牌价值和提升资产价值是否落伍?

一般地,在分析本案例时,教师一般有两种分析途径。第一种方案探讨战略、品牌、组织之间的关系。此时,讨论的题目可以包括第(2)、(3)、(4)、(5)、(8)、(9)、(10)、(11)题。其中,第(2)题属于破冰部分,第(3)、(5)、(8)题是基础部分,第(4)、(9)、(10)题是升华部分,第(11)题是延伸部分。

第二种方案探讨品牌跟踪理论,也可包括其他题目。如果想尽快切入主题和活跃课堂气氛,教师也可采用辩论、行动教学法等形式直接导入,但需要注意破冰、基础、升华和延伸各部分之间的关系,讨论与否取决于使用者的安排和课堂进度。

三、分析思路

本案例正文的分析思路为,以祥源茶业在创业初期的两次方向性品牌战略决策为主线,描述公司基本发展战略从大致轮廓至清晰具体的演进过程,以及组织结构的本质性调整过程,进而反映中国传统产业品牌复兴所面临的现实问题。

希望学员可以做到:对战略、品牌和组织之间的关系有一个清晰认识;对战略定位的市场细分所用标准尺度有清晰把握;使得学员对中国老字号品牌复兴得出较为清晰的观点;对品牌延伸背后的管理问题或障碍等有一定认识;对构建品牌资产方案的系统性有一定认识。

四、理论依据与分析

依据教学目的和企业实践,本案例对案例正文及其蕴含的理论进行了适度的匹配和选择。思路是围绕案例剖析的逻辑顺序来匹配和选择相应理论,进而确定启发思考题(见表5)。

表5 启发思考题

思考题题目	涉及理论	教学目的
第(3)、(4)、(5)、(8)、(9)、(10)题	战略目标	核心
第(5)题	战略定位	核心
第(8)、(9)、(10)题	战略与战术	核心
第(1)、(6)题	品牌产业背景评估	一般
第(2)、(7)题	品牌资产评估	一般
第(1)、(2)、(3)题	品牌再造(或重塑、复兴)	提升
第(1)、(2)、(3)题	品牌命名	提升
第(6)、(7)、(8)、(10)题	品牌延伸	提升
第(11)题	品牌资产创建	延伸

(一)战略制定部分

1. 战略目标与品牌的关系

战略目标是对企业战略经营活动预期取得的主要成果的期望。战略目标的设定,同时也是企业宗旨的展开和具体化,是企业宗旨中确认的企业经营目标、社会使命的进一步阐明和界定,也是企业在既定的战略经营领域开展战略经营活动所要达到的水平的具体规定。

在本案例中,企业最初的战略目标是没有明确表述的,但不是没有。这个关键点在和学员讨论时一定要明晰,这时的目标属于"只可意会,不可言传"。随后,战略目标逐步清晰,至最终决定延伸至普洱茶,此时该战略目标已付诸实践。

本案例旨在讨论企业战略、企业品牌、组织之间的变动关系,强调企业战略对企业品牌和组织结构的决定性作用。这是在随后的任何教学中均要告诉学员的。

2. 战略定位

战略定位就是将企业的产品、形象、品牌等在预期消费者的头脑中占据有利的位置,是一种有利于企业发展的选择,也就是企业做事如何吸引人。对企业而言,战略是指导或决定企业发展全局的策略,需要回答四个问题:①企业从事什么业务;②企业如何创造价值;③企业的竞争对手是谁;④哪些客户对企业是至关重要的,哪些是必须放弃的。

本案例的战略定位在于强调:战略应从企业规模和产品本身出发,将其提升至中国茶产业层面;应基于与企业发展方向一致的市场细分标准,而非局限在某些管理职能方面。

3. 战略与战术

企业战略虽然有多种,但基本属性是相同的,都是对企业的谋略,是对企业整体性、长期性、基本性问题的谋划。战略与战术的区别是:战略针对全局问题,战术针对局部问题;战略针对长期问题,战术针对短期问题;战略针对基本问题,战术针对具体问题。

在本案例中,两次抉择均是战略,但相对而言,第一次关系全局,第二次则是具体执行。特别地,第二次虽只涉及品牌延伸内容,但从根本上看是战略和战术的关系。

(二) 品牌管理部分

1. 品牌跟踪理论

在品牌战略管理中,以本案例为例,企业在决策时的信息往往不全。企业依然要迅速决策,决策者只能获取相对笼统的与品牌相关的信息。品牌追踪研究(tracking studies)的思想便是:调查者依据自身条件,不同程度地检测品牌母体各个结构的"健康状况",评估品牌所处环境状况(国家政策、行业现状),描述竞争者和合作者的生态等及其对母体的影响。本案例对上述指标进行了调整,将本案例的品牌决策简化为品牌产业背景和品牌资产的评估两个层面。

品牌跟踪研究方法有传统市场调查方法和消费者小组座谈会等。传统市场调查方法要求被试对一些直接的品牌检测评分项目打分。通过消费者小组座谈会访谈形式,品牌跟踪研究者可深入挖掘用户对各品牌形成感知、评价及忠诚的原因。基于课堂时间有限和增强师生互动的考量,本案例将以上两种方法结合,一方面要求学员对启发思考题予以充分讨论,另一方面采用问卷调查方式压缩课堂时间和提高教学效率。

(1)品牌产业背景评估。凯勒(2009)认为,如果追踪包含不同地理区域市场的品牌,运用较为广泛的系列背景评估方法,那么将品牌开发置于这些场景中是必要的。这无须频繁地收集信息,但要提供有用的解释性信息。在结合MBA课堂的教学反应后,本案例对凯勒(2009)的品牌背景评估指标作了调整,调整后如表6所示。

表6 调整后的凯勒(2009)品牌背景评估指标图

经济指标	媒体指标
行业增长率	公众对媒体的消费:花在某一媒体(比如电视)上的总时间
可支配收入	广告支出:各产品类别的总支出
消费者平均工资	
零售支出	人口统计特征
在超市的总支出	基本资料:年龄、性别、收入、家庭规模
年度变化指数	地理分布
	茶文化概况
技术	其他产品和服务
互联网技术	有哪些茶产品
制茶技术	看过茶道表演吗
个人态度和价值观	对品牌的态度和购买情况
自信程度	原价购买吗
沟通方式	喜欢购买新茶吗
家庭观念	偏好原产地吗
家庭饮茶环境	更愿意购买做过广告的茶类产品吗
	熟悉茶类知名品牌吗

（2）品牌资产评估。品牌资产（brand equity）指与品牌、品牌名称和标志相联系的,能增加或减少企业所销售产品或提供服务的价值和顾客价值的一系列品牌资产与负债。这些价值可通过消费者对品牌的想法、感觉和行动得以体现,也可从品牌为企业带来的价格、市场份额和利润中得以体现。在本案例中,相关数据虽已体现在各个图表中且大致可估算,但毕竟无法齐全,所以本案例主要采用前一种方式加以体现。

本案例采用戴维·阿克提出的品牌资产框架。他将品牌资产分为品牌忠诚度、品牌知晓度、品牌感知质量、品牌联想和品牌专有权五个部分（见图6）。其中前四部分是品牌资产的主要组成部分,而品牌忠诚度是品牌资产的核心。

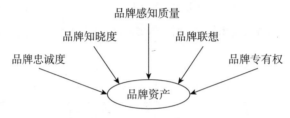

图6 戴维·阿克的品牌资产框架

本案例分析借鉴市场调查问卷的设计思路,将这些定性指标量化。在课堂中,教师可依据教学重心适当调整每个维度下题目的数量（见表7）。比如,直接请大学生或者未充分预习的学员评价一级指标,并在表上直接打分。

表7 市场调查问卷的定性指标量化

一级指标	二级指标	低(1)			中(4)			高(7)
品牌忠诚度	茶友重复购买次数	1	2	3	4	5	6	7
	茶友购茶时间的长短	1	2	3	4	5	6	7
	茶友对价格的敏感程度	1	2	3	4	5	6	7
	……	1	2	3	4	5	6	7
品牌知晓度	深度（回忆、再认）	1	2	3	4	5	6	7
	广度（购买、消费）	1	2	3	4	5	6	7
	……	1	2	3	4	5	6	7
品牌感知质量	产品质量	1	2	3	4	5	6	7
	服务质量	1	2	3	4	5	6	7
	……	1	2	3	4	5	6	7

(续表)

一级指标	二级指标	低(1)			中(4)			高(7)
品牌联想	强度	1	2	3	4	5	6	7
	偏好性	1	2	3	4	5	6	7
	独特性(祁门县?)	1	2	3	4	5	6	7
	……	1	2	3	4	5	6	7
品牌专有权	专利数量等	1	2	3	4	5	6	7
	非遗制作工艺等	1	2	3	4	5	6	7
	……	1	2	3	4	5	6	7

2. 品牌再造(或重塑、复兴)

顾客口味和偏好的变化,新竞争者、新技术的出现,或者营销环境的任何新发展,都会对品牌的命运产生潜在影响。而扭转衰退品牌的命运,要么使其回归到最初的样子,要么恢复其已失落的品牌资产来源,要么建立新的品牌资产来源。不论哪种方式,在品牌复兴的过程中,均需要更多的"革命性"变革,而非"改良型"变革。一般情况下,转变品牌命运的第一步是了解品牌资产来自哪里。正面联想是否正失去优势或独特性?品牌是否有负面联想?然后企业就要决定,是保持原来定位不变还是重新定位?如要重新定位,应如何定位?

在本案例的第一次品牌战略抉择部分,祁门茶厂是由于市场发生了根本变化,加上其他因素导致品牌资产衰落了。该企业以及祁红的品牌再造,显然属于革命性变革。利用上文所述品牌跟踪理论进行评估后,学员基本上可以得出祁门茶厂和祁红原有品牌资产所剩无几,重新设计并执行强势的营销方案才是解决问题的根源,切勿对传统的东西抱过多幻想的结论。这也是中国许多老字号品牌在品牌复兴中需要管理者直面的。在讨论再造祁红品牌时,教师应向学员强调这一点。

3. 品牌化决策理论

(1)品牌命名。品牌化战略的第一个决策为是否为产品确定品牌名称。选择一个合适的品牌名称,常用的四种策略包括单独命名、统一命名、分类命名、企业名称与单独名称相结合。现实是企业很少纯粹采用以上四种策略中的一种。该决策是企业的核心决策,但并非单纯地起一个名称那么简单,背后涉及许多其他管理要素。从品牌化决策角度看,核心之处在于将这些要素系统化,确定品牌关系的位置。

在本案例中,通过前文的品牌追踪研究和品牌资产评估,企业分别开发祁红、普洱、祥源茶品牌的品牌资产,基本上已能从品牌资产的几个维度确认彼此的关系。本案例显然也不仅是单纯的命名产品,还涉及企业根本的发展方向;是做一个产品的品牌,还是做一个多产品的品牌。决策的制约条件较多,这一定要向学员予以强调。如果案例使用者要进一步系统化或直接讨论父子品牌的关系,则可依据阿克(2000)提出的表格(见表8)梳理学员的观点。

表8 调查后的阿克(2000)的表格

选择品牌关系的维度	
统一命名的祥源茶品牌	假设单独命名的祁红、普洱等品牌
母品牌通过以下哪种方式为旗下产品做出贡献	市场对独立品牌有大量需求吗?因为该品牌能
——增加联想来强化价值主张 ——通过组织联想来提升信誉 ——增强传播的有效性	——创造并拥有联想 ——代表不同的新产品 ——如何处理渠道冲突
和新产品建立联想能强化母品牌吗	原有业务支持新品牌名称吗

(2)品牌延伸。品牌延伸有利有弊。一般而言,品牌延伸有两大优势:一是能使新产品更容易为顾客所接受,二是能为母品牌和企业带来积极的反馈。但延伸有可能导致顾客无法轻易了解产品与品牌名称的关联。如果顾客认为企业推行的品牌延伸不适宜,他们就会对品牌的完整性和能力产生质疑。

在祥源茶业决定创造祥源茶品牌后,其销售方面有与其他茶品互补的需求,品牌延伸就显得更为迫切,可以说祥源茶业很看重此次延伸给母品牌和企业带来的积极反馈,这是学员在分析案例时应该看到的。在本案例中,通过前文的品牌追踪研究和品牌资产评估,基本上可以明确品牌延伸的利弊,但还需要教师和学员一道总结与升华。

学员会提出两种方案的利弊,课堂持续时间越长,利弊列举就越多。此时,教师可依据芭芭拉·洛肯于1993年提出的标准予以总结:评判一个有潜力的新产品延伸品牌,可依据其能否有效地将现有品牌资产从母品牌传递到新产品上,以及延伸品牌反过来能否有效地提升母品牌的品牌资产。

4. 品牌资产创建

凯勒(2009)认为,从策略角度,企业可通过三种主要途径提升品牌资产价值:①品牌要素的选择;②营销活动和方案的设计;③利用次级联想。这几个大类又可细化,具体如图7所示。

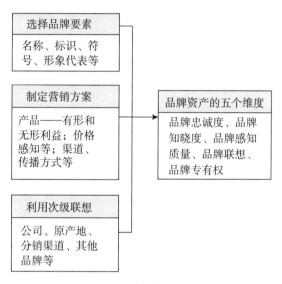

图7 企业提升品牌资产价值的途径

本案例中,在评估品牌资产后,学员想到的自然便是为何提升不足,学员所列举项目可依据图7进行归类,进而形成体系化的品牌资产提升战略。比如,为了提高品牌知名度,祥源茶业开发出网络专供产品,在产品质量未降的情形下,适当降价促销;在促销时,强调祁红和普洱的原产地概念,这便是一个系统概念,而非一招半式的营销技巧。

五、背景信息

(一)第一次品牌战略决策后

2012年年底,祥源茶业旗下祁门红茶系列产品和集团视觉标识一并亮相,祥源茶业称这是"祥源茶"品牌征途迈出的第一步。

2012年11月,祥源茶业祁红示范工厂竣工典礼暨祁红研究中心揭牌仪式在祁门县隆重举行。自此,祥源茶业已申报发明专利4项、新型实用性专利6项,设立了安徽农业大学祁门红茶博士后科研基地,拥有万亩优质茶园,建成1.4万平方米祁红清洁化生产示范工厂,成为中国最大的祁红生产基地。

(二) 第二次品牌战略决策后

2012—2013年，本身为中国普洱茶专家、茶专家和公司战略制定负责人的公司总经理邓永和副总经理吴锡端等公司管理团队成员多次赴云南寻找可能的项目机会。

勐腊县县长岩拉肯定了祥源茶业对易武特色小产区价值和品牌开发的重要意义与对祥源茶做大易武茶的期望。2013年年初，西双版纳州政府代表团至位于安徽省合肥市的祥源茶业总部和祁门示范工厂考察。

六、课堂计划建议

(一) 课前准备

(1) 学员可能会查看祥源茶业的官方网站、微博、微信等，并有可能就自己看到的内容在课堂上与他人分享。教师也应提前查看公司网站，对祥源茶业的最新进展做到心中有数。

(2) 由于涉及学员的板书、计算、绘图等，教师务必要求学员做好前期准备工作。

(3) 根据不同层次学员在课堂中使用该案例的经验，以及在哈佛大学等课堂的实地教学观摩，笔者发现，并不是所有学员均会预习案例和有驾驭案例的能力。因此，对于本科低年级学员，建议慎用该案例，或者将本案例删减，压缩至2 000字以内；对于高年级（大四）本科生、培训班学员，建议只讨论案例的一半，或将案例压缩至4 000字为宜；对于工商管理硕士和普通硕士，务必要求学员事先预习，事先将启发思考题告知他们。

(二) 课中授课

笔者在课堂上采用两种教学模式，一种是针对战略、品牌与组织关系的，另一种是针对品牌管理部分的。方法也不一样，针对战略、品牌与组织关系的，应用行动教学法加以体现会更好；针对品牌管理部分的，可以借鉴哈佛商学院强势引导的模式。两种方式都必须指出战略的核心地位。

(1) 第一种教学方案。该方法针对战略、品牌与组织关系，同时也可以提高学员的动手能力。具体为，将本案例两个核心决策的四个观点列出来，要求学员自行组合，分为四组。每一个小组提出自己的理由、解决方案。然后采用分组展示的方式呈现，并让其他组员提问，教师点评。最后，教师总结和归纳知识点。具体步骤如表9所示。

图 9　第一种教学方案的步骤

步骤	内容（总计 120 分钟）
1	教师说明要求，学员自行分组（5 分钟）
2	小组研讨和整理观点，并将主要观点写在黑板或大张纸上（30 分钟）
3	各小组展示（10 分钟）、学员提问、教师依据本案例的核心内容予以点评（5—10 分钟），控制在 70 分钟以内
3	在第一个问题结束时，务必请学员升华至策略、品牌和战略关系层面；在第二个问题结束时，请学员从品牌延伸上升至企业战略与战术层面
4	教师依据教学方案核心内容进行最后总结和升华（约 15 分钟）

由于该案例具有很强的话题性，学员思维很容易发散，教师务必依据教学目标，调整和控制好时间，以免课堂内容空泛化。教师的总结和升华非常重要，直接关系到案例向学员传递什么知识，否则课堂教学就流于形式了。

（2）第二种教学方案。该方法针对品牌管理理论。主体设计思路和教学思路借鉴了哈佛商学院的授课思路，并作了一些调整，具体步骤为：

第一步：开场破冰（5 分钟）。描述在第一次品牌决策时的紧迫环境。可能学员会有其他讨论，比如直接说选择公司品牌，此时可直接依据启发思考题予以引导。

第二步：讨论第（1）题（20 分钟）。该处分三步：①学员头脑风暴式地罗列项目，教师可先将其写在黑板上；②将这些要素依据品牌产业背景评估框架归纳梳理；③对各个要素进行评价，一起讨论哪些是主要因素（见图 8）及其品牌战略的关系。此时，基本上可看到产业前景向好，但消费者品饮方式发生了较大改变。

第三步：讨论第（2）题（10 分钟），学员一般很快会联想到品牌资产的五个维度，讨论高低程度并画线（见图 9）。

第四步：分别请学员自行绘图，以品牌资产为例，可绘出如图 9 的图形。注意，此时由于在前面两题中学员已对分析思路有所了解，此处花费时间为 20 分钟较合适。

第五步：此时可以讨论第（3）题，基本上可以发现"祥源茶"对"祁红"品牌资产的提升，特别是在品牌知晓方面。在这里，有两点需要注意：第一，要考虑到祁红产品销路、渠道建设、投资回收期等其他管理问题对品牌决策的制约；第

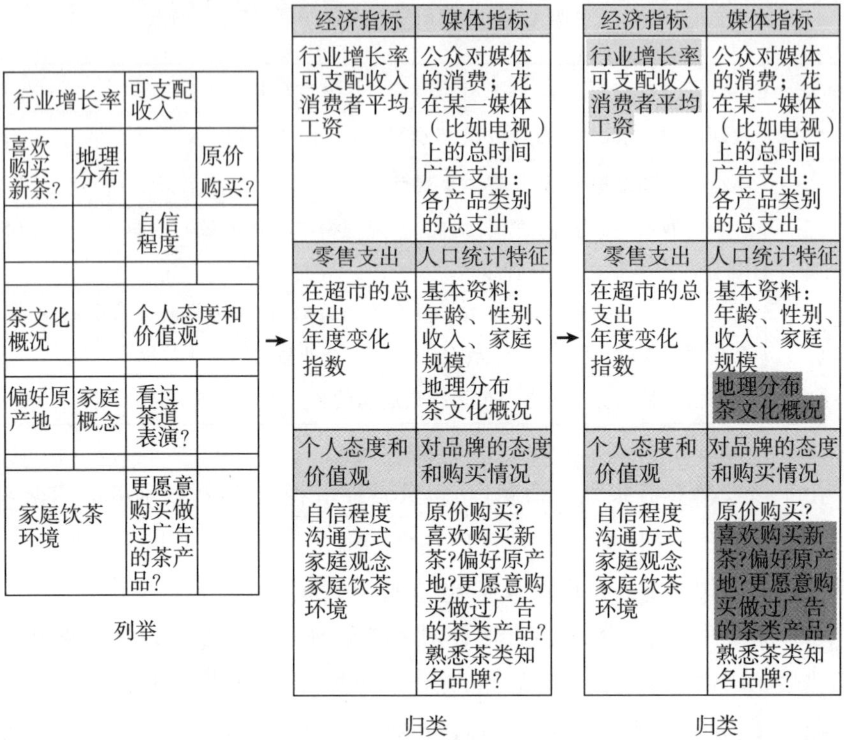

图 8 梳理要素

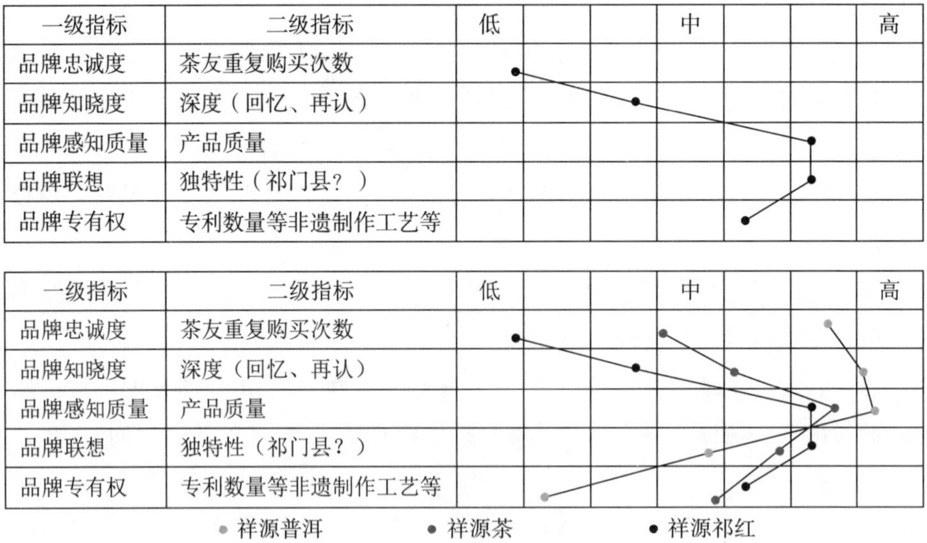

一级指标	二级指标	低		中		高
品牌忠诚度	茶友重复购买次数					
品牌知晓度	深度（回忆、再认）					
品牌感知质量	产品质量					
品牌联想	独特性（祁门县？）					
品牌专有权	专利数量等非遗制作工艺等					

一级指标	二级指标	低		中		高
品牌忠诚度	茶友重复购买次数					
品牌知晓度	深度（回忆、再认）					
品牌感知质量	产品质量					
品牌联想	独特性（祁门县？）					
品牌专有权	专利数量等非遗制作工艺等					

● 祥源普洱　　● 祥源茶　　● 祥源祁红

图 9　五个维度的高低程度

二,要求学员看到以祁红为代表的一些老字号(或传统行业)的品牌资产在关键的知晓度方面已所剩无几,重新设计并执行强势的营销计划是解决问题的根源(不同学员角度可能不一,但不影响基本思路)。此问题时间为10分钟。

第六步:讨论第(8)题、第(10)题,依据图9基本上可以发现延伸至普洱茶对"祥源茶"的品牌资产提升。此处,教师可以与学员一道归纳品牌延伸的利弊,以及注意事项。10分钟左右即可。这里需要指出,普洱茶本身的年份价值对于渠道商的存货利益保障,是企业将来顺利推动专营店建设的助力之一。在此处,有些学员会提到,品牌延伸和品牌命名的分析思路相差不大,教师应和学员一起探讨二者的重心不一致,第一次决策是祁红公司的根本战略抉择,第二次决策则是各个应用条件的匹配和权衡,属于战术层面。

第七步:讨论第(11)题,同样依据图9和产业背景评估的讨论,学员比较关注如何提升品牌资产,会举出一些例子,此时教师可从凯勒(2009)提出的框架出发,以某项指标为例展开分析,并重点指出策略需要系统性。15分钟即可。

注意:整个案例的课堂时间控制在90—120分钟。并不是所有启发思考题均要提问,使问题呈现一定的逻辑性和层次性即可。

(三)课后安排

如有必要,请学员采用报告形式给出更加具体的解决方案,并登录相关网站查阅企业后续采用的措施,以作对比。

市场营销

变数为宝
——味多美的大数据管理之路①

贾晓菁 张利强 王 萌

摘 要：在我国经济迅速发展的同时，消费者对烘焙食品的需求也在不断增长。从市场情况来看，烘焙食品种类繁多，但存在十分严重的同质化现象。在激烈的市场竞争中，消费者对烘焙食品的要求也在不断提高，食品安全、质量、营销、服务和管理等非价格因素在行业竞争中的作用逐步体现。在这样的情况下，如果还是沿用之前的粗放式管理，势必不利于企业的发展。因此，为了适应市场的发展、满足消费者的需求，就要求企业在管理上更进一步，采用更加精细化的管理。

关键词：精细化管理 数据挖掘 交叉销售

引 言

1996年，一家烘培连锁食品公司——北京味多美食品有限责任公司成立，这对董事长黄利是意义重大的一年。他身上有一种类似于老干部的气场：朴实、认真、踏实。最关键的是要不计成本地让他的面包成为行业里最好吃的面包之一。黄利曾是面包师傅的专业背景，决定了他重产品多过重营销、重竞争。

---

① 由于企业保密的要求，本案例中对有关名称、数据等做了必要的掩饰性处理；本案例只供课堂讨论之用，并无意暗示或说明某种管理行为是否有效。

正是这种兢兢业业执着于味道的理念,成就了这个品牌。他的一句话令人听得安心,那就是"做食品这行决定了我必须要本分"。

创立初期,黄利想:"面包房投资金额不多,技术门槛不高,谁都可以开,但长久地把产品做得好吃、得到消费者持续的认可并不容易。它要求对品牌认真投入心力,严谨考究面包的原料,并且时刻跟上消费者的口味变换,甚至引领流行。"黄利并不像其他管理者那样过度注意顾客的多少或者销量的高低,他在巡店时会认真查看产品做得怎样,会观摩同行的店,也不在意竞争者的模仿。"只要消费者真的品尝过,就能够品出其中哪怕是微小的差别。比如,鸡蛋是生下来三天内的还是十几天以后的,即便都是用的天然奶油,但是不是法国最好的那些……即使如此微小的差别,都会在消费者做选择时起到作用。"

黄利说:"唯一能打败对手的,就是味多美的面包比别家的好吃,好的产品会说话。"他的经营理念是,竞争,不用"人叫人",而要"货叫人"。只要产品足够好,吸引顾客方面就不用多管,人们只要路过味多美就会自然地想进来买点面包,而且逐渐形成习惯。所以,味多美在创业的前几年,没打过什么广告,完全靠口口相传。

在黄利心里,做食品这一行就决定了一定要本分,只有这样才能做百年老字号。初期,味多美开店的速度很快,从第2家店到第12家店仅用了三年时间;到如今,味多美已经在全国开了300余家店。这期间曾有很多人找味多美谈加盟,但都被黄利拒绝了。黄利认为,品牌前期要扎扎实实打好基础,过早以加盟方式扩张虽然会快速挣钱,但如果把控不到位、损失品质,则得不偿失。黄利看过许多案例,很多面包房品牌急于挣钱、选择做加盟,后来产品不过硬、失了人心,慢慢都倒闭了。黄利不愿拿品牌来冒险。

不过,经历了多年的积淀,如今味多美已经具备了放开加盟的条件。2013年年底,味多美在中央工厂引进了2亿元的自动化设备,加上原料供应都是最好、最新鲜的,黄利决定未来谨慎、稳健地逐渐放开加盟,但前提依然是保证产品品质。

正是黄利这种近乎苛刻的对产品的把控,以丰富的、高品质的产品,平民化的价格,亲切友善的服务,便利的连锁店铺,赢得了消费者的青睐。味多美在北京的烘焙市场里历经二十多年的"烤"验,从一家不起眼的小面包坊渐渐成长与壮大,如今已经成为一家大型食品连锁企业,拥有300多家连锁店。

二十多年来,在很多企业一窝蜂地疯狂扩张、转向互联网模式的时候,味多美拒绝过无数投资机构的橄榄枝。味多美从没有盲目追求过扩张的速度,出于对食品安全的控制,一直保持着自己的节奏。这样一个从不做广告的面包坊,是如何做到每年20%—30%的增速、每天客流量10万人以及占北京烘焙市场60%份额的呢?

1 产品:看似琳琅满目,实则精挑细选

味多美公司旗下的"味多美"品牌定位于中高端消费者,以丰富的、高品质的产品,平民化的价格,亲切友善的服务,便利的连锁店铺,赢得了消费者的青睐。正是因为董事长黄利质朴、踏实,骨子里有着匠人精神的企业家精神,赋予味多美独特的气质。

味多美创立初期主要经营产品包括蛋糕、面包、咖啡、中西式点心、月饼、粽子等,经过多年不断的发展与成长,目前的产品种类已扩展至味多美法式面包、饼干、老婆饼、蛋挞、芝士蛋糕、可可蛋糕、茶点蛋糕、生日蛋糕、婚宴蛋糕和商务庆典蛋糕。除了丰富多样的实体产品,更提供种类多样的味多美网上订购、团购、福利卡、月饼卡、充值卡、提货卡等,丰富多样的商品极大地愉悦了大众,使得味多美公司非常受欢迎,成为人们认可的焦点公司。前店后坊的销售模式,"天天新鲜味多美"的服务口号,再加上以"新形象、新生活、新品位"为理念布置的烘焙店,给顾客留下了直观、规范的印象。

黄利对产品质量的控制极其严格,味多美从全球选用优质原料制作产品,并确立了原料的全球采购战略,与法国或英国天热稀奶油、澳大利亚或新西兰干酪、美国蔓越莓、菲律宾椰蓉、南非黄桃、加拿大枫树糖浆等众多全球优质原料供应商签订了战略合作协议。选用全球优质原料是味多美深受顾客欢迎的原因,使得其产品赢得了北京烘焙市场60%的份额。2013年,味多美成为法国总统奶油中国区最大客户。2017年,法国驻华大使顾山向黄利授予"法国农业成就骑士勋章",表彰他在促进中法两国美食文化交流合作以及中法农业农产品合作中的杰出贡献。

味多美因新鲜出炉的糕点而出名。一进入味多美门店,阵阵烤面包的香味就扑鼻而来。味多美坚持选用天然乳脂奶油、新鲜鸡蛋、高品质阳光小麦等多种健康食材,正是因为味多美对于烘培原料的严谨和挑剔,使得其品质优良的糕点受到大众的信赖与热捧。

2015年6月以来,味多美公司陆续开张了多家全新风格的门店,并在所有门店里引入了奶茶这一辅助产品,这是味多美积极适应市场需求的表现。实际上,为了满足市场需求,味多美公司推出的产品多达一千多种,而作为一个连锁零售企业,分析并确定畅销品是非常重要的产品管理步骤。由于味多美面包店是采取前店后坊的运行模式,所售产品的保质期非常短,几乎不存在库存的问题。因此,对于味多美来说,畅销品可以用"二八法则"确定(见图1)。

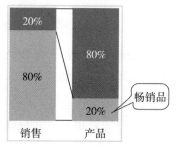

图1 畅销品识别

味多美公司有七款主打特色产品,全部采用进口原料制作而成。这些产品都是味多美极力推向市场的具强大竞争力的产品,且全部位列畅销产品前20。因此,这些产品的销量关乎味多美的发展战略,如何提高这七大产品的销量是最应被关注的一件事。

2 销售:看似顺其自然,实则精心策划

味多美作为一家传统的连锁企业,在过去都是以自营门店销售为唯一渠道,这些自营店以北京和上海为中心向周边省市辐射。随着互联网技术特别是移动互联网的发展,以电子商务和门店为基础的O2O模式成了味多美新的发展方向。为了让用户随时随地买到味多美的产品,味多美以开放的态度拥抱互联网,从2015年上半年开始进行全新的品牌定位。在"互联网+"的时代背景下,味多美不但全面介入了第三方合作平台,更注重官网、微信、微博等自有平台和各个门店的移动互联网建设。互联网付款方式具有不需要找零钱、快捷等优点,使得线下店铺的收银效率大大提高,例如支付宝、微信等支付方式的普及,是线下实体店和消费者的福音;各个门店的小云Wi-Fi在给用户提供免费上网体验的同时,也拉近了味多美与用户的距离,并汇总分析用户大数据,帮助味多美进行用户深度挖掘和个性化营销。味多美电商起步比较晚,但仅用了一年多

时间,销售同比增长速度超过 300%,成为烘焙电商领域里高速奔跑的一匹黑马。

从销售数据中可以发现,自 2015 年 9 月引进奶茶以后,味多美第三、四季度的销售额增长率相比第一、二季度大大提高了,这说明奶茶与某些产品之间存在很强的关联性,从而成为管理者重点关注的产品。为了分析奶茶和这些产品之间的关联性,味多美对顾客购物数据进行了挖掘。最终的有效关联规则分别是"法棍面包 & 鲜奶茶""糯米老婆饼 & 鲜奶茶""法棍面包 & 糯米老婆饼"三种套餐以及"椰蓉面包 & 全麦蔓越莓面包 & 枫糖小牛角面包"的摆放建议。毫无疑问,在进行营销时,打折促销是最重要的也是商家使用最频繁的手段,其次就是捆绑销售。经过产品关联规则挖掘和市场细分之后,味多美具备了对细分市场进行差异化营销的能力,对不同的产品采取不同的营销措施和打折力度。接下来,我们从三个方面阐述精细化营销的方法。

味多美面包店在北京市区各个地方分布大大小小 200 多家门店。所有门店都提供多达 18 种付款途径,但出于数据稀疏性与降维考虑,所有付款方式被分类汇总,提取出 6 种用于聚类的付款方式,然后统计每个门店一个月内原味法棍、金砖面包、糯米老婆饼、全麦蔓越莓面包、天然奶油蛋糕、椰蓉面包、枫糖小牛角面包和奶茶 8 种产品的销售额,与各门店通过上述 6 种方式支付的金额一起,加上每个门店的 ID 号,作为原始数据,共 15 个特征、280 个门店数据。这些特征涵盖了各门店消费者的付款习惯和喜好产品,满足了市场细分的聚类要求,如表 1 所示。

表 1 味多美付款方式分类

付款方式	原始付款方式
现金	现金
银行卡	中国银行卡、招行管家
一卡通	一卡通
提货卡	味多美提货卡、提货券
预付卡	莲心卡、万商卡、奥斯卡、EBC、中欣卡、资和信积分卡、福卡、雅高卡
移动支付	微信支付、支付宝、二维码、数字码

味多美门店分为三个聚类:第一类地处商业区,小巧的全麦蔓越莓面包、椰蓉面包和枫糖小牛角面包销量最高,这个地区的顾客倾向于使用银行卡和预付卡付款;第二类地处社区附近,这些门店的金砖面包和蛋糕的需求量最大,消费者通常用现金付款;第三类门店中,原味法棍、老婆饼、奶茶的销量在三个聚类中最高,在支付方式上,消费者使用现金、一卡通、提货卡的比例最高。分析该聚类成员,发现绝大多数门店附近 100 米内有公交站或者地铁站,客流量较大,但是多为行色匆匆的上班族,对于适合充饥的法棍、老婆饼和奶茶有很大的需求,支付方式也体现了公交上班族的特点,因为提货卡一般是企业发放给员工的福利,持有者多是企业员工。公交地铁站附近的门店房租要低于商业区,运营成本更低,单位面积盈利能力更高,这也是味多美公司重点布局的市场,所以该类门店是最多的。

3 门店:看似大同小异,实则精雕细刻

在北京的大街小巷,尤其是繁华的闹市和交通要道,味多美门店都能够映入人们的眼帘。譬如味多美安贞桥东店,占地 180 平方米,消费者有丰富的空间进行筛选、享用味多美的糕点;消费者可以通过洁净的玻璃,观察烘焙师制作糕点的详尽过程,直观地感受到味多美的用心,这为企业树立了良好的形象,也增强了顾客对味多美的信赖。虽然这只是味多美旗下的一家分店,但其他店都会照着这样的标准完善和发展。

按照味多美公司的标准来说,一家店铺装修开业需要 70 万—80 万元的费用。众所周知,缺乏装修基础的新店面,装修费用比旧店铺要多得多。从 1996 年开设第一家门店到目前为止,味多美在中国已经拥有 350 多家门店。北京是味多美的初创地和主要基地,拥有多达 280 多家门店,由于历史悠久和缺乏再装修的问题,有的门店已经不再光鲜亮丽。于是,黄利幡然醒悟,在当下消费者需求多样化的条件下,要发展好烘焙行业,不仅需要品质精良的糕点,还需要优美舒适的环境,供顾客挑选和享用糕点。因此,在参考市场调查结果后,许多消费者对味多美门店的环境问题提出了建议。连锁烘培品牌应当与时俱进,才能更好地适应大众需求。创始人做出了重新装修门店的决策,并且邀请国际设计企业为味多美的门店进行"量身定制",重新装修。

新门店的规划是从韩国、澳大利亚等国家知名设计师创意中精挑细选得出

的。为了以国际化水平,重新装修出适合消费者挑选、购买和享用美食的舒适环境,黄利聘请了新的 CEO,而在味多美安贞桥东店,店员都是由 CEO 亲自培训。

味多美作为北京最好的连锁面包店之一,在北京各个地区分布了 280 多家门店,这些门店的装饰风格各异、面积不一、销量不同,所处地区的人流量和经济实力也各不相同,这些因素必然造成了每个门店具有不同的盈利能力。为了达到企业整体规划和管理的目标,对不变的门店面积来说,味多美精确规定了单位面积的费用,增加单位面积的销售额,在花费不变的基础上,可以实现更佳的盈利情况。坪效,作为零售业评估单位面积销售额的指标,是从中国台湾地区引入的,在台湾被用作计算门店交易盈利的标准,意味着每坪(3.3 平方米)面积的营业额(营业额/专柜所占总坪数),对于大陆市场上的绝大多数门店可起到一定的评定作用。本文收集了味多美在北京的 280 多家门店 2015 年的月营业额和营业面积数据,将月营业额进行平均后作为 Y 轴,营业面积作为 X 轴,画出味多美门店营业面积与营业额四象限气泡图(见图 2)。象限的分割点是所有门店营业面积和营业额的平均,气泡的大小表示月坪效(月均营业额/营业面积)。

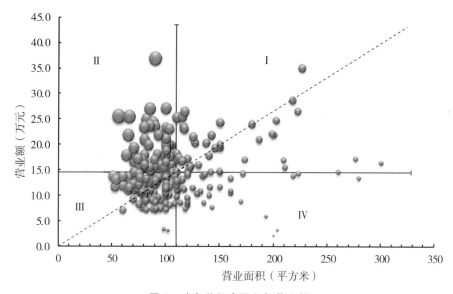

图 2　味多美门店面积与营业额

从数据分析结果可以看出,店铺月营业额与营业面积并没有显著的关系,这说明味多美无须一味追求大门店,而应从之前的营销管理精细化的方法中吸取经验,提高单位门店面积的盈利,向精细化门店方向发展。所谓精细化,就是努力挖掘门店每一平方米的盈利能力,使单位面积的营业额最大化,也就是使坪效最大化。

4 尾声:美味出自厨房,也出自数据

味多美公司拥有非常健全的数据体系,每天都会产生大量的产品、销售等原始数据,如何通过数据挖掘方法挖掘出其背后的价值、为企业营销提供决策是非常重要的。消费者能够提供多元的信息反馈,除了表示对公司所出售的产品和服务的满意,还能暗示公司进行产品种类的更新换代、开拓新市场。通过这种方法,公司可以双重盈利,除了公司开发的产品和服务,大量的数据使得采用交叉销售等方式增加顾客价值成为可能。在此,参考之前的资料后,可以得出交叉销售是企业经营策略中必不可少的,是资源共享和交流的产物,是与时俱进的以多元化方式取悦大众的途径。这种途径是大量数据挖掘和数据分析处理,比对交易对象的交易活动、典型之处、相似之处和对服务的接受条件,挖掘客户的可能性要求,争取回头客,并使得公司在未来的产品服务方面取得新方向与新进展。然而,味多美拥有一千多种产品,畅销产品也有一百多种,对这么多产品做关联分析是没有多大意义的,必须要有重点关注的产品。

在对味多美公司进行详细分析后,我们从产品、销售和门店三个方面分析了味多美公司精细化管理的相关策略。在实行过程中,即使策略是合理规范的,由于主客观条件的局限性,也总难以避免小问题的产生;但办法总比困难多,相信味多美在董事长黄利的带领下,坚持走重质量、精细化的匠人路线,继续在京城烘焙市场上独占鳌头。

案例使用说明

一、教学对象与目的

本案例主要适用于 MBA 或 EMBA 的"营销管理"课程,也适用于工商管理类其他课程如"消费者行为与市场研究""顾客关系管理"的教学。本案例的教学目的在于帮助企业高层管理者或营销主管理解在互联网环境中运用大数据技术,促进营销与数据分析、信息化技术融合的系统战略和营销策略的实施。

本案例的教学目的是帮助学员掌握大数据营销中的数据分析策略,了解一个传统企业进行互联网营销时的市场定位和战略制定,以及相关策略的制定、实施过程。

本案例的扩展研究目的是为学员打开思路,进一步让学员了解大数据营销。

二、启发思考题

(1)味多美进行大数据管理,应当从哪个方面着手?最大的难点在哪里?

(2)你觉得味多美成功最主要的因素是什么?

(3)如果你是味多美的决策层,你认为下一步还有哪些方面需要进一步改进和提高。

(4)传统行业如何运用数据分析技术改进营销方法,提升营销效果?

三、分析思路

教师可以根据自己的教学目的灵活使用本案例。这里提出本案例的分析思路,仅供参考。

(一)精细化管理

现代管理学中,企业的科学化管理处于一种不断上升的状态,随着管理水平的提高,可以将企业管理从低到高划分为三个层次,当企业实现规范化管理之后,精细化管理就应该被提上议程。它建立在精细化社会分工的基础上,对企业的管理水平提出更高的要求,要求企业想尽一切办法来降低成本,减少因管理企业而产生的资源浪费问题。

精细化管理指一种思想、一种观念,而不是一种所谓的管理方法或模式,在企业管理中能够体现这一思想的各种管理办法和方式都可以被认为是精细化管理的具体执行。因此,对于精细化管理,企业可以从很多方面入手,能做的工作也很多。精细化管理还具有很强的灵活性,如随时间、社会发展、市场转变、政策倾斜等变化,造成现行的管理办法失去原有的作用时,企业应该及时做出反应,并且根据当下的实际情况制定新的精细化管理方案,保证企业的健康发展。精细化管理是一个不断完善和改进管理方式与操作流程、精益求精的过程,管理者发挥自身才智,充分调动员工积极性,在求精求细的过程中实现企业的不断发展与进步。

(二) 数据挖掘

数据挖掘是一种涉及很多科学领域(包括数据库系统、人工智能、神经网络、可视化等)的方法。一方面,数据挖掘的过程可以说是有效信息被提取的过程,是一种发现位置关系和模式的方法;另一方面,数据挖掘属于一种商业技术,获得与商业决策有关的各种有效信息。可以说,数据挖掘的应用实质是转换和处理商业数据库中的数据,挖掘规律,并且按照企业发展需求构建模式,支持企业的发展。

数据挖掘是知识发现的过程,但是这个过程的最终目的是为人服务,对知识的要求就是要有实际价值,并不需要发现社会普遍规律。数据挖掘并不能一蹴而就,而要通过一定的步骤来进行。数据挖掘主要由以下几部分构成:

(1) 关联分析。关联的意思是指两个或者两个以上变量之间存在的某种客观存在的规律性,分析关联性。就是关联分析这个步骤的任务,主要包括三种类型:简单关联、时序关联和因果关联。目的是从数据中找到其存在的关联性,为客户进行服务。

(2) 聚类分析。聚类分析主要是要建立一个宏观的概念,制定规则以对数据进行聚类,从中总结出数据的分布特点、分布模式,研究数据之间的联系。

(3) 分类。一般意义上,分类就是利用数据集,用算法求出相应的分类规则,再使用该规则处理数据的过程。

(4) 预测。预测这一过程的意义在于从所分析的数据中总结其中包含的联系,然后根据所发现的规律对未来数据进行预测,对未来可能的行为与趋势进行合理的预测,具有指导作用。

(5) 偏差分析。偏差分析针对的数据是数据库中出现异常的数据,对于极少出现的特殊数据和特殊例子都应认真分析,因为其中很有可能隐藏着重要的信息。

四、背景信息

在知识爆炸、科技迅猛发展的今天,伴随计算机、互联网、物联网、云计算等现代科学技术的快速发展,全世界的人们都面临排山倒海般的信息轰炸。有关部门的调查显示,2009年全球信息量超过了80万PB,同比2008年增长了一半以上,这样迅猛的发展速度在当时引起了全球的震惊。更让人觉得不可思议的是,到了2013年,全球信息总量达到了460万PB之多,如果信息总量按照这个趋势发展下去,2020年全世界信息总量估计会达到32 ZB。

大数据时代的到来似乎没有改变人们的日常生活,但事实上,它对我们的思维方式、工作模式都产生了潜移默化的影响。大数据时代的特点就是分析与处理数据,深度研究数据所包含的各种信息,并从中获得有价值的信息,进而根据这些信息更加有效地管理企业,为企业管理水平的提高提供支持与帮助。企业精细化管理主要着眼于未来,这样长远的理念更加适合用数据分析的方法进行研究。从大量的数据中是看不出某一个问题的关键点的,但是却可以根据数据的发展走势判断事物发展的方向,以此为依据做出正确的判断;也可以对风险进行管控,让企业的运行更加平稳与顺畅,为企业创造更大的利益与升值空间。

数据挖掘目前已经成为研究人工智能和数据库方向的研究者关心的热点问题。数据挖掘可看作一种决策支持过程,它主要基于人工智能、机器学习、模式识别、统计学、数据库、可视化技术等,从而自动分析企业的各项数据,然后得出相应的结论,进而帮助企业管理者进行有效决策,提高决策的客观性与科学性,减少风险。

随着我国国民人均收入的提高,烘焙食品的需求量越来越大。据宾德烘焙学院的预测,烘焙市场未来发展前景看好,在接下来的二三十年中,应该会稳步发展,规模逐渐扩大,其中二三线城市的增长速度可高达近30%。但是,目前国内面包生产企业较为分散,跨区域的面包生产企业较少。截至2013年,烘焙食品行业规模以上企业数量达到1 194家,相比2012年增加88家;烘焙食品行业规模以上企业销售收入超过2 000亿元,同比增长15%以上。现在我国烘焙市场上有许多品牌,但这些品牌比较分散,且在市场占有方面还做得很不够,形成全国性销售网络的企业可以说寥寥无几。从我国的市场情况来看,产品种类繁多,但存在十分严重的同质化现象,在激烈的市场竞争中,人们对于烘焙食品的要求也在不断提高,不仅要求口感,还要求质量和健康,许多非价格因素也成了考量的标准。在这样的情况下,烘焙企业必须因时制宜,利用科学技术的发展来提高自身的竞争力,适应时代的发展趋势。

五、关键点

(一)产品管理精细化

1. 二八原则

为了满足市场需求,味多美公司推出的产品多达一千多种,而作为一个连锁零售企业,分析并确定畅销品是非常重要的产品管理步骤。由于味多美面包店是采取前店后坊的运行模式,所售产品的保质期非常短,几乎不存在库存的问题,因此对于味多美来说,可以用"二八法则"确定畅销品。

2. 产品关联分析

自 2015 年 9 月引进奶茶以后,味多美当年第三、四季度的销售额增长率相比第一、二季度大大提高了,这说明奶茶与某些产品存在很强的关联性,所以奶茶也是被重点关注的产品。为了分析奶茶和这些产品之间的关联性,味多美对顾客购物数据进行挖掘,得出三条关联结论:①针对畅销品打折销售,在零售行业适当降价可以大幅提高销量,进而提高整体利润;②推出"法棍面包 & 鲜奶茶""糯米老婆饼 & 鲜奶茶""法棍面包 & 糯米老婆饼"三种套餐,套餐价格比总价稍低,既能满足顾客需求,还能提高总体销量和利润;③在店铺货架上,尽量将椰蓉面包、全麦蔓越莓面包和枫糖小牛角面包摆放到一起,增大同时曝光的概率。

(二)营销管理精细化

1. 市场细分

味多美在北京市区各个地方分布大大小小 280 多家门店,所有付款方式经过分类汇总,提取出六种用于聚类的付款方式;然后统计每个门店一个月内 8 种产品的销售额,加上每个门店的 ID 号,作为原始数据,特征涵盖各门店消费者的付款习惯和喜好产品,将门店分为三个聚类——商业区、居民区、交通密集区。

2. 精细化营销

味多美推出套餐进行组合优惠及打折,以达到扩大交易规模的目的。在居民区门店中,金砖面包和天热奶油蛋糕的打折力度要高于交通密集区门店和商业区门店;在交通密集区门店中,原味法棍和糯米老婆饼的打折力度要高于居民区门店和商业区门店;在商业区门店中,对全麦蔓越莓面包、椰蓉面包和枫糖小牛角面包的打折力度要高于其他门店,同时还推出更多的精致小巧的糕点以迎合在商场购物的年轻人。

(三)门店管理精细化

1. 门店坪效分析

为了达到企业整体规划和管理的目标,对于不变的门店面积来说,味多美精确规定了单位面积的费用,倘若增加单位面积的销售额,在花费不变的基础上,可以实现更佳的盈利和销售情况。味多美将坪效(零售业评估单位面积销售额的指标)作为标准,对市场上的绝大多数门店起到一定的评定作用。

2. 门店精细化管理

学员对味多美需要开设什么样的门店有了非常清晰的认识,针对味多美门店管理精细化,可用以下七个标准进行实践:人员管理、产品管理、产品陈列、店面形象、服务规范、资讯管理、促销管理。

六、课堂计划建议

本案例可以作为专门的案例讨论课,在"营销管理"和"消费者行为学"课程中进行相关讲授。

整个案例的课堂时间控制在90分钟内,以下课程计划仅供参考:

(1)课前计划。案例讨论前一节课提出启发思考题(5分钟布置案例及思考题),请学员在课后完成阅读和初步思考,然后针对课前提出的问题分小组撰写PPT形式的研究报告。

(2)课中计划。

- 课堂发言(2—5分钟)。
- 分小组讨论,告知发言要求(先由各个小组分组派代表进行)。每组5分钟,总体控制在30分钟以内。
- 引导全班进一步讨论,并进行归纳总结(20—30分钟)。

(3)课后分析。如有必要,请学员针对味多美当前的运营状况收集资料和分析,并给出建议。

(4)分小组进行大数据营销策划方案的设计。学员采用报告形式给出更加具体的想法,教师再逐一点评。

(5)教师可以引导学员对案例企业进一步进行实地调研,思考传统企业进行大数据营销的障碍、趋势和规律。

坚持走"学术营销"之路
——NW 公司的战略决策[①]

贾晓菁　钟　旭

摘　要：近年来,随着国家对医药行业扶持力度的不断加大、医疗保障体系的不断完善,越来越多的国外企业和民营企业投身到医药行业,导致国内医药市场的竞争愈演愈烈。NW 医药科技有限公司(以下简称"NW 公司")作为一家服务外包型的医药推广服务企业,同样面临这样的机遇和挑战。为了成为中国最具竞争力的 CSO(合同销售组织)公司,NW 公司制定了以学术为主的营销策略方案,并提出了相应的支持措施。与此同时,伴随两票制、营改增、医药供给侧改革等政策的颁布,众多医药企业纷纷成立 CSO 公司,希望通过转型来应对政策变化。通过本案例的研究和分析,可以引导学员思考在两票制的背景下,NW 公司如何正确进行医药营销。本案例从公司所面临的行业环境入手,对公司市场营销现状及问题进行深入剖析,之后结合市场营销相关理论,指出研究结果的创新点和不足之处,解决在做出营销策略抉择后所面临的团队建设、绩效管理、企业文化等问题。

关键词：医药企业　学术营销　医药营销　营销策略

引　言

2017 年的夏天对于 NW 公司孙董事长来说,注定是一个不平凡的夏天。自

[①] 由于企业保密的要求,在本案例中对有关名称、数据等做了必要的掩饰性处理。本案例只供课堂讨论之用,并无意暗示或说明某种管理行为是否有效。

从2017年2月9日，国务院办公厅《关于进一步改革完善药品生产流通使用政策的若干意见》指出要推进药品流通体制改革，推行两票制，破除公立医院以药补医机制，取消药品加成的政策颁布以来，孙董的脸上就再也没什么高兴的神情了。他知道，这一政策的颁布无疑意味着会有更多的CSO公司涌入市场，同时也对自己公司的营销能力提出更高的要求。尽管公司的销售额连续五年逐年攀升，但是孙董知道，一直以来医药行业受到国家政策的大力监管。近年来，多家公司推行"带金销售"模式，导致药品变相更换包装以换取招标价格上升，使得国内医药市场环境持续恶化。

孙董坐在办公室里思索着国内医药市场的未来走向，又分析了自己公司目前的营销实力，不由得眉头紧锁，嘴里时不时地念叨着："不行，不行，要改……"

1 公司背景

医药行业在任何一个国家的重要性都是不言而喻的，因为它既是国家经济的重要组成部分，还是集第一、二、三产业为一体的产业，它的重要性小到个人层面，大到国家层面。正是因为对医药行业有着深刻的理解，2011年3月，孙董创立了NW公司，主要从事Ⅱ类、Ⅲ类医疗器械的销售和市场推广服务。凭借多种形式的营销推广和专业化的综合服务，初入市场的NW公司逐渐发展和扩大，很快就在行业内站稳了脚跟。自2011年公司成立以来，在孙董的带领和员工的努力下，公司销售额年年攀升，平均以每年近25%的速度在增长。用了短短5年时间，2016年公司销售额达到5 000万元，有员工50余人。

NW公司主要服务于中国医学科学院下属的协和药厂的拳头产品（Ⅱ类、Ⅲ类医疗器械）的市场推广综合服务。该业务自2011年连续三年以年30%的速度保持高速增长。靠着多年的沉淀和积累，NW公司在北京地区的业务逐渐扩大，已经与90家客户医院建立了稳定的合作关系，主要集中在城六区和通州、大兴、房山等区域，其中25%的大客户占到销售额的70%左右。公司近几年的销售情况如图1所示。

尽管孙董通过一部分渠道营销和产品学术推广使得NW公司得到了发展，但是由于我国医药类企业众多、医药市场竞争激烈，要想在如此激烈的竞争环境中获得生存和发展，仅仅靠现在的营销策略是远远不够的。在国内外医药企业纷纷转型为CSO公司和"两票制"政策的双重背景下，孙董意识到，要想成为

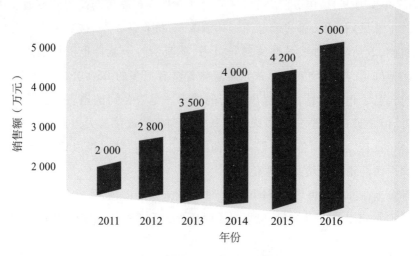

图 1　NW 公司历年销售情况

行业内领先的 CSO 公司,就必须深化和改革现有的营销战略。为此,他着手认真分析公司所处的市场环境和行业环境,利用所学的营销相关理论知识,加强营销创新,为公司提供合理的营销策略,以不断提升公司的销售额和竞争力。

2　现有战略缺陷明显

现阶段,NW 公司的主要市场推广服务产品是 BSN(Bicyclol)。这一产品是由生化药理学家刘耕陶院士领衔创制、协和药厂独家生产的,也是我国第一个具有国际自主知识产权的化学新药。孙董发现,BSN 的市场推广服务已占据公司销售额的 90%。虽然公司在 2012 年引进了英国 BingSite 公司的游离轻链试剂盒,目前已经在国内各大血液病医院推广使用,为骨髓瘤患者填补了因假阴性误诊而致病死亡的空白,但是该病发病率为十万分之一,市场空间有限。同时,NW 公司在 2014 年引进了中国医学科学院的亚全能干细胞技术,但是新技术的推广难度大,在公司尚未占到主导销售地位。最终,孙董及其团队通过分析,发现公司的营销利润过于依赖单一品种产品,而这对公司的发展和壮大不是一个好消息。

多年来,孙董一直在积极探索和实施学术营销。虽然公司近几年和中华医学会、北京医学会、北京医师协会、医学杂志社建立了良好的合作关系,为开展学术营销奠定了一定的社会基础,但孙董几次亲自参与后发现,自己公司学术营销层面力度较小、手段不多,且学术营销模式较常用的是科室会议和中型学术会议(中型学术会议主要以本疾病领域百人以下会议为主),形式也相对单一,不能全方位、立体化地实施学术推广。在多次和团队讨论的过程中,孙董明显地感受到目前公司的学术营销管理体系十分不完善,缺乏专业的咨询平台。这让他在会后不断思索着公司未来的营销策略和战略方向。

还有一件事让孙董感到头疼,就是公司现有的营销队伍。NW公司的营销团队由7个销售经理、35个代表构成,覆盖90家医院。公司于2015年聘请了营销总监和市场部经理。目前来说,7个销售经理是营销的骨干,也是支撑公司发展的中坚力量。但是随着公司学术推广业务量的增加,现有营销人员在数量、结构和素质方面都无法满足学术营销发展的需求。一方面,公司现在的营销人员几乎都是做传统营销的,对于学术营销这一新模式知之甚少,学术推广实战经验更是缺乏。换句话说,NW公司目前还没有专业化的学术营销代表队伍,高素质学术营销人才尤其短缺。另一方面,公司对营销人员的培训采用的是传统的"传、帮、带"模式,对员工的管理还停留在销售结果管理层面,并没有进行过程管理和绩效考核,也没有建立一套系统的学术营销管理方案。面对这些大大小小的问题,孙董无法高兴起来。

3 审时度势,制定战略

3.1 确定公司发展目标

近年来,NW公司的医药销售业务在北京地区获得了较快发展,消费者对公司的认知度和美誉度逐步提升。然而,我国医药行业的政治环境、市场环境在不断发生变化。例如,2017年2月9日,国务院办公厅《关于进一步改革完善药品生产流通使用政策的若干意见》的实施,使包括NW公司在内的许多中小医药企业发生运转困难,随着新医改政策的出台和实施,NW公司也面临巨大的外部威胁。因此,孙董明确了公司发展的战略方向和目标——发展为国内领先的CSO公司。他着手制订的战略计划主要有以下两个:

第一,引进更多的专利药品和医疗技术。NW公司计划到2018年年底与外资生物治疗机构开展深度合作,引进三种新的战略发展产品或新的基因生物治疗技术。当下美国的免疫细胞生物治疗技术开始被我国全面引进,并和国内顶级的肿瘤医院展开了合作,使得 NW 公司引进新技术的战略计划具有较强的可行性。

第二,开展未来大健康领域的医疗技术推广。NW 公司于 2014 年和中国医学最高学府之一——中国医学科学院合作,引进了亚全能干细胞技术。该专利技术已经获得中国和澳大利亚的专利授权,美国和欧洲的专利授权在 2017 年年底获得。干细胞受限于国家产业政策和国家药监局的监管,发展潜力大但发展缓慢。同时,NW 公司习惯了传统的营销模式,推广新技术的经验不丰富,这也是公司营销策略改革的重点。

3.2 确定公司营销发展策略

在分析了外部环境和自身实际情况之后,孙董选择以学术营销策略为将来公司市场营销的核心策略,并计划通过媒体学术、会议学术、人员学术和临床学术四种形式进行营销宣传。图 2 为 NW 公司学术营销的四种形式。

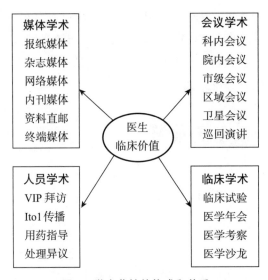

图 2　学术营销的构成和关系

3.2.1　媒体学术

孙董计划通过媒体营销方式推广自己所服务的产品和品牌,挑选了一些医药健康杂志(如《中国医学论坛报》《中西医结合肝病》《中华肝脏病杂志》《胃肠病学和肝病学杂志》《首都医药杂志》《世界华人消化杂志》等)进行企业和产品宣传。对于专业期刊,NW 公司针对 BSN 产品在治疗相关领域的优势和安全性进行宣传,让读者更快地了解 BSN 在消化及肝病治疗中的使用意义。同时,NW

公司利用发达的网络(如百度、谷歌和搜狐;好医生、好大夫;等等)进行传播。除此之外,公司还利用《抗癌之窗》一类的期刊,通过刊物直邮的方式递送到指定的人群。NW 公司整合医药专业媒体,全方位做到企业公关宣传、学术信息传播、公司品牌建设。在医学专业杂志方面,重点关注了与公司所代理的产品具有很好关联性的肝胆类医学专业杂志,明确了在有限的资源条件下的传播内容,同时考虑了产品的策划、医生临床价值的实现两个方面,通过内容的有效传播,实现了"了解—学术—趋势—试用"的目的。

NW 公司还充分利用现代网络媒体低成本、高效率的信息传播特点,开展相关的学术推广活动。根据现代营销手段,在诸如微信、QQ 或其他的社交平台开展宣传推广。首先,公司建立自己的微信公众号平台,将所有的相关信息发布到这个平台;其次,将搜集到的有关专家的建议和经验通过有效的渠道供所有的关注人群分享,并在分享经验和案例的同时抓住有需求人士的心,将所有的信息不仅通过文字的方式传播给消费者,还通过图片、声音、动态效果等多种形式呈现出来。

3.2.2 会议学术

会议性学术活动是一种深度沟通、深度推广的传播模式,在开展会议学术时必须引入恰当的媒体。孙董明白学术活动的重要性,着手参加或与医药生产厂商组织各种学术会议或产品推介会,通过会议及时掌握机构资源和专家资源,并且通过组织权威宣讲迅速推广新兴的产品和技术。孙董认为,公司开展学术推广的对象主要是肝病领域的医生。他注重建立与维护相应的公共关系,同时公司在做学术推广时,将产品技术结合临床医疗的实际应用,而不是仅凭生硬的模式加以介绍,具体步骤如表 1 所示。

表 1　NW 公司会议学术营销的步骤

阶段	工作目标	主要任务
售前	产品分析	汇总推广产品的学术研究,包括从前、现在、未来的研究情况;总结分析对该类产品国内外的销售情况;归纳该类产品国内外的临床使用情况;分析自身产品的概念、卖点、生命周期、市场环境等
	客户分析	目标医院的分类,目标科室的确定,参会专家、医生、护士等的确定;医生的用药需求分析,包括用药效果、方便性、安全性以及获取新知识等需求;患者的需求分析,如对药品治愈效果的需求;政府对药品的需求分析,包括政府对医疗费用的控制、为社会提供公益性的医疗服务等方面

(续表)

阶段	工作目标	主要任务
售中	制订计划	针对专业学术活动,制订详细的计划;明确活动目的,确定合作方(医院、学会、杂志社、政府部门等),与合作方商谈活动方案,拟定工作日程安排,准备活动物品
	学术营销流程控制	会前确认,开会前的沟通会,演讲者与大会主席的沟通;安排会议人员分工(会场布置、签到、座位安排、照相、音效灯光设备、接待等),统筹活动执行;会后进行会议资料整理、会场清理等
	客户现场反馈	确定参会客户的选择和会议内容的选择
	客户信息收集	访谈客户,通过客户的状况性询问、问题性询问、暗示性询问和需求确认等方式,与客户进一步沟通,以收集客户对本产品的意见、建议,并恰当地做出解答
售后	设立监控点	为保证学术推广方案的顺利进行,设定一些必要的监控点,以及时纠正方案执行中的偏差;根据活动进行过程中暴露的问题,不断修正学术推广计划,积累经验
	后续跟进	总结评估、VIP客户回访、会议质量反馈、处方跟踪等,并总结整理会议具体工作的细节问题

NW公司开展会议学术营销推广的主要途径是学术拜访、科室会议和学术会议等形式。除此以外,孙董还赞助医生参加具影响力的国际性学术会议,借此机会在国外组织的高端学术会议上,提升公司和产品的品牌形象。同时在推广的过程中,充分征求市场推广人员的意见,根据公司的具体目标,选择最佳的学术会议形式,传递产品核心信息。

3.2.3 人员学术

孙董在医药行业摸爬滚打数年,深知医药代表的素质是决定销售量的关键因素。公司的医药营销活动策划得再好,计划得再周密,最终都必须依靠营销人员去开展相应的营销活动,因此人员学术是NW公司开展学术营销必不可少的一个组成部分。孙董没有一味地尝试通过其他途径取代医药代表,而是想着如何做到人尽其才,发挥医药代表的真正作用。尽管近年来,医药营销形式多种多样,但终究还是离不开人员推销,学术推广同样如此,医药营销人员始终是企业和用药方的中介、桥梁,所以专业的医药营销人员必须具备较高的医药综

合素质和职业操守。因此,孙董在开展人员学术推广时制定了以下三个方面的策略:

首先,开展培训工作。目前,公司医药营销队伍的素质参差不齐,营销人员对医药行业的法律法规和相关政策了解不够。因此,公司从这个方面以及相关医药知识方面展开专门培训,以提高营销队伍的整体素质,打造良好的公司营销形象。

其次,引进高素质人才。公司在引进人才方面,注重有医药相关专业背景的人才。这类人才可以是有医药教育背景的,也可以是有医药相关工作经验的。公司将此类人才筛选为公司医药代表后,还必须让他们接受产品介绍技巧、产品销售技巧、医药市场敏感度、时间管控能力和会议组织能力等方面的培训。

最后,建立公司医药信息方面的数据库。对于 BSN 药品这样的权威性产品,扩大覆盖面是医药营销人员的首要工作。医药营销人员在开展医药营销的过程中,要掌握主要信息,包括医生的处方习惯、对竞品的处方习惯、处方对象、患者年龄、使用疗程、量效关系等信息,并将这些信息整理成公司的信息数据库,通过专业的算法为公司的营销决策提供方向和依据。

3.2.4 临床学术

临床学术泛指各种增值性服务,主要包括医生知识结构的掌握、营销的业务能力、对待工作的态度及自身的职业规划等方面的提升,这不仅是一种学习的推广,更是一种相互学习的互动。孙董计划通过这样或者那样的沟通交流互动,不断培养医生对公司的感情,进一步提升个体对公司的忠诚度。目前已经举办的临床学术形式包括参加相关专业的学术沙龙、发表高水平专业论文、举办学术会议等;同时,孙董还在其他方面做出了努力,如医药市场信息搜集、公共关系处理、资本运作、营销渠道拓宽等。

4 多管齐下,保驾护航

孙董做了上述一系列的深化改革之后,还对企业文化、营销团队和绩效激励机制进行了优化与建设。

4.1 加强企业文化建设

随着时代不断发展,企业文化建设越来越受到孙董的关注。

NW 公司的企业文化是"承诺生命,启迪未来"。"承诺生命"是指以珍爱客户生命为己任,孙董要求公司能够时时为客户着想,时刻解决客户遇到的问题,使得客户在购买公司产品之后无后顾之忧。"启迪未来"包含创新和朝着未来发展的意思。创新是社会发展的趋势,一个企业如没有创新意识就很难在市场上得到发展;创新是企业发展的原动力,一个没有创新的企业只能坐等市场的淘汰。作为医药代理的 NW 公司所具备的创新精神主要体现在营销策略、产品结构等方面。孙董在公司内部推行忠诚、协作、卓越,将之作为公司发展的一种内部文化。"忠诚"是公司衡量员工合格的重要因素,一个没有忠诚员工的企业不可能获得发展,忠诚度的高低决定了员工愿意为公司付出的程度,忠诚的员工会将公司的事情看成自己的事情,尽心尽力去完成,所以在建设企业文化时应将忠诚纳入建设目标;"协作"主要针对企业内部员工之间的沟通和交流,众所周知,有效的协作能够取得事半功倍的效果,包括员工与员工之间、部门与部门之间、上级与下级之间的协作;前面几个企业文化要素得以成功贯彻之后,能够使公司获得一个质的提升,包括人员、公司品牌以及公司销售额等。

孙董和他的管理团队知道,企业文化是需要经一段时间的积累而慢慢形成的,而不是一蹴而就的工程。公司开展企业文化建设必须紧紧围绕企业文化的建设目标,在建设过程中必须尊重企业文化的发展规律,根据企业的实际情况不断深入开展。

4.2 打造优秀营销团队

NW 公司开展的学术营销活动是一个团队协作活动,优秀的营销团队有利于快速实现公司的营销目标。孙董通过以下几个方面来提升团队的综合素质和凝聚力:

(1) 设立团队共同目标。孙董在设定团队目标时以终端倒推方式进行。首先,将公司的营销人员分成不同的小组(在分组时,应考虑团队成员特点,不能盲目乱分),并且根据区域特点将该区域划分给最合适的小组;其次,从每个目标医生每天的会诊量推测出每个医院的目标数量,然后推测出本区域的患者数量,再乘以一定的系数;最后,确定本区域小组的共同目标,团队共同目标是团队成员共同讨论之后得出的结果,这个结果必须得到全体成员的认可。一旦目标确定之后,团队就应朝着目标前进,最终实现目标,以增强团队成员的自豪感和成就感,从而不断提升团队的战斗力。

（2）提高团队学习欲望。活到老,学到老,才能不被时代淘汰,对于医药营销人员来说更是如此。随着医药科技的不断进步,医药产品更新换代周期越来越短,这就意味着医药营销人员需花更多的时间和精力来了解与熟悉最新的医药研究成果。孙董要求公司领导层向营销人员灌输"时刻学习"的思想,并强调学习能力提升给团队带来的好处,使得团队成员有欲望、有动力去学习相关的理论和实践知识。

（3）合理分工、提升团队协作水平。在分组时,孙董结合了成员的自身特点和目标客户。他认为这样做的目的就是在团队开展营销活动时能够做到合理分工,如组织能力强的可以组织学术会议,口才好、医药专业水平高的可以向目标客户讲解产品的性能与最新的临床应用成果等。合理分工是提升团队协调能力的前提,而团队协调能力的提升有助于最终提升团队的销售能力。

（4）灵活授权。孙董经过和基层的营销人员沟通之后发现,公司的营销团队较为稳定和完善。他和公司的其他管理层人员经过讨论,决定通过授权让团队成员分担一定的责任,让更多的成员参与项目决策,以充分挖掘每一个人的潜能,使他们得以实现自我价值。

4.3 完善考核与激励机制

4.3.1 加强人才选拔管理

孙董明白企业的发展离不开员工,从员工为企业发挥长期性效益的角度来看,公司员工总体上可以分为两大类:一是稳定型员工,这类员工已经在为公司创造效益,并且很稳定,员工的效用值得到了充分的发挥;二是潜在型员工,这类员工是将来能够为公司创造稳定效益的群体,但暂时还不稳定。孙董结合公司的实际情况,确定了公司在人才的选拔、管理和储备方面的三个原则:

（1）员工定期评估。公司根据具体情况对员工进行定期考核,考核期为一个季度、半年或一年,对于那些考核成绩不符合公司要求的员工给予一定的惩罚或警告,如降级、降薪、留职查看等。这些方式虽然会给不合格的员工造成不小的压力,然而压力就是动力,这也是考核员工能否在重压下进步的一个重要因素。如果下次考核这些员工还是没有达到公司要求,公司就应考虑对相关员工进行转岗或解聘。

（2）关注和管理员工。作为管理人员,要充分发掘出员工或下属的闪光点,公司可以给所有员工建立档案,针对不同类型的员工进行分类管理,充分挖掘员工的潜力,从而不断提升员工的效用值。

(3) 战略原则。对员工建档之后,努力发现员工的特点,根据员工特点展开具针对性的培训,为公司挖掘和储备更多的稳定型与潜在型人才。

4.3.2 优化绩效考核方案

孙董认为,应尽可能使员工按照能力和学术推广方案获得合理收入,并且公司应引进优秀的代表和经理,增加新的销售代表和潜力区域经理的销售收入。尽管方案的实施会削减负责成熟大客户代表和经理的奖金,使得原本销售额高的人员的收入相对下降,但是如果销售额高的人员能力确实强,其收入会不降反升。

孙董在咨询了众多管理营销专家后结合 NW 公司的实际情况,提出两个改革方案:

方案一:成立市场部并发展为优势部门,对销售人员进行培训,让销售人员掌握新技术,避免因无法掌握产品知识而放弃新产品、新技术的学术推广;提供技术支持,整理国内外最新的循证医学证据和新的专家观点,对新产品、新技术进行 SWOT 分析,制作优质的彩页和 PPT 等专业推广工具;直接对接潜在大客户,为营销人员提供直接服务。以上改变会为市场部提供强有力的支持,但是孙董明白,公司为此"保健"因素也将付出巨大代价。

方案二:提高员工的基本工资,首先将代表的基本工资由 3 000 元提升到 4 000 元,经理的由 5 000 元提升到 7 000 元;设立"工作年龄"工资,即老员工的有效保障,每工作一年,月工资增加 100 元;增加设立"学术工资",在引进大学生和优秀学术推广人才方面提供保障,只要通过每季度的产品知识学习就可获得每月 1 000 元的学术工资。这一实施方案保障了所有代表的基本收入,尤其是学术推广能力强的人员。

孙董根据赫兹伯格双因素理论的激励原则,提出综合的绩效评估改革方案:将"奖金 = 销售额 × 任务完成率 × 提成系数",更改为"奖金 = 销售额 × 任务完成率 × 奖金系数 × 贡献系数"。以下是具体解释:

(1) 任务完成率:累计月实际销售额与累计月任务的比值。

(2) 奖金系数为:

任务完成率小于 80% 的,奖金系数为 0.5;

任务完成率在 80%—95% 的,奖金系数为 0.75;

任务完成率在 95%—100% 的,奖金系数为 1;

任务完成率在 100.1%—105% 的,奖金系数为 1.1;

任务完成率大于 105% 的,奖金系数为 1.2。

(3)贡献系数:每个销售代表全年指标与全部销售代表指标总和的平均值的比值。

孙董还根据马斯洛需求层次理论,设立了以下三种奖励:

第一,设立 BSN 同期增长额外再次奖励。这就为确实能干的老代表和业绩增长快速的新代表提供了有效激励,公平且有效。

第二,新产品高额奖励。对于公司的新业务,例如干细胞和免疫细胞推广业务,直接给予 5% 的奖金,这将大幅提高有能力的人去开拓新业务的概率。预计这一政策的实施会给新业务带来两倍的业绩增长,而这一政策实施的前提就是有良好的"保健"因素基础。

第三,设立学术比赛高额奖励。每季度学习成绩的权重为 80%,年底现场拜访演练成绩的权重为 20%,排名前三的员工给予欧洲七日带薪旅游奖励,并且可以有一名家属陪同。

孙董计划在公司发展的过程中不断优化以上营销激励改革方案,逐渐取缔提成制度,进而达到公平竞争绩效的最优状态。公司其他部门的绩效激励也将随之展开,以激发公司全员工作主动性、提高工作效率,使公司蓬勃发展。

制定了改革方案后,孙董和他的团队开始着手实施,看着一项项制度的逐渐深化,孙董的心里平静了许多,期待着行业内领先的 CSO 公司的诞生……

5 结语

国家的大力监管使得原本竞争激烈的医药行业更加水深火热,本案例中各项措施实施以后必将对 NW 公司后续的市场竞争力产生影响。如果你是 NW 公司的董事长,你赞同孙董的做法吗?NW 公司应该如何加强营销实力?各项措施实施后会产生哪些影响?

案例使用说明

一、教学对象与目的

本案例适用于"市场营销学"课程。

本案例旨在引导学员关注"新医改"和两票制背景下,医药代理企业应该如何顺应政策的变化,克服医药营销的重重障碍,制定切实可行的营销策略,实现销售业绩的稳定增长。根据案例材料,首先,学员可以分析医药行业的宏观和微观背景,了解行业内部现存的问题,加深对行业链条的理解;其次,教师可以引导学员思考如何制定有效的营销策略,并阐述相应的手段和途径,解释其中蕴含的道理;最后,通过本案例的分析,学员可以思考在行业竞争加剧的情况下,如何设计相应的营销方案,并就可能产生的人员管理、绩效管理等问题提出合理的保证措施。

二、启发思考题

(1) 如果你是 NW 公司的董事长,你认为 NW 公司要想成为行业内领先的 CSO 公司,为什么要进行学术营销?

(2) 如果你赞同 NW 公司以学术为主的营销方案,它应该如何进行有效营销?

三、分析思路

教师可以根据自己的教学目的灵活使用本案例。这里所提供的案例分析思路仅供参考。

思考题(1):如果你是 NW 公司的董事长,你认为 NW 公司要想成为行业领先的 CSO 公司,为什么要进行学术营销?

分析思路:从 NW 公司现在所处的市场环境来看,由于国家推行两票制政策,导致原先一大批以"带金销售"模式盈利的医药代理企业纷纷转型为 CSO 公司,导致医药行业的竞争更为激烈。从 NW 公司的现状和存在的问题来看,NW 公司应该代理更多的品牌药物和医疗新技术,并且切实加大学术营销的力度,不断提升学术专业化和人员素质专业化水平,持续扩大营销渠道,从而构建稳定的合作和营销体系。

问题解决:加大力度走学术营销之路。

理由一：学术营销有助于增加企业的销售额。通过学术营销模式，首先是能在短时间内宣传产品，通过各种技术创新手段参与到学术讨论中，借助学术力量大力推广企业产品，增加产品销售额。国内外学术营销成功的案例有很多，国际制药企业生产的产品（例如默克公司的立普妥、贝特公司的斯伐他汀和阿勃林格殷格翰公司的洛赛克等）都是通过营销学术模式来推广的，医药企业可以根据自己产品的特点，邀请专家作为产品代言人，向不同层次的医生介绍产品，展开学术指导，凭借科学的论证，更能收获成功。目前我国一些大型医药企业通过赞助学术会议等形式，有效地推广了医药产品，比如知名制药企业天士力、步长、珍宝岛、先声等都通过学术营销创造了不俗的业绩。NW公司虽然一直在学术营销方面积极探索，但是学术营销体系极其不完善。公司的学术营销模式较常用的是科室会议和中型学术会议，形式相对单一，未能全方位、立体化地实施学术推广。另外，NW公司缺乏专业的咨询平台和专业的咨询临床医生，虽然目前设立了咨询热线，但是由于接待人员的专业水平有限，很难满足客户的咨询要求。在信息化时代的今天，大多数人会通过百度等工具搜索相关答案，这为许多企业提供了良好的展示机会。然而，NW公司并没有充分利用这一优势建立起相关网站，或者在百度、谷歌和搜狗等网站发布一些信息。NW公司可将学术会议形式变得更加多样化、专业化，具体包括学术报告分析、循证医学论证、有影响力的专家总结、学术论文发表、临床沙龙、有奖征文等，还可以将学术传播形式由灌输转变为医生自己体验。此外，NW公司还可以借助网络化的媒体技术，在专业的医学交流网站、微信公众平台和APP等媒体推广、发送关键信息，这种新媒体的学术信息传播方式适合像NW公司一样的CSO公司。

理由二：学术营销可以树立良好的公司品牌形象。品牌形象除了能提升顾客满意度和忠诚度，更重要的是其已成为企业的一种核心竞争力，公司品牌形象的塑造有利于公司获得持续、健康的发展。学术营销是一种营销手段或模式，其最终目的是持续增加产品销售量，并以此为基础建立公司品牌形象。成功的学术营销能为公司创造巨大的品牌价值。NW公司目前已经与北京90多家医院建立了合作关系，且25%的大客户占公司销售额的70%左右，根据二八法则，不难发现这类客户是公司的优质客户，需要重点维护。此时，公司品牌形象就显得尤为重要。其一，良好的品牌形象可以稳定与现有合作医院的关系，让现有的客户资源产生持续不断的需求黏性；其二，良好的品牌形象有助于增强NW公司的企业价值，从而构建起强大的竞争壁垒，使得合作方对NW公司销售的产品产生积极的认知;其三,通过学术营销手段建立起来的品牌化,有助于传播 NW 公司产品的声誉,让潜在的需求客户更有可能了解和熟悉公司的产品,从而增加公司的营销渠道和合作伙伴。因此,NW 公司应该充分利用学术会议,参加一些重大的公益活动,开展营销型的临床科研,发展学术营销以增强自身的品牌形象。

理由三:开展学术营销可以促进公司的可持续发展。学术营销主要依靠产品的品牌效益及功能效益影响销售业绩,与业务人员的个人情感关系不大。一方面,学术营销避免了因个别销售人员离职而导致销售断层现象,保证了公司的可持续发展;另一方面,学术营销保证了公司销量的稳定增长,制药企业的产品通过学术营销的方式得到了专业人士的认可,从而保证了后期的销售,能够保障公司销售的连续性。从长远来看,学术营销有利于培养具备专业知识的人员完成市场工作,同时这种销售方式为企业的品牌发展奠定了基础。虽然学术营销具有一定的局限性,但是只有以学术技术力量作为依托,企业才能长期、持续地发展。随着我国经济的发展,居民的消费水平提高,居民用于药品的支出也在不断加大,医药行业得以蓬勃发展。由于我国医药行业开放时间较晚、市场潜力较大,未来人们对医药的需求会逐步增加,医药市场将发生新的变化。这种变化具体表现在以下几个方面:一是医药消费者对医药产品的质量要求越来越高;二是医药市场竞争日益激烈,医药企业对产品的营销能力越来越重要。因此,NW 公司开展专业化的学术营销有助于在医药行业占据一定的市场份额,并且逐渐巩固自身的地位,促进公司实现可持续发展。

思考题(2):如果你赞同 NW 公司以学术为主的营销方案,它应该如何进行有效营销?

分析思路:确立了学术营销的方案后,就要着手考虑如何进行有效的学术营销。通过学习相关的营销理论,研究如何提高顾客满意度、扩大客户群体、增加营销渠道、建立品牌文化、实现精准营销、实现公司品牌形象优化和营销团队建设等方面的问题。

问题解决:从营销各个层面进行有效推广(见图3)。

措施一:从公司战略层面重视学术营销。

学术营销一般是针对处方药展开营销活动的,是通过该种药品的学术成果来强化医药产品的品牌效应和提升医药产品销量的一种营销模式。当前,许多国际大型医药公司都采用学术营销模式,并且其成为许多公司(如辉瑞公司)最

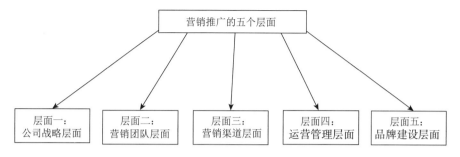

图 3　学术推广路线

为擅长的一种医药营销模式。同时,反商业贿赂管理政策中,在卫生部明确表示"欢迎正常的临床业务沟通""支持公益性的学术营销"之后,国内制药企业逐步向国外先进医药企业看齐,学术营销越来越受到国内医药企业的欢迎,诸如以岭、天士力、步长、珍宝岛、先声等都通过推行学术营销模式创造了不俗的业绩。

NW 公司作为一家医药服务外包公司,有必要开展学术营销以扩大市场份额、增加销售额、提升公司竞争力。要抓住更多的发展机会就必须从公司长远的发展战略出发,足够重视学术营销的重要性。为公司的学术营销建立一个良好的平台应该做好以下几个方面:

(1) 深入了解和分析临床医生的需求。说到底,临床医生的需求其实就是病患的需求。工欲善其事,必先利其器。医药营销的最终目标是提高客户的满意度,而这个满意度完全取决于临床患者的使用。医药公司要在确保产品质量的前提下,多了解临床患者的需求,并通过合理的途径让临床医生了解公司的产品。这个过程必须是有针对性的,或者说有侧重点的。首先要了解目标医生的需求,医生在开展临床研究时,最直接的目的肯定是所用的处方药可以在患者身上得到使用,以缓解患者的病痛。抛开这些人性和道德上的需要,直接从个人方面来说,医生的临床目标大致为得到经济收入、得到学术认可或者得到个人医学地位,这些均是人在生活中或者工作中所追求的。只有掌握这些信息,才能充分把握所面对的营销群体,有针对性地实施不同的营销策略,区别对待差异性,才可以做到各个击破,获得成功。

(2) 专家资源库的积累。在信息资源积累过程中要注意突出某些领域(譬如肝病治疗)的经验和研究团队,某些有一定临床经验或学术上有造诣的专家在整个学术营销过程中可以起到不可替代的作用。专家资源整合可以通过一些学术会议和技术合作等方式进行,让专家参与到合作项目中,一方面是让项目有了技术支撑,另一方面能达到很好的推广效果。在合作项目上,专家资源或他们所带来的信息资源是比较权威的甚至有时是空前的,有了这样的技术作为支撑,学术营销的成功就前进一步了。同时,在合作过程中使得专家可以为公司的合作项目技术说好话,在确保产品的真实疗效后,能够真实地将产品介绍给目标医生或临床患者,这能在技术方面为公司提供一个很好的资源。不过,合理应用专家资源库的前提就是公司必须对产品的专业知识进行合理的灌输、培训和引导。以相关领域专家的权威、采用恰当的学术交流方式、选定合适的产品内容将产品推销出去,从而加深参会人员对产品的认可,并成为公司产品的潜在客户。

(3)学术推广方式的选择与应用。为了适应市场变化的需要,NW 公司可以考虑成立市场部,前期主要负责北京地区销售网络的学术宣传工作(随着公司业务的进一步扩大,负责范围也将不断扩大),并且组织、协调专家资源召开一些大、中、小型的学术会议,通过各种途径提升公司对外宣传的效果。体现公司专业技术水平的学术推广要选择正确的方式,到底选择哪种组织形式进行学术推广? 这要结合目前所具有的学术组织形式来看。一类是交流型的,比如各种学术交流活动如论坛年会和研讨会;另一类是宣讲型的,比如专业推广会和文章的发表。不管是双方、多方交流式的还是单方面陈述式的推广,在实施过程中都要以学术为主,淡化商业目的性,否则会使专业学术推广陷入商业不纯目的,最终使学术推广陷入僵局。

措施二:优化营销团队。

医药营销竞争越来越激烈,营销团队对公司营销活动起着重要的作用;同时,由于医药营销的特殊性,一线营销人员接触的消费者大部分是拥有专业知识的临床医生。因此,优化营销团队是提升公司营销能力的重要手段。随着市场环境的变化,传统的营销团队模式已不能适应公司的发展战略和定位,故公司应建立新型的管理体制、优化营销团队,具体表现在以下几个方面:

(1)职能定位要明确。只有分工明确、组织合理的团队才能提升工作效率,作为处于起步阶段的 NW 公司更应如此。公司所有部门都必须明确本部门的职责,各个部门要联动起来。市场部门是整个公司获得利润的龙头部门,要根据公司的产品特点,准确定位、抓住机遇、合理策划,尽可能做出完美的市场营销策划。销售部门是计划的执行者,要将市场的策划与实际销售情况很好地结合起来,在深入了解市场的前提下执行销售功能,并且市场策略的策划和执行是相辅相成的。好的策划可以达到很好的销售业绩,为公司创造利润;不成熟的策划则会使销售部门的成绩不理想,导致公司不仅达不到预计效果,还会造成不好的影响。所以,市场部门要在熟知市场情况的前提下策划出完美的营销策略,从而提高市场占有率。销售部门是联系公司与消费者的纽带,负责实施市场部门的策划方案。销售部门主要负责开发营销渠道,并将产品或技术运用到临床;要了解整个产品市场必须来自相关部门医生、患者的需求,这样才可以把握市场动向,深入了解医药市场。销售部门执行能力的高低将直接决定公司的营销情况,因此销售部门要与公司其他部门密切配合,并及时反馈销售过程中收集到的信息,以不断优化营销策略。

除了要明确职责,不同职位的人员也要明确其职责。只有各司其职又相互配合的团队才能取得良好的销售业绩。研发部门、推广部门和销售部门要互相配合。首先要找准市场定位,确定公司主导市场的方向,再以市场为标的研发产品,进一步根据产品的特点定位、细分市场,专注于不同特点的消费人群,将某一产品的特点运用到大众消费身上,即使是小众消费也不应当放弃开拓其市场的机会,因为在医药产品中,越是小众的产品越难找到替代品,这样就会增加产品的刚性需求。推广经理负责产品在本区域内的推广,贯彻执行公司或产品经理所制定的产品销售发展战略。销售活动要通过多途径实施,首先需要一个完美的策划活动,再采取一些组织形式具体实施。具体实施内容要包括产品的相关知识宣传,产品相比其他相关产品的亮点,产品的临床应用情况,产品可能需要进一步挖掘的需求,并将所有相关产品信息向销售经理反馈。销售经理是处于销售一线的人员,直接与客户打交道,因此公司相关战略的落实都必须依靠销售经理去落实。销售经理的主要职责是进行销售需求导向建设,拓展市场、开发客户、维护临床与售后、反馈信息。

(2)提高团队成员基本素质。由于产品经理和推广经理主要负责医药产品相关策略的制定,因此公司对这两类员工的素质要求较高,最好是医药相关专业的本科生或研究生。销售经理主要负责具体的销售活动,对其学历要求可适当降低,但专业方面最好是市场营销类。同时,随着时代的发展以及公司发展战略的改变,公司应在必要时对员工进行相应的培训或提供继续教育的机会,使营销团队成员水平不断得以提升,从而提升整支营销团队的素质。

措施三：拓宽营销渠道。

以 NW 公司的营销渠道为例，不难发现学术会议是其目前学术推广的主要形式，还包括一些公关活动和患者教育活动等。通过几年的发展，学术会议成为 NW 公司销售的主要渠道，公司在学术会议方面也积累了不少实践经验，具体表现在：举办的大型学术会议的主题紧紧围绕当前学术前沿，会议现场环境布置得较为恰当，相关媒体的选择和邀请符合会议主体及规格要求，这些都是公司学术活动走向专业化的重要标志。但是，学术推广绝不能局限于学术会议形式，还必须开展其他形式的推广活动。

对于 NW 公司，要想拓宽营销渠道，必须做到以下几点：

（1）大力开展学术推广。作为患者，最信任的还是医生，因此 NW 公司开展学术推广的对象应主要面向治疗肝病领域的医生。只要公司生产的产品是真心为患者考虑，公司的学术推广一定能够触动医生的内心真实需要；医生尤其是权威专家对产品的认可度高，就有利于产品最终流向患者。医药市场的不规范只是暂时的，一个长期的市场战略必须依靠产品的质量和公司的信誉，而传统的带金销售所拉动的短期销售增长并不适用于公司的长期发展需求，只有产品、技术的独特疗效才能抓住医生、说服患者。

（2）注重公共关系。公共关系是指企业在运营的整个过程中有意识、有目的地与社会所有层次的人群进行交流互动的行为过程。通过公共关系的建立与维护，一方面增进对社会公众需求的了解，另一方面进一步得到社会公众的理解、信任和支持。信息的双向交流互动使整个市场的供需双方能迅速达到平衡，减少市场信息不对称所带来的各种风险。掌握目标公众的定位，有助于减少公关工作的盲目性，提高工作成效。NW 公司应根据本公司的产品，与社会所有不同层次、不同领域的人建立起公共关系，其中重点关注的公关对象应包括相关政府部门、相关医药需求单位、行业竞争单位等。

（3）充分利用现代网络媒介。网站、微博、微信等网络媒介具有低成本、高效率的信息传播特点，公司应充分利用各种现代网络媒介开展相关的学术推广活动。

NW 公司可采用现代营销手段（比如网络）加大营销力度。互联网已经成为现代人交流的主要途径。互联网的发展给营销带来很大的契机，只要有足够的耐心、足够的毅力，就不拍找不到营销点。公司可以建立自己的微信平台，将相关信息都发布到这个平台，还可以将搜集到的有关专家的建议和经验供所有关注人群分享,并在分享经验和案例的同时抓住有需求的人的心。利用这些平台还有一个优点就是,所有的信息不仅可以通过文字的方式传播给消费者,还可以通过图片、声音、动态效果等多种形式呈现出来。

因此,NW公司有必要开展网络营销,可以从以下几个方面入手:

第一,创建公司门户网站。CNNIC统计报告显示,截至2015年6月底,全球活跃的网站数量为9.5亿个。网站已成为公司发展的必备,是公司宣传品牌、产品和形象的重要途径。建立网站,在网站上发布公司简介、经营理念、企业文化和产品信息等,重点介绍产品的相关信息(如功能、价格和售后等)。以上信息可以通过文字、图片、视频等多种方式呈现,提高网民的关注度,并开通交流平台,与网民探讨一些相关问题并解决网民的疑惑。

第二,设置网站管理岗位。公司建立网站之后,为了更好地实施网络营销,公司应聘用专业的网站管理人员管理网站,主要搜集国家关于医药行业的相关信息、产品的最新研究动态和行业的最新动态,将有利于公司开展网络营销的信息及时在网站上公布。网站的更新速度越快,越能抓住关注者的好奇心。信息的及时更新也有利于公司掌握关注者所反馈的信息并做出调整,使网站更全面,更吸引网民的关注。

第三,网站宣传和推广。积极推广网站还可以发挥常见的搜索引擎的重要作用,借助百度、搜狗、360、谷歌等搜索引擎,注重关键词的运用,如"BSN""NW""亚全能"。NW公司应该让相关员工积极探索如何让这些搜索引擎网站很容易地检索到公司网站。

措施四:提高运营管理效率。随着我国医药企业和医药代理企业的不断增多,医药市场竞争愈演愈烈。要想赢得竞争优势,使企业在行业中出类拔萃,不仅要注意企业的外部形象,企业内部管理也是不可忽略的。好的公司管理制度和体制能培养更优秀的员工,优秀的员工能进一步促进公司的良好发展。建立良好的公司管理制度必须将治理结构、管理体系、决策体系和战略流程结合起来,建立严密、顺畅的计划与控制管理体系,明确岗位职责和工作标准,采用量化的考核指标。具体来讲应做到以下四点:

(1)指标落地。公司根据《国务院办公厅关于促进医药产业健康发展的指导意见》,采取以学术考核指标为主的发展战略。公司确定指标不能仅仅根据高层的意愿来要求员工达到某种目标,而应结合市场的发展潜力。如果公司尊重市场就应该把选择权交给市场,然后根据实际情况确定销售任务量。这是比较合理的,员工更有信心达到目标。销售人员在销售产品时更有成就感,积极性会大大提高。这种销售目标在一般情况下不会有大的偏差,只有制定这样的指标,销售代表才会有较高的积极性,努力完成目标。

(2) 政策合理。公司政策分为对外和对内。对内政策主要确保政策的合理性,只有制定合理的奖惩制度才可以调动员工的积极性,员工才会有机会、有平台让去施展自己的能力,从而便于公司发掘优秀人才。好的管理制度不仅可以成就公司,更能培养优秀的管理者和优秀的员工,同时促进整个社会的发展。对外政策主要针对合作商的利益分配政策。对于这种政策的制定,公司应根据产品特点、合作实际情况予以决定。

(3) 绩效到位。在对销售人员进行绩效考核时,应采用定量指标(如应收账款、回款等方面)考核的方式进行,尽量避免定性指标考核,从而排除个人主观偏好造成的不公平,否则会使销售人员丧失积极性。

(4) 流程完善。医药的销售要做好以下几种流程:①费用申请核销流程,这是控制产品成本的基础流程;②产品运输流程,这个过程关系产品的物流状况,我们都知道现在的产品有时卖的就是公司的物流储备状况,没有很流畅的物流配套设施,或者物流状况跟不上实际销售,就会影响销售业绩,甚至给公司带来不好的影响;③学术推广物料申请流程,这个流程是销售环节的辅助流程,是公司长期产品战略的重要一环,公司的精华或者说产品的优势展现全靠这个环节的助推。完善流程的主要作用就是要做到权责分明,落实岗位职责。

措施五:学术品牌建设。

品牌是具有经济价值的无形资产,是用抽象化的、特有的、能被人识别的心智概念表现差异性,从而在人们的意识中占据一定位置的综合反映。品牌建设具有长期性。品牌资产是消费者对某个企业或产品的一种认知程度和认可程度所带来的隐形价值。这种价值具体体现在消费者对企业的产品、售后服务、文化价值的认可和信任。基于此,NW公司如果想通过品牌建设来保持和提升产品的市场占有率,就必须坚持以诚信为本,以产品质量和特色为核心,并注重产品的售后服务水平。NW公司的品牌建设可以从以下几个方面考虑:

(1) 培训有影响力的讲者。学术会议推广中,专家的学术讲课渲染力非常重要。学术推广作为营销最重要的推广手段,必须对讲者进行严格筛选。讲者分为三类:第一类是国家级讲者,这类讲者是相关领域的权威专家,一般来说担任中华医学会专业分会的主任委员或副主任委员,在全国范围内具有很高的学术地位和声誉;第二类是省市级讲者,这类讲者是本省市相关学科的带头人,一般是中华医学会专业分会的常务委员或委员;第三类是大三甲医院的主任讲者,这类讲者一般是本省市范围内的学术骨干,一般是省市专业学会的领军人物。公司在培训讲者时应注重以下问题:首先,保持与国家级讲者的积极沟通,赞助该类专家参加相关领域的国内外重要会议,并由其传播产品的 FAB(属性、作用益处)。其次,举办一对一的专家培训,对于有潜力的讲者来说,经过名家培训师的点拨,这些讲者会很快地掌握演讲技巧。这类专家的自尊心都比较强,一旦意识到不足,改正起来就会非常快,所以经过培训的讲者非常有发展潜力。最后,组织讲者进行演讲比赛,这种方式比较适合省市级讲者和三甲医院主任讲者的培养。通过演讲会和主持会议等形式进行比赛,一方面提高讲者水平,另一方面让专家更快地掌握公司产品 FAB。再者,公司可以举办演讲比赛和科室会讲课来培养中青年讲者,比赛评委可以邀请国家级讲者,通过专家对中青年讲者进行点评和指导,很快地提升其演讲水平。

(2)患者教育。通俗地讲,患者教育就是向患者介绍疾病的相关知识,如目前的治疗方案、治疗过程中的注意事项,使病人能够积极配合治疗并做到自我管理。患者教育一般是针对那些患有慢性疾病和对所患疾病不甚了解的患者,对其他患者的效果不佳。公司在传播健康知识时可以适当将公司药物融入其中,使患者在脑海中形成一个潜在的意识和记忆。与此同时,健康知识的教育可以使公司获得良好的社会知名度和美誉度。NW 公司可以通过以下方式开展患者教育:①患者教育手册。该类手册的内容主要包括疾病知识、治疗注意事项和病情监控方法,这类内容通俗易懂,实用型强,患者接受程度较高。②健康教育网站。随着互联网时代的到来,越来越多的患者习惯在网上搜集相关的疾病信息,公司可以利用患者的这一习惯,建立公司网站,在网站上发布相关疾病的信息和最新资讯,同时也可以开通网络在线答疑服务。③患者教育讲座。邀请当地名望较高的医护人员,在固定的地点定时向患者开展患教课堂,介绍疾病和护理知识,通过现场讲授、现场互动、媒体报道等形式来增强社会效应。

(3)公共关系营销。公共关系营销一直是许多企业非常重视的一种营销模式,并被广泛运用。良好的公共关系营销可以带来很多益处,从短期利益来看,可以使公司产品得以快速推广;从长远角度来看,可以逐步增强公司知名度。因此,除了学术营销,NW 公司还不能忽略公共关系营销。

NW 公司应该注重通过公共关系来打造企业良好形象,在开展公共关系营销的过程中,除了一些常规的公益活动,还需重点关注以下内容:①及时搜集客户反馈信息。客户反馈信息主要包括患者对药品质量、服务及价格的态度,这些信息可以让企业及时发现自身存在的不足,以便在进一步的营销活动中加以改正。如果企业的营销目标不准确则应及时调整。②重视沟通平台的建设。NW 公司、制药企业、医院三者之间可建立一个及时交流的平台,这些平台除了常见的电话沟通、网络及时交流,还应包括一种面对面的交流,所以公司可以考虑在内部设置接待室,并指派一些有接待经验的员工负责接待工作,工作任务包括宣传公司产品、解答客户疑问、收集产品使用信息。这种模式可有效提升公司在客户心中的形象,增强客户对公司的信任感。

四、理论依据与分析

(一) 4Ps 营销理论

4Ps 理论首次出现在美国营销学者麦卡锡教授编写的 *Basic Marketing* 一书中,4Ps 理论是市场营销的重要理论,强调以产品为中心开展市场营销活动,在营销过程中按照以下三个流程进行:首先是自我分析,企业对自身的情况进行客观的分析和研究;其次是外部环境分析,充分考虑外部营销环境,以确定适合自己企业发展的 4Ps 变量组合;最后是根据 4Ps 理论选择变量组合,以实现企业的最终营销目标。4Ps 理论包括四个方面:product(产品)、price(价格)、place(渠道)、promotion(促销),再加上 strategy(策略)。"物美价廉的产品 + 合理的销售渠道 + 有效的促销方式 = 良好的经济社会效益"构成了一个完整的市场营销活动,具体模型如图 4 所示。

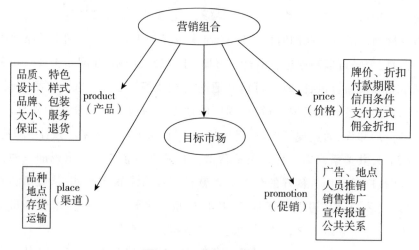

图 4 4Ps 营销理论模型

本案例中,根据4Ps理论,可以看出NW公司代理的产品数量存在增多的需求,从公司现状来看,其单一代理的产品占据了公司90%的销售额,代理更多的医药产品或专业技术是公司应着手考虑的方面;医药市场最重要的是营销渠道,NW公司立足于北京,已经与北京90多家医院建立了稳定的供应合作关系,扩大原有的营销渠道、建立新的合作伙伴关系要求调整相关的营销策略;对于营销策略,NW公司坚持以学术营销为主要的营销形式,通过媒体、会议、人员和临床等学术营销模式,增强公司的品牌效应。

(二) 4Cs营销理论

随着营销理念由"以产品为中心"转变为"以顾客为中心",20世纪90年代初期,美国学者R. F. 劳特朋(R. F. Lauberborn)在4Ps理论的基础上提出了4Cs营销理论,包括四个方面:consumer(消费者)、cost(成本)、convenience(便利)和communication(沟通),如图5所示。两者最大的区别在于,4Cs营销理论认为企业市场营销应该围绕顾客的需求进行。4Cs营销理论分为三个流程:首先,确定目标,以顾客满意度作为企业的首要追求目标;其次,价格是客户关心的重要内容,企业必须努力降低购买成本;最后,购买是否便利同样是企业营销成败的关键,企业在制定营销策略时必须考虑购买的便利性。

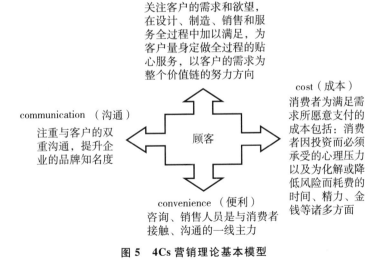

图5 4Cs营销理论基本模型

本案例中,NW公司从营销对象出发设计自己的营销策略。由于医药行业的特殊性,一线销售人员接触的顾客往往不是普通的消费者,而是专业的医生,药物是由医生开处方给患者再进行购买,因此这就对营销人员的专业知识提出了更高的要求。NW 公司从这一点出发,着手打造专业化的营销团队,并且重新定义企业激励和绩效薪酬制度,从而增强了核心竞争力。

（三）学术营销理论

学术营销是建立在学术研究基础上的一种营销模式,旨在提升药品品牌效应和销量。学术营销是指医药企业通过专职销售人员将产品的药理、临床试验过程与结果、具体治疗方案等产品专业知识有效地传达给医生,以增加医生的医药治疗知识,让患者得到经济、高效、安全的治疗。学术营销通过宣传医药产品知识,满足医生和患者对药品功能、适应症状等方面的需求,其实就是产品与医生和患者之间的互动过程,产品的营销策略往往在产品知识的传播中实现。因此,学术营销不仅教育了消费者,同时还可以宣传和传播医药品牌。

本案例中,NW 公司主要通过四种形式来进行学术营销:媒体方面,进行多角度的宣传和推广,旨在增加公司代理产品的曝光度,让更多的潜在客户注意到企业品牌和产品;会议学术方面,公司准备投入更多的资金,邀请国内外著名的专家学者,以讲座的形式,与广大医生和患者进行有效的沟通交流;人员学术方面,打造一批优秀的营销队伍,深入一线进行产品销售规划与推广;临床学术方面,包括参加相关专业的学术沙龙、发表高水平专业论文、举办学术会议等;同时 NW 公司还在其他方面付出了努力,如医药市场信息搜集、公共关系处理、资本运作、营销渠道拓宽等,具体模式框架如图 6 所示。

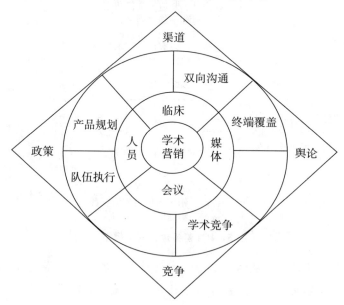

图 6　学术营销的具体模式框架

五、背景信息

(一) 政治背景

作为国民经济的重要组成部分,过去5年我国医药行业发展迅速,市场规模不断扩大。在此大背景下,医药产品的销售规模稳步扩大。2016年,我国医药产品销售总额为18 393亿元,扣除不可比因素,同比增长10.4%,增速较上年提高0.2个百分点。而随着人口老龄化、二孩政策的放开、人民群众对身体健康的重视等,我国医药产品市场的整体规模还将得到进一步扩大。

为了规范药品流通秩序,压缩药品流通环节、净化药品流通环境,2016年5月1日,国家在全面推行"营改增"的基础上,鼓励综合医改试点城市推行两票制。2017年1月9日,国家卫计委发布《在公立医疗机构采购中推行"两票制"的实施意见(试行)的通知》,鼓励其他地区执行两票制,并争取到2018年在全国全面推开。两票制的施行意味着流通环节中的层层过票和加价将得到有效控制,医药流通行业将更加透明化,盈利方式也将趋于规范化,这将加大规模较小的医药流通企业的运营压力,压缩其盈利空间,也将倒逼医药流通企业进行整合。受此影响,医药流通行业内的兼并重组转型浪潮即将来临,行业集中度有望大幅提升,新的格局也将重新建立。

(二) 行业背景

1. 医药行业将继续平稳增长

我国人口多,人口的持续增长和老龄化使得药品市场需求增加。近几年国家对医药产业持续加大投入,国家人力资源和社会保障部门提高了医疗报销比例,北京门诊报销比例提高到70%,住院报销比例已经提高到90%,2017年2月又颁布了新的医疗保险药品报销目录,增加了15%的新的医保药品。这必将减轻患者的经济负担,让越来越多的人有意愿看病治病,这是医药市场需求增加的重要原因。

2. 药品消费结构将发生新的变化

近年来,国家多次调整医疗保险和医疗改革制度,这些制度的制定和落实将改变我国医药产品的结构,传统的化学药物将受到包括现代生物制药、海洋制药和天然制药等新型医药产品的威胁,甚至会被这些药物取代。由于患者在用药时考虑的两个要素就是疗效优和价格低,而新型医药产品正好满足这两个要求。因此,现代生物技术药物之类的高成低价的药品将越来越受到患者的青睐,销售量将进一步提升,市场份额也将进一步扩大。

3. 市场竞争将更趋激烈

在经济全球化的背景下,国内医药市场将融入国际市场中,这就意味着越来越多的国际医药企业会进入中国市场,即国内医药企业将面临更多、更强劲的竞争对手。如果国内医药企业的营销模式故步自封,必将在这场严峻的市场竞争中淘汰出局。

(三) 公司背景

北京 NW 医药科技有限公司成立于 2011 年 3 月,有员工 50 余人,公司的组织结构如图 7 所示。NW 公司的经营范围包括:销售 Ⅱ 类、Ⅲ 类医疗器械和市场推广服务。公司现阶段的主营业务是为国内一流创新企业专利药物做市场推广服务。公司主要服务于中国医学科学院下属的协和药厂的拳头产品综合服务,该业务自 2011 年连续 3 年每年以 25% 的增速保持高速增长,2016 年销售额超过 5 000 万元。

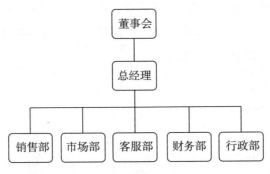

图 7　NW 公司组织结构

现阶段,公司主要的市场推广服务产品是 BSN。该产品由生化药理学家刘耕陶院士领衔创制、PUPF 独家生产,是我国第一个具有国际自主知识产权的一类化学新药。BSN 主要用于治疗慢性转氨酶升高的各类肝病,降酶速度快、安全性高。公司目前的大部分业务在北京地区,公司在北京有 90 家客户医院,主要集中在城六区和通州、大兴、房山等区域,25% 的大客户占到公司销售额的 70% 左右。

在竞争如此激烈的医药行业中,NW 公司意识到了企业营销的重要性,并且迫切寻找有效的营销方式,最后确定了以学术营销为主的发展策略,并且在企业文化建设、营销团队打造及绩效考核激励制度完善等方面实施了保障措施。

六、课堂计划建议

（一）问题清单及提问顺序、资料发放顺序

本案例的参考资料及其索引,在讲授有关知识点之后一次性布置给学员。

（二）课时分配

（1）课前自行阅读材料(大约40分钟)。

（2）小组讨论并分析要点和拟出提纲(大约30分钟)。

（3）小组代表依次发言、进一步讨论(大约30分钟)。

（4）课堂讨论总结(大约30分钟)。

（三）讨论方式

（1）本案例可以采用情景模拟的方式,让学员以不同身份发表建议。

（2）问题以领导小组式进行讨论。

（四）课堂讨论总结

课堂讨论总结的关键是:归纳发言者的主要观点,重申重点及亮点,提醒大家进一步思考焦点问题或有争议观点,建议大家扩展研究和深入分析案例素材。

新浪乐居房产电商营销策略分析[①]

王俊杰　王　元

摘　要：房产电商销售是近些年的新兴业务，是各大房产垂直门户互联网公司、国内大型电商平台，以及各大开发商、二手房经纪公司都在争抢的"蛋糕"。本案例记录了2013年前后新浪乐居房产电商管理团队分析市场难点、优化产品模式，通过全方位的整合营销来构筑自身特色和竞争优势，在深入挖掘现有核心市场后制定企业战略，最终使得乐居保持住房产电商行业翘楚的位置，全国市场占有率达六成，获得赶超多年的竞争对手70%以上的销售业绩。案例有助于学员在实战场景中加强对市场营销和战略管理理论的理解与把握，进而提升灵活运用波特模型、SWOT分析矩阵、客户分类、核心竞争力、基本竞争策略、产品生命周期分析、市场发展战略等营销战略理论分析和解决企业营销实践问题的能力。

关键词：房产电商　营销策略　市场营销　战略管理

引　言

2013年年初，严冬，上海大学秋实楼。新浪乐居年度首次季度工作会议拉开帷幕。虽然季度会议一年会举办四次，但第一季度由于时间上的特殊性，演

[①]　由于企业保密的要求，在本案例中对有关名称、数据等做了必要的掩饰性处理；本案例只供课堂讨论之用，并无意暗示或说明某种管理行为是否有效。

变成最重要的年度开篇曲。

紧张的气氛一直笼罩着秋实楼的会议报告大厅,200多位新浪乐居全国各分公司的总经理聚集在此,因为国家对房地产的各种政策收紧,所以大家都心照不宣,今年将打一场硬仗。果不其然,新浪乐居最大的股东周忻上台便开门见山:"今年的房地产市场走势已经明朗:第一,快卖房、缓建房、少拿地、现金为王;第二,转型商业地产有短期机会;第三,进军三四线城市是把握下轮房地产发展的必备;第四,开发企业介入住房保障,无论是国企还是民企,利大于弊。简单来说就12个字——政策紧!价格降!市场小!融资难!政策是否松动,取决于价格或经济逆转,短期来看,价格松动的可能性为零!价格降?无非就是价格游戏,老盘不降新盘降的老套路,如何利用这条规律?市场小,这'房票'之争,是否要打折走量?如何让折扣打得漂亮?融资渠道封锁,开发商借高利贷,急于资金回笼。在现金为王的当下,如何开启我们今年的市场?"周老板看了看台下表情凝重的总经理们,忽然提高了语调:"房产代理会盈亏挣扎,房产中介也会生死挣扎,但房地产互联网企业将迎来春天!今年我们确实是要打场硬仗,但绝对会是场漂亮的胜仗!"

……

自2011年8月8日新浪乐居房产电商平台上线以来,在全国10个主要城市,50天累计上线92个房地产热销项目,销售金额突破10亿元,成为国内房产电商第一平台。截至2012年12月,总计房产销售额270亿元,占据国内电商市场最大份额,但同时竞争对手复制模式的速度也如雨后春笋般,且在2013年新房地产政策的市场环境下,乐居能否继续保持这个成绩?是否要创新电商营销模式?如何不被竞争对手反超?一成不变的企业战略发展方向能否与时俱进?

1 业务背景

1.1 企业背景

1.1.1 新浪公司

新浪公司是一家服务于中国及全球华人社群的网络媒体公司。新浪通过门户网站新浪网(sina.com)、移动门户手机新浪网(sina.cn)及新浪微博(weibo.com)组成的数字媒体网络,帮助广大用户通过互联网与移动设备获得专业媒体和用户自生成的多媒体内容(UGC)并与友人进行兴趣分享。

新浪网通过旗下多家地区性网站提供针对当地用户的特色内容,并提供一系列增值服务。手机新浪网为WAP用户提供来自新浪门户的定制信息和娱乐内容。新浪微博是基于开放平台架构的社交网络服务及微博服务,帮助用户随时随地与任何人联系和分享信息。

新浪公司通过上述主营业务及其他业务线向广大用户提供包括移动增值服务(MVAS)、网络视频、音乐流媒体、网络游戏、相册、博客、电子邮件、分类信息、收费服务、电子商务和企业服务在内的一系列服务。公司收入大部分来自网络品牌广告、移动增值服务和收费服务。

1.1.2 新浪乐居

新浪乐居作为中国大型房地产、家居及相关行业的网络媒体和信息服务平台,依托华人社区最大的门户网站之一——新浪网强大的品牌优势,整合原有的新浪房产与新浪家居两大频道,由北京怡生乐居信息服务有限公司全面运营。新浪乐居以创新的"生活化房产"为理念,纳海量的流量及数据于一身,融互联网运营与房地产为一体,创立更优的信息服务平台和更专业的房地产垂直网络媒体。

新浪乐居房产电子商务诞生于2011年,将买房、卖房、租赁三种业务电商化。新浪乐居是房产电商的创始者,依托股东房产营销集团多年的线下销售经验,加上互联网经验,2011年全国总房产销售额破30亿元。

愿景:改变人们购房、装修、居住的生活方式。

使命:新浪乐居作为中国房地产、家居行业上下游产业链第一平台,以领先的网络媒体影响力和强大的信息服务产品,为消费者和产业链平台用户提供高效、便捷的全方位服务。

价值观:以宠为尊、团队协作、创新、信任、公平、正直、改变、延伸目标、利润贡献、开放式沟通、工作中寻找乐趣。

增长战略:布局全产业链。

目标:成为中国最具实力和受人仰慕的房地产、家居及相关行业的网络传媒。

资源配置:业绩靠前,营销推广费用多;累计15年品牌沉淀,对市场具有穿透力;新闻见长。

竞争优势:技术创新度高。

协同力:延伸至各个业务板块的良好合作机构。

1.1.3　易居购房网

易居购房网(新浪房产电商频道前身)EJU.com,自 2011 年 8 月 8 日正式上线开创房产电商元年起,经过半年的运营实践,通过对网友反馈数据的整理和客户营销需求的分析,在 2012 年 2 月 8 日进行全面改版升级,并正式更名为"易居购房网"。易居购房网作为房地产交易可信赖的开放性专业平台,首创房地产线上到线下电子商务模式,是纳海量流量与精准数据及融金专业运营与整合服务为一体的房产网络交易平台,拥有"月月拍""团团赚"和"E 金券"等强势产品,拥有竞拍、团购、品牌和易居加盟四大版块,在为房地产行业提供线上线下互动交易、房产营销解决方案等服务的同时,全面满足中国互联网用户的购房需求。

愿景:做中国房地产最好的服务生。

使命:为中国房地产交易创造更大的平台、更透明的流程。

价值:以宠为尊、团队协作、创新、信任、公平、正直、改变、延伸目标、利润贡献、开放式沟通、工作中寻找乐趣。

增长战略:增加房产交易类型。

目标:成为国内第一房产交易在线平台。

资源配置:股东重点培育项目,参与房产电商的客户可以获得新浪乐居广告的打包价格、集团新闻支持。

竞争优势:房地产交易经验,对房产形势的良好嗅觉。

协同力:延伸至各个业务板块的良好合作机构。

1.2　房产电商业务形成的宏观因素

房产电商业务衍生而来的主要宏观因素可简称为 PESTED:

P(political):政府方面,房产交易形式维持在僵持不变与小幅上涨之间。主要由于房产政策调控,限购令限制房地产交易;土地放量减少,开发商拿地减少,房产库存减少;房产业税收推动 GDP 增长。

E(economic):经济方面,房产交易量会阶段性井喷。因为一线市场需求明显,四线市场出现泡沫倾向;银行贷款收紧,个人房贷首套房利率享受 7.5 折优惠。

S(sociocultural):"无房不嫁""金窝银窝不如自己的狗窝",仍旧是中国人传统思想中根深蒂固的理念。

T(technological):房产电商减少纸质售楼书的使用,使得营销推广更具环保性,并且节省大量的开发商营销费用。

E(environmental):大环境就是全球经济平缓,增长缓慢。

D(demographic):从人口分布上看,一二线城市人口集中,房产刚需明显;折扣是刚需购房者出手的主要诱因。

2 市场难点与挑战

2.1 市场难点显现

近几年,房地产互联网的O2O发展趋势具有三大特点:社会化、本地化、移动化。社会化指从"购买后分享"到"分享后购买",本地化指从"线上服务"到"落地服务",移动化指从"坐商"到"行商"。整体布局指房产垂直网站以销售效果为主,增加效果链接抢占入口,引流后提供落地服务。

房产垂直互联网行业技术同质化较严重,技术发展缓慢,服务品牌则上升较快,选择新的服务模式是主要发展方向。

……

年初季度会议结束后,新浪乐居营销总经理陈克逸带领乐居电商部策划总监刘旭及其团队快马加鞭地赶制出应对"现金为王,如何达成?"的营销方案——"无优惠,不买房!",第二天刘旭便向新浪乐居CEO贺寅宇及领导班子做了提报。

刘旭:"该方案从目前困扰房产电商行业的三大难点入手,并给出乐居电商的解决方案,在新创的三大线上活动(团购馆、尾盘馆和联动馆)中,继续使用E金券完成折扣买房交易。针对当下市场问题,我们找寻突破口,希望可以在市场上一鸣惊人。

"当下行业共性的三大难点为:第一,大额支付困难,线上支付是个心理门槛,一般支付工具和平台均有限额,而线下支付面临买房人违约的风险。我们可以做到新浪乐居的品牌保证,上万台服务器后台支持,并与汇付天下强强合作,可实现线上支付一路畅通。第二,产品非标性,对于信息的精准性和全面性,各平台都做得不够直观,我们可以突破技术瓶颈,研发VR平台、3D立体全景视觉展现,增强体验互动感,更有针对性地介绍房源,细化到每套房。第三,O2O线上线下的紧密结合,房地产是不动产,交易中心必须人为操作,纯线上肯定不能完成整个交易,线下必然存在。所以在目前的状况下,结合尤为重要。我们可以运用乐居400客服系统从沟通管理上升到营销管理、销售管理,直到最后的售后管理。

"以上这三大难点,没有任何一家平台可以做到,而乐居电商拥有新浪以及乐居的多元化技术和资源支持,如果我们完善了这三点,就会再次成为市场中的标杆企业。"

该方案对市场难点的分析一针见血,得到领导班子的认可,领导班子决定在一周内出执行方案,尽快推向客户。

2.2 客户类型分析助模式改革

此时,CEO贺总更头疼的问题是E金券产品的收费模式改革。

因为房产交易的特殊性,需要保证交易过程的合法性,所以制约因素较多、中间环节较多,导致利润薄。房产电商行业刚刚起步,主要面向开发商及中介,散户市场尚待挖掘;而且竞争对手进步迅速,已经在蚕食主要市场。

陈总深知贺总之忧,这个问题也是这些日子以来他精力所在。经过他与营销团队的分析,一份目前客户类型分析表及面对不同用户群将面临的相关挑战的报告诞生了。陈总拿着报告走进了贺总的办公室。

"乐居房产电商的客户主要分为三大类。第一类是开发商中的新房销售。第二类是房产经纪公司的新房及二手房销售,这两大类使用的易居购房网超级E金券的收费模式均为每套房产提成2%—5%,扣除银联担保费用(10%)及房地产销售中介费用(占15%)。此模式最大的竞争对手是'搜房白金卡',因为乐居电商是市场上唯一的合法化交易,所以中介费过高是其面对的最大挑战。第三类是二手房交易的散户,易居网盟小区网盟产品,个人散户账户(提供二手房房源者)免费,每套房产从交易额中提成10%。如有房产代理通过小区网盟带客户交易成功,则获得提成的25%,担保费用占成本的0.2%。此模式最大的竞争对手是58同城、赶集网及其他区域房产网络。对此,乐居电商所面临的挑战是知名度不及58同城、赶集网等。"

"我们应该根据不同类型的特点,完善一版新的收费模式,更广泛地适合各种个性化客户。"贺总看完报告后,语重心长地说。经过陈总团队的多方研究探讨，最终探索出一套犹如数学公式般的模式，既可以整体规范统一，又能够满足个性化客户的特殊要求（见图1）。从单一优惠券变为复合收费模式：$A+BX$。$A=$新浪乐居广告业务收费×捆绑后折扣；$BX=$售房提成＝每套收入×2%×套数。

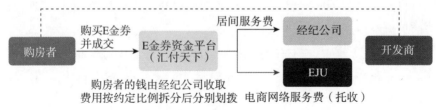

图1　新的收费模式

3　竞争力分析

3.1　主要竞争对手

1999—2014年，道杰士所拥有的搜房网（域名"sofang.com"）与上市公司搜房控股所拥有的搜房网（域名"sofun.com"）长期并存。2014年，道杰士在与搜房控股的商标官司中胜诉，获得"搜房"商标。同年，搜房控股旗下的搜房网更名为"房天下"，并更换域名为"fang.com"。

房天下是全球领先的房地产家居网络平台，一直引领新房、二手房、租房、家居、房地产研究等领域的互联网创新，在台式电脑及移动领域均处于领先的地位。

2010年9月，房天下（股票代码SFUN）在美国纽约证券交易所成功上市。2014年，房天下荣登《财富》杂志2014年美股"100家增长快公司"排行榜第22位，成为5家上榜的中国在美上市公司之一。

房天下在移动技术、产品、推广方面全面布局，锁定了移动领域的领先地位。拥有7000万用户的房天下APP是中国领先的房地产移动应用平台。TALKINGDATA数据显示，截至2015年8月，房天下APP在房产移动类应用的覆盖率和活跃率均稳居首位，遥遥领先于同行业其他竞争产品。

3.2　市场竞争形势

分析了难点，修改了E金券模式，为了万无一失，还需了解竞争市场及自身竞争力，方可百战不殆。贺总约来陈总、刘旭、大客户部总经理唐亮、市场品牌副总刘然以及战略部、数据部、法务部的负责人来了场"夜总会"，从各个层面进行了分析。

除了搜狐焦点、安居客、住房在线等房产垂直网络的电商做得如火如荼,乐居的最大竞争对手搜房网,针对电商领域也将拔地而起。与此同时,一些成熟的综合电商平台(如京东商城和淘宝)也向房地产领域迈进。新房开发商、二手房中介、二手房交易散户、租赁散户及中介也都面临巨大的压力。房源供应充足奠定了房产电商的基础,房产电商在当时的政策下还是具有很大的成长空间的,为了保证交易合法性,必然要接受政策及银联的诸多限制。毕竟还是新兴行业,购房者对房产电商还未形成足够的忠诚度。本质上,对于购房者来说,最重要的还是价格。所以,价格必须保证足够的吸引力。

3.3 竞争对手优势

在新房方面,搜房网运作时间长,用户基数大,拥有垂直网络15年品牌经验,与开发商关系甚好,常以电商名义推出团购房产等概念,不断升级服务类型。二手房销售主要靠线下中介代理,要吸引用户来网站发布房源,再将端口售卖给中介,实行全网流通,目前被国内主要的中介(链家地产、我爱我家等)控制。租赁市场散户与中介参与各占50%,由于租赁市场利润较低,后续服务纠纷较多,越来越倾向于担保式租赁。豪宅等销售及租赁是较为特殊的市场,不受房产政策的影响,价格稳定上涨,但用户尚未习惯于采用网络方式交易豪宅。

3.4 自身核心竞争力

从整体架构上看,新浪乐居与行业监管机构始终形成连号关系,具有较好的政府关系,而且易居控股集团具有10年房产营销代理经验,对房产销售非常专业。新浪乐居各事业部之间独立运作,向总经理汇报,管理扁平化,利于目标保持一致。当然,最让乐居在市场中站住脚的原因便是合法性。乐居房产交易全程合法化,现金交易受到银联监管,并且新浪品牌的信誉度在市场较高,承诺交易不成功返还预订金。从创新角度上看,新浪乐居与思科合作,研发了先进的VR技术,独家360全景看房,保证在线交易;同时,独创易居网盟,联动房产来源,并且让二手房经纪人参与新房销售。

最终,市场品牌总经理刘然给出了总结:"我们的优势与定位在于:①具有

10 年房产营销代理经验的控股集团;②具有新浪核心技术优势;③具有新浪 15 年知名品牌;④合法化经营,包括线上实景看房、线上支付定金有担保、交易过程受到机构监督、具有经纪人资源、销售力旺盛、可选择线下签约的灵活交易方式。用一句话概括就是,合法的有房产销售经验的新浪房产电商。"

4 营销战略

4.1 产品生命周期分析

"一线市场新房已经开始销售乏力,二手房 2012 年已反超新房。"战略部余志强一边描述着市场情况,一边向贺总展示了目前电商产品的生命周期分析图。经过与战略部一个上午的讨论,贺总决定,二手房及租赁的电商业务将在一年内尽早在相关城市做好准备。

4.2 发展战略

经过诸多方面的研究、分析和商讨,乐居 CEO 贺总向全体员工发出邮件,宣告本年度的电商发展战略:保持股价稳定,在房产政策僵持的情况下,保证广告收入增长,并且要增加收入种类,形成复合式增长,保持年营业收入增长 30%(见图 2)。

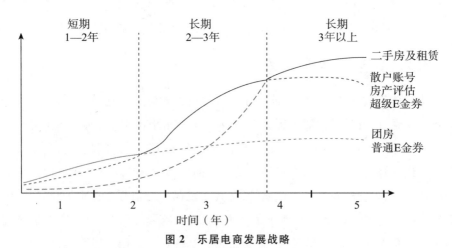

图 2 乐居电商发展战略

此外,乐居还明确了三大方面的战略目标:

大品牌战略:通过行业 B2B 端进行渗透推广,捆绑新浪乐居品牌活动向 C

端推广,成为强势电商品牌。

客户品牌战略:为二手房及租赁市场设计新服务。

竞争战略:从超级 E 金券延伸至房产交易全领域服务。

现有的资源、电商、活动、工具要相互配合,高效完成战略目标。①线上资源平台,有新浪乐居、新浪微博、与百度战略合作的百度乐居、与腾讯战略合作的微信售楼处;②EJU 电商平台,包括购房网和易居网盟,保证顺畅完成电商交易;③线下活动推进,通过看房团和品鉴团三大主题活动进行;④基础工具由乐居自主数据库和市场监测系统支持。

5　尾声

电商事业部总经理唐亮召集整个电商事业部一起学习、探讨营销战略并开始执行,将"保持年营业收入额增长 30%"的总目标进行了分解,针对超级 E 金券及其延伸业务和二手房及租赁市场两大块业务分别制定了新服务开发、新市场进入、拓展 C 端用户、捆绑售卖品牌活动的策略。超级 E 金券由网盟联动、房产评估和买房抵扣组成,二手房及租赁包括散户租赁、酒店式租赁、二手房交易。对每一个在售项目都争取配套电商服务,根据项目特点定制电商服务方案,增加特色服务,寻找不同定位人群,与抢冬计划形式推出活动,广告位打包捆绑售卖,做好增值服务。

2013 年第一季度的整体销售额较上年同期增长 150%,全国市场占有率从上年年底的四成增至五成,在房产市场较冷的第一季度做出以上成绩,着实让整个电商事业部、乐居乃至集团都感到十分震撼。

当然,成长的脚步过快,也会暴露出更多的问题。

首先,作为上市公司,如何做才能让股东满意,才能达到财务目标?为了达到财务目标,我们又能给客户提供怎样的服务?为了使股东和客户都满意,我们应该采取怎样的内部流程?为了达到目标,我们的组织应该如何学习和创新?

其次,随着国家政策的不断出台,是否要第一时间做出产品调整,我们的对策有哪些?如何继续使乐居电商合法化经营的金字招牌屹立不倒?

最后,乐居电商要长远发展,不光要设定业绩目标,还应明确企业未来在行业中的地位是什么?企业愿景是什么?通过什么途径寻找?

在发展节奏迅猛的互联网公司,贺总一刻都不敢停止思考,这些问题的答案在等待被找出……

案例使用说明

一、教学对象与目的

本案例主要适用于 MBA、EMBA 以及专业类硕士研究生的"市场营销""战略管理""品牌管理"等课程的教学和管理培训。

本案例的教学目的是帮助学员掌握在不确定环境条件下进行战略决策的技能,学会根据企业内部的资源状况以及外部的市场机会与风险,制定市场发展战略,并根据该战略(市场渗透或市场拓展)具体设计营销策划方案。

二、启发思考题

(1)乐居房产电商目前的市场定位、产品定位和品牌定位分别是什么?对此,你有何不同看法?乐居房产电商与竞争对手相比的优势和劣势何在?面临哪些机遇与挑战?

(2)从总体发展战略上看,"二手房与租赁"电商业务应当采取什么样的市场战略?是应该采取激进的方式,在全国范围全面打开新产品市场,还是采取保守的方式,继续选择几个典型城市做推广呢?

(3)根据自身竞争力评估,是否应提出企业愿景?

(4)如果你是上市公司 CEO,如何做才能让股东满意,达到财务目标?为了达到财务目标,我们又能给客户提供怎样的服务?为了使股东和客户都满意,我们应该采取怎样的内部流程?为了达到目标,我们的组织应该如何学习和创新?

三、分析思路

教师可以根据自己的教学目标(目的)灵活使用本案例。这里提出本案例的分析思路,仅供参考。

(一)SWOT 分析矩阵

在市场营销领域,定位概念是 Ries and Trout(1972)提出来的。他们认为,产品定位就是为了适应顾客心目中的某一特定地位而设计企业的产品和市场营销组合的行为。产品定位的目的是确定产品在市场中有别于竞争者的位置。品牌定位是在顾客的头脑中为产品或者品牌找寻一个独特的位置,就是针对顾客的感知和认知做工作,运用定位传播的方法影响顾客对产品或品牌的感知和认知,使顾客感知或认知到品牌的独特意义。市场定位是指追求与众不同并需要做出取舍以形成一致性的经营方向,即企业选择一个与众不同的商业模式,向顾客提供独特的价值。市场定位离不开产品/品牌定位,产品/品牌定位越明确,市场定位才能越准确。(可以让学员对乐居电商的市场定位、产品定位和品牌定位进行讨论,表达自己的观点,阐明认同以及不认同的依据何在。)

下面利用SWOT分析矩阵(见图3),对新浪房产电商事业部内部进行综合分析(见表1)。

	优势(strength)	劣势(weakness)
机会(opportunities)	SO战略	WO战略
威胁(threats)	ST战略	WT战略

图3 SWOT分析矩阵

表1 新浪房产电商事业部的SWOT分析

内部 \ 外部	机会	威胁
	国内客户对品牌的满意度较高;对房产的透明交易需求较强;希望能获得折扣优惠	国内政策不稳定;房产限价限购
优势	**优势机会策略**	**优势威胁策略**
有专业房产销售背景;与政府关系良好;新浪乐居独家360全景看房技术;与思科合作,独家视频看房技术	支付全程有担保;承诺交易不成功返还预订金	与机构合作,推出政策房在线透明交易
劣势	**劣势机会策略**	**劣势威胁策略**
管理层过多;用户数据管理落后	优化结构,以新房、二手房、租赁为电商分组;强化数据库部门	与房产交易及租赁机构合作

(二)波特五力模型

利用波特五力模型进行分析,帮助学员理解市场渗透和市场拓展的理论原理,引导学员思考乐居房产电商的市场战略选择。乐居房产电商究竟采取怎样的市场战略,关键是对不同的市场战略投入、收益和风险进行估计与评价。因此,我们可以利用波特五力模型,对乐居房产电商选择的市场战略进行总结——来自同业竞争及供应商的压力最大,保证房源充足并且具备价格吸引力、抵御传统电商侵蚀市场格外重要。

房产电商业务竞争能力分析的波特五力模型如图4所示。

```
                    ┌─────────────────────────┐
                    │      潜在进入者          │
                    ├─────────────────────────┤
                    │ 京东商城、淘宝等成熟综合电商；│
                    │ 安居客、住房在线等房产垂直网络；│
                    │ 搜房网、搜狐焦点等跟随者    │
                    └─────────────────────────┘

┌──────────────┐  ┌─────────────────────┐  ┌──────────────┐
│   供应商     │  │      行业本质        │  │    买家      │
├──────────────┤  ├─────────────────────┤  ├──────────────┤
│房产来源及渠道；│  │房产电商在目前的政策下│  │注重价格的购房者│
│新房开发商、二手│  │成长空间大；保证交易合│  │              │
│房中介、二手房 │  │法性，受政策与银联限制│  │              │
│交易散户、租赁 │  │较多；客户对房产电商忠│  │              │
│散户及中介    │  │诚度较低；价格需保证吸│  │              │
│              │  │引力                 │  │              │
└──────────────┘  └─────────────────────┘  └──────────────┘

                    ┌─────────────────────────┐
                    │        替代品           │
                    ├─────────────────────────┤
                    │中介及开发商自主开发的房产电商│
                    └─────────────────────────┘
```

图4　房产电商业务竞争能力分析的波特五力模型

（三）基本竞争战略

基本竞争战略是美国哈佛商学院著名的战略管理学家迈克尔·波特提出的,分别为成本领先战略、差异化战略、集中化战略(见图5)。企业必须从这三种战略中选择一种作为主导战略。学员根据乐居房产电商的特征进行综合分析,掌握基本竞争战略管理研究方法。

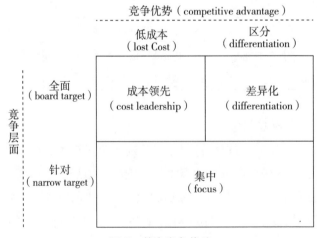

图5　基本竞争战略

房产交易有其特殊性,因国家限价致成本策略无法保证;房产电商立足于中国城市,每个城市的需求都是复合的,无法瞄准特定需求,因市场太小致集中策略不可行;区分策略是可以进行的,提供区别于竞争对手的特殊房产交易服务,并具备房产交易的资质及合法性。

(四)竞争力评估

帮助学员理解竞争力评估,以及其在逆境中生存和发展,能将市场、客户的价值与制造商、供应商融为一体的特殊能力。据此,新浪乐居与竞争对手的差异如图6所示。

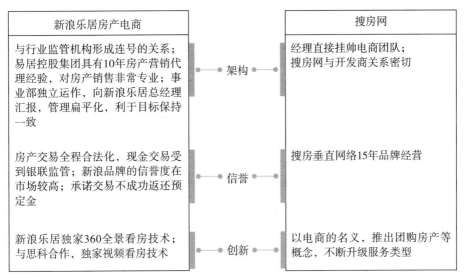

图6 新浪乐居与竞争对手的差异

二手房销售主要依靠线下中介代理,需要吸引用户来网站发布房源,再将端口售卖给中介,进行全网流通,目前被国内主要的中介(链家地产、我爱我家等)控制。租赁市场散户与中介参与各占50%,由于租赁市场利润较低、后续服务纠纷较多,越来越倾向于担保式租赁。豪宅等销售及租赁是较为特殊的市场,不受房产政策的影响,价格稳定上涨,但用户尚未习惯于采用网络的方式交易豪宅。新浪乐居的核心竞争力变化如图7所示。

(五)市场发展战略

市场发展战略又称市场开发战略,是由现有产品和新市场组合而产生的战略,即企业用现有的产品开辟新的市场领域的战略。根据案例内容进行实际分析,深入了解它是发展现有产品的新顾客群,从而扩大产品销售量的战略。通

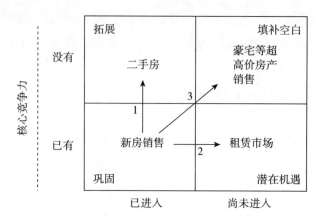

图 7　新浪乐居的核心竞争力

过这一战略,可以使企业得到新的、可靠的、经济的和高质量的销售渠道,对企业的生存发展具有重要的意义(见图8)。

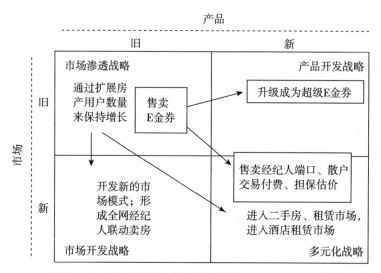

图 8　市场发展战略

市场开发战略:开发散户有一定难度,未来5年要以增加电商合作城市、扩充交易房产来源为主。

产品开发战略:增加安全支付银联USB卡等,保证大额交易,逐渐取代第三方担保成本。

多元化战略:新房增长出现瓶颈之后,需要转向租赁、二手房市场。

（六）综合积分卡监控模型

公司借助综合积分卡监控模型对企业战略进行管理（见图9），可用来解答启发思考题的第（4）道。

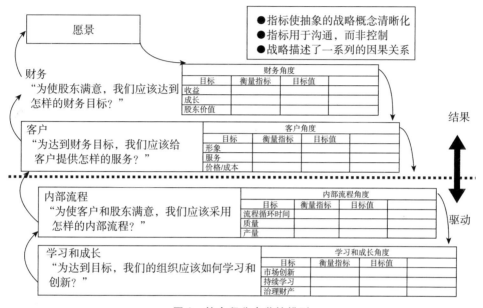

图9　综合积分卡监控模型

四、理论依据与分析

（一）SWOT矩阵

SWOT分析法（也称TOWS分析法、道斯矩阵）又称态势分析法，20世纪80年代初由美国旧金山大学的管理学教授韦里克提出，是一种能较客观而准确地分析和研究企业现实情况的方法，经常被用于企业战略制定、竞争对手分析等场合，局限在于它是一种静态的战略分析方法。

SWOT矩阵能帮助企业经理识别和制定四种战略：开拓型战略（优势—机会战略）、扭转型战略（劣势—机会战略）、防御型战略（优势—威胁战略）和多元化战略（弱势—威胁战略）。SWOT分析最难之处就在于将外部环境和内部条件结合起来，这不仅需要扎实的理论功底和丰富的实践经验，还需要战略的直觉判断且不遵循固定模式。

（二）五力模型

五力分析模型是迈克尔·波特（Michael Porter）于20世纪80年代初提出

的,对企业战略制定产生了全球性的深远影响。它用于竞争战略分析,可以有效分析客户的竞争环境。五种力量的不同组合变化,最终影响行业利润潜力变化。五力模型是用来分析企业所在行业竞争特征的一种有效工具;但是,五力模型更多的是一种理论思考工具,而非可以实际操作的战略工具。

(三) 基本竞争战略

成本领先战略、差异化战略、集中化战略,这三种战略架构差异很大,成功地实施它们需要不同的资源和技能。由于企业文化混乱、组织安排缺失、激励机制冲突,夹在中间的企业还可能因此而遭受更大的损失。

成本领先战略(overall cost leadership)也称低成本战略,是指企业通过有效途径降低成本,使全部成本低于竞争对手的成本,甚至成为同行业中最低的成本,从而获取竞争优势的一种战略。

差异化战略(differentiation),是指为使企业产品与竞争对手产品有明显的区别,形成与众不同的特点而采取的一种战略。这种战略的核心是取得某种对顾客有价值的独特性。

集中化战略(focus)也称聚焦战略,是指企业或事业部的经营活动集中于某一特定的购买者群体、产品线的某一部分或某一地域市场的一种战略。这种战略的核心是瞄准某个特定的用户群体、某种细分的产品线或某个细分市场。

(四) 产品生命周期

产品生命周期(product life cycle,PLC),是指产品的市场寿命,即一种新产品从开始进入市场到被市场淘汰的整个过程。弗农认为,产品生命是指市场上的营销生命,产品和人的生命一样,要经历引入、成长、成熟、衰退这样的周期。

1. 引入期

指产品从设计到投入市场进入测试阶段。新产品投入市场,便进入了引入期。此时产品品种少,顾客对产品还不了解,除少数追求新奇的顾客外,几乎无人实际购买该产品。生产者为了扩大销路,不得不投入大量的促销费用,对产品进行宣传推广。该阶段由于生产技术方面的限制,产品生产批量小,制造成本高,广告费用大,产品销售价格偏高,销量极为有限,企业通常不能获利,反而可能亏损。

2. 成长期

当产品销售取得成功之后,便进入了成长期。成长期是指产品通过试销效果良好,购买者逐渐接受该产品,产品在市场上站住脚并且打开了销路。这是需求增长阶段,需求量和销售额迅速上升。生产成本大幅下降,利润迅速增长。与此同时,竞争者看到有利可图,纷纷进入市场参与竞争,使同类产品供给量增加,价格随之下降,企业利润增长速度逐步减慢,最后达到生命周期利润的最高点。

3. 成熟期

成熟期是指产品走入大批量生产并稳定地进入市场销售,经过成长期之后,随着购买产品的人数增多,市场需求趋于饱和。此时,产品得到普及并日趋标准化,成本低而产量大。销售增长速度缓慢直至转而下降,由于竞争加剧,导致同类产品生产企业不得不加大在产品质量、花色、规格、包装、服务等方面加大投入,在一定程度上增加了成本。

4. 衰退期

衰退期是指产品进入了淘汰阶段。随着科技的发展以及消费者消费习惯的改变等,产品的销售量和利润持续下降,产品在市场上已经老化,不能适应市场需求,市场上已经有其他性能更好、价格更低的新产品,足以满足消费者的需求。此时成本较高的企业就会因无利可图而陆续停止生产,该类产品的生命周期也就陆续结束,以至于最后完全撤出市场。

六、关键点

(一) 市场营销战略

市场营销战略是指企业在现代市场营销观念下,为实现经营目标,对一定时期内市场营销发展的总体设想和规划。

为实现营销战略目标的营销规划在实施中必须注意的问题有:

(1) 识别环境的发展趋势。环境发展趋势可能给企业带来新的机会,也可能带来新的难题,如新法律、新政策的实施,对企业营销可能产生有利或不利的影响,掌握环境的发展趋势是企业制订战略计划的重要前提。

(2) 识别各种机会。有效地利用潜在的机会,对发展新产品、改进现有产品、发现产品的新问题、吸引竞争对手的顾客、开发新的细分市场都极为有利。

(3) 用开阔的经营观点看待企业生存的条件。树立市场需求观念,把眼光放在广阔的市场上以适应市场变化。

(4) 充分利用现有资源。运用同样数量、同样类型的资源去完成新的战略目标。

(5) 避免与声誉较高的名牌商品展开正面竞争。名牌商品都处于高度的商品保护地位,如果新商品只是一味模仿而无什么改进,就很难取得成功。

(6) 加强企业商品在市场上的地位,增加商品的竞争力。

(7) 品牌引申。将成功商品的厂牌用于新的优质商品,使顾客对新商品有良好的印象。

(8) 明确规定企业发展方向。企业不但要有具体目标,制定达到目标的措施规划,而且应确定具体的时间进度。

(二) 核心竞争力

通常来说,企业核心竞争力是指对企业的竞争优势形成最有力的核心要素。

企业核心竞争力一般表现为规模优势、技术优势、经营模式优势、市场占有优势或品牌优势。制造业企业最常见的核心竞争力是品牌优势和规模优势,互联网企业最常见的是经营模式优势。经营模式也被称作商业模式、盈利模式等。

对于企业来说,不同发展阶段的核心竞争力也不同。在开始发展阶段,核心优势可能只是商业模式或者技术优势;到了一定的发展阶段,会转为规模优势、品牌优势、价格优势或者产业链优势。

本案例中,乐居房产电商通过核心竞争力分析,精炼出公司愿景,并采取一系列卓有成效的营销推广策略,获得了市场成功(见图10)。

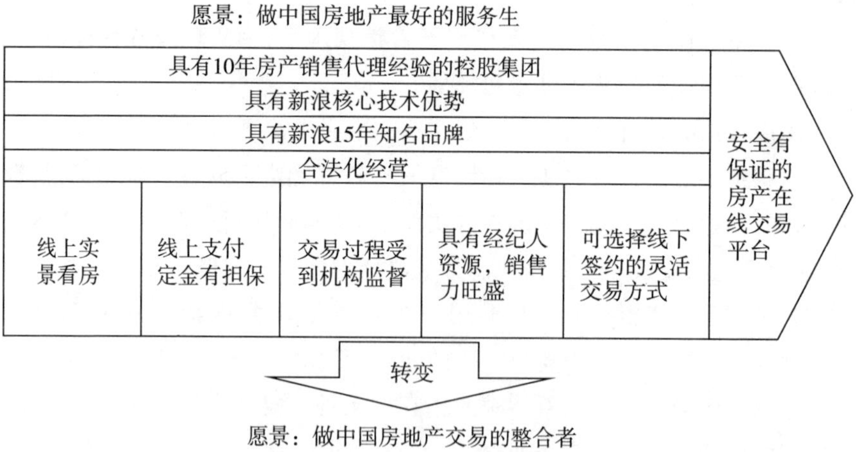

愿景:做中国房地产最好的服务生

具有10年房产销售代理经验的控股集团					安全有保证的房产在线交易平台
具有新浪核心技术优势					
具有新浪15年知名品牌					
合法化经营					
线上实景看房	线上支付定金有担保	交易过程受到机构监督	具有经纪人资源,销售力旺盛	可选择线下签约的灵活交易方式	

转变

愿景:做中国房地产交易的整合者

图10 乐居房产电商的愿景转变

七、课堂计划建议

本案例可供案例讨论课使用。这里按照时间进度提供课堂计划建议如下:

案例讨论课的课堂时间控制在80—90分钟。

课前计划:提出启发思考题,请学员在课前完成阅读和初步思考。

课中计划:简要的前言,明确主题(5分钟)。

分组讨论(30分钟),告知发言要求。

小组发言(每组5分钟,控制在30分钟)。

引导全班进一步讨论,并进行归纳总结(15—20分钟)。

课后计划:如有必要,请学员采用报告形式给出更加具体的解决方案。

运营管理

构建互联网初创公司的管理模式[①]

赵铁柏　王　哲

摘　要：本案例根据真实的经历，以第三人的视角层层剖析、揭示互联网初创公司在初创阶段转变管理模式、重构业务流程的过程。经过一年多的发展，W公司在网络票务领域仍面临市场份额低和同行业竞争压力的困境，团队内部的摩擦与问题不断。主人公张浩破局融入90后的团队，重塑团队，保持了团队的凝聚力。案例采用挖掘问题、分析问题、解决问题的脉络，讲述了"看板"以及敏捷开发是如何重构W公司管理模式的。

关键词：看板　90后　流程管理　敏捷开发

引　言

互联网自诞生开始，无时无刻不在影响与改变着人们的生活，连接着你我他和世界。互联网行业下的初创公司，在广袤的祖国大地如雨后春笋般遍布。每个创业成功的互联网企业，都牵动着我们的心。W公司是一家互联网初创型小公司，经营业务为网络票务，即为活动主办方提供整套票务流程的产品和服务。经过一多年的发展，从几个人的创业团队发展到三十余人，拥有了一定的影响力。同时，互联网时代用户需求的层出不穷，管理、团队的矛盾，限制了企

[①] 由于企业保密的要求，在本案例中对有关名称、数据等做了必要的掩饰性处理，本案例只供课堂讨论之用，并无意暗示或说明某种管理行为是否有效。

业的发展步伐。具有多年研发体系工作经验和沟通技巧的张浩空降到了 W 公司,看他是如何解决这一矛盾的。

1 入题

良好的开端是成功的一半。张浩在入职的第一周,一直思索着如何让"切入点"恰到好处。在互联网业内,对搞技术、做开发的码农来说,加班犹如家常便饭,但是连续长时间的加班会极大地影响工作成效。下面会议的部分谈话,为张浩提供了一个良好的切入点,同时为下一阶段工作的开展,提供了有效的基础。

参会人员:老板、运营经理、研发经理和张浩(产品经理)。

老板:"张浩加入也有一周的时间了,大家彼此之间也有了初步的沟通交流。现在明确一下作为产品经理的职责。"

运营经理:"我们一直期待有张浩这样的专业管理人员的加入,改变过去混乱的开发模式。就拿产品版本来说,多少次因为版本的问题,我们遭到客户的投诉。"

研发经理:"用户需求变来变去,我们一边要开发新功能,一边又要改 bug(软件程序的错误——笔者注)。产品那边没有明确的计划安排,同时 PRD(产品设计说明书——笔者注)跟不上,都是靠自己理解。"

运营经理:"有个 bug,改了出,出了改,我被客户骂了多少次。再明确的计划也扛不住这样来回复现的 bug。"

老板:"好了,好了。我们说的是张浩作为产品经理的工作范围,不是让你们来抱怨的。张浩,通过一周的时间,你多少了解了现在公司的问题。作为产品经理,你有什么打算?"

张浩:"我愿意听从您的安排,负责内部管理和团队建设,把产品、运营和研发紧密连在一起。"

大家纷纷表示赞同。

老板问研发经理:"HaSev1.0,还要多长时间能正式上线?"

研发经理:"老板,我们已经很努力了,连续加班一个多月没放过假了。"

老板:"让大伙再加把劲,辛苦一下,务必保证一个月内正式上线。"

研发经理面露难色,刚要说话,就听到运营经理说:"我这边好几个客户一直在催新产品上线,尤其提出要在电影节推出在线选座的功能。"

研发经理:"可是 PRD 存在太多问题。虽然有着十几个开发人员,但是大半以上都是来了才半年的新人,了解业务和产品的程度都不行啊。产品这块都没有给新人进行过培训。"

运营经理:"整个产品只有我和一个刚来的小丫头。我一边要出 PRD,一边要跑客户,一边又要指导她。你当我会分身啊!"

会议就在这样你一句我一句的抱怨中结束了。通过对这次会议的观察,张浩发现运营经理很少说话,大多数时候都在"看"。作为一个同老板一起创业的老员工,他必定对团队存在的问题有着深刻的看法。张浩决定:以运营经理为切入点,以深入了解核心问题为暗线,以平衡产品与研发二者之间的矛盾为明线,以解决研发部门超额加班问题为落脚点,快速打开局面。

2 落子

对于互联网初创公司而言,研发能力是核心竞争力之一,良好的研发团队决定产品质量,快速的产品迭代、精准的功能开发是企业在初期填补空白和抢占市场的法宝。根据多年研发体系的工作经验和沟通技巧,张浩迅速与这支90后的研发团队打成一片。无巧不成书,研发经理和张浩是大学校友,这样倚着校友的身份,一口一个"学长"地叫着,加之一些沟通技巧,张浩很快取得了研发经理的信任与支持。同时,与老板就加班之事的多次深入浅出的沟通,转换节奏为以效率和质量为目标,极大地缓解了研发部门频繁加班的现状和疲惫的精神状态,不但让张浩取得了这支90后研发团队的支持,而且张浩建立的"开发&测试流程"也得到了他们的认可。

同时,经过与运营经理多次深入浅出的交流,张浩得到了一些很重要的信息:

(1)因为受资金的制约,研发部门只能招聘应届或一年工作经验的新手,研发人员个人能力较差。对于初创企业来说,产品的快速迭代、抢占市场是核心目标。因为研发能力不足的问题,已经多次造成客户流失的情况。

(2)产品部传承问题,现任产品经理是从运营部门转到产品部门的,又由于原来的产品经理出于个人原因离职但没有进行有效的工作交接,造成现任产品经理对产品的了解不足,下属信服度较低。

(3) 研发经理是典型的技术型管理者,管理团队的能力不足。

在与产品经理的互动中,张浩发现,虽然他只是一名 90 后的初级产品经理,但是具备激情、认真、耐心的优秀产品经理的基本素质。产品部门存在这样一些问题:

(1) 产品经理自身能力有限,相应的管理、协调经验不足。

(2) 老板事无巨细地插手,极大地影响产品经理的威信。

(3) 缺少统一的研发流程,浪费很多时间在协调工作上。

W 公司存在的核心问题是,因缺少有效的管理模式及持续改进的管理能力和人员,与需求多样性的产品频繁迭代存在矛盾。在纷杂的用户需求中,无法筛选出符合产品演进的有价值的需求和产品,制约着 W 公司的发展。张浩基于"重点突破,层层剖析"的策略,真实地了解到 W 公司产品、运营和研发部门的一手实际问题,得出 W 公司存在的问题及相应的解决方案:

(1) 由上至下的思想统一、行为统一、力量统一。

(2) 重构业务流程,以"看板"为心法、以"Scrum"(敏捷开发的一种模式)为招式,重新定义 W 公司的业务流程和工作流程。

(3) 完善和建立支持子流程,如开发&测试流程、需求&功能流程、问题&bug 的测试流程和版本管理流程等。

3 破局

徐徐图之的进攻策略,一步一步地推进管理体系的重构,让整支团队都感受到良好的变化。张浩明白,改变要从思想开始,统一各环节的思想才能构建 W 公司的管理体系。他通过入职近两个月的时间,对上影响并调整老板的思维,对中与三个部门频繁交流、解决问题,对下与同事们打成一片、取得支持,但仍需要一条导火索,以吹响全面进攻的号角。

W 公司的研发部门分为前端、后台和测试三部分。出于一些历史的原因,前端两位人员在异地办公,并且是公司的老员工,协调存在一定的困难,这也是产品经理最头疼的事情(产品部门负责前端沟通,研发流程是由前端到后台)。同时,测试环节也是两位 90 后的小姑娘,其中一位出于个人原因在张浩入职一个月后离职。繁重的测试任务,以及和开发之间的协作让另一位小姑娘爆发并罢工了。

张浩抓住这条导火索,通过前期的铺垫,让老板和三位经理下定决心,改变过去不规范的研发流程,以团队协作为基础,重构研发模式。

4 重塑

W 公司处于混乱、无序的状态,没有构建符合互联网初创公司的业务流程、研发模式和部门间的工作流程。结合 W 公司的实际情况和互联网行业的特性,张浩推出了"看板与敏捷开发"相结合的研发模式。

4.1 可视化工作(价值)流

产品开发的加工对象——信息是抽象、不可见的,这提高了价值流的管理难度。看板开发方法以可视化工作流程为基础实践,先让价值和价值流动具体可见,然后才是管理和优化。图 1 是看板开发方法中一个典型的可视化案例,被称为看板墙(kanban wall)。

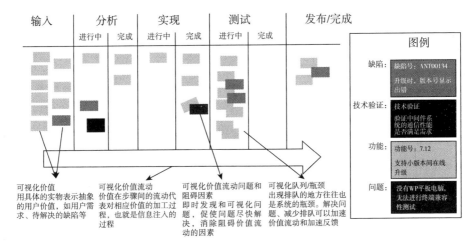

图 1　W 公司业务流程看板墙

图 1 中的每个卡片代表一个价值项,如功能需求、缺陷、技术概念验证等,它们所在的列表示其所处的阶段。这些价值项每经过一个阶段都会产生新信息,价值得以增加。例如,需求经过分析阶段,注入了新信息,价值更高。价值流是价值项从左至右的流动过程,是信息的产出过程,也是价值的增加过程。

价值流动可能会被阻碍。比如,编程因对第三方接口错误而无法进展,测试因没有设备而停滞。图 1 中,黑色卡片是对问题和阻碍因素的可视化,标识阻碍因素并推动其解决,促进价值流动。

最终限制系统端到端流量的是系统瓶颈处的流量,改善端到端的价值流,必须从解决瓶颈问题开始。发现看板墙上的瓶颈并不困难,找到最长的队列就可以了,这就和交通系统的瓶颈处总是出现长长的等待车队是一个道理。图1中的队列出现在测试处,不难看出,测试是价值流动的瓶颈。

价值、价值流,以及问题和瓶颈的可视化,是改善价值的起始,也是其他看板实践的基础。

4.2 显示化流程规则

显式化流程规则,是指明确定义和沟通团队所遵循的流程规则。价值项的"流程规则"是看板开发方法中最典型的流程规则,它定义了一个价值项从一个阶段进入下一阶段必须达到的标准。图2给出了某团队其中一项流转规则的实例,定义了从分析阶段进入开发阶段所必须达到的条件。

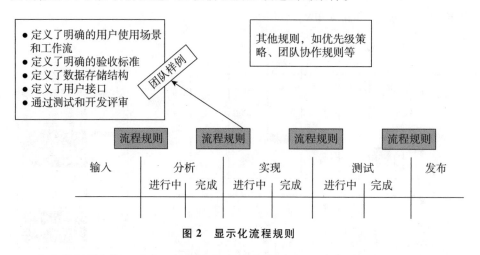

图2 显示化流程规则

"流程规则"的显示化,让质量内建于各个阶段。除各个"流程规则"外,其他重要的流程规则也可以或者需要被显示化,如团队的协作规则、优先级的定义规则等。

流程规则显示化更重要的意义在于,它是"持续改进"的出发点和结果的载体。没有显示化的规则作为依据,讨论改进就没有基础,而变得主观和随意。改进的结果通常也需要落实到显示的流程规则当中,让改进稳步进行,避免低效的反复。显示化规则不是为了限定团队的工作方式,而是为了帮助团队更好地改进。

4.3 限制在制品数目

限制在制品数目是看板开发方法的核心机制。如图 3 所示,列标题右边的数字标识了该阶段允许的在制品的最大数目(进行中和完成的价值项之和)。在制品数目小于这个数字时,才可以从前一阶段拉入新的工作。图 3 中,分析阶段的在制品限制数目是 3,而实际在制品数目是 2,可以拉入新的工作。测试阶段的在制品数达到了上限,就不允许拉入新工作。

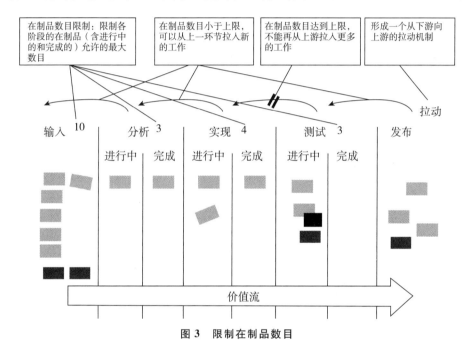

图 3 限制在制品数目

限制在制品数目形成了一个与精益制造类似的拉动机制。若一个环节有空余的能力(在制品数目未达上限)则从上游拉入新的工作,拉动的源头是最下游的交付或客户需求。与产品制造类似,通过拉动系统可以:

(1)加速价值流动。限制在制品数目减少了价值项在阶段间的排队等待,缩短了价值从进入系统到交付的时间,加速了端到端的价值流动。

(2)暴露问题。限制在制品数目,让湖水岩石效应产生作用。它让过去被隐藏的如团队协作不良、需求定义错误、开发环境低效、资源分配不均衡等问题得以显现。

5 协作

经过四次迭代(一次迭代为两个自然周)PDCA 的验证,张浩重构的 W 公司管理模式得到全公司的一致认同与赞扬。每家企业所处的行业不同,产品、服务和企业文化的不同,决定其存在问题的不同。同样,只有因地制宜、持续优化才能构建适合企业自身的管理模式。在某次会议上,产品经理提出,对新的管理模式在原理上仍无法理解透彻,在实际过程中碰到问题时,只能根据既定的规则执行。运营经理和研发经理提出了同样的困惑。

在产品开发的过程中,团队需要动态地处理各种信息,既有来自外部的信息(如用户需求、商业环境等),也有来自内部的信息(如产品目标、开发进度、技术风险等)。即时获取和有效整合这些信息是成功的关键;反之,信息分散和信息在传递中的失真则导致问题沟通甚至产品开发的失败。

5.1 产品开发过程可视化的核心——价值定义和价值流动

管理学之父德鲁克说:"每一次传递都会使信息减少一半,噪声增加一倍。"可视化实践让人对产品开发的整体目标、当前状态和问题一目了然,这样可以及时发现沟通的需要并减少中间环节。可视化是信息整合和沟通的工具,它不应是简单地堆砌信息,而应是目标明确、结构清晰的,应抓住产品开发过程的核心,促进信息的整合和沟通。

如图 4 所示,产品开发是从用户问题开始,经过一系列步骤,到交付解决方案、解决客户问题的价值流动过程,分别对应价值定义、价值流动和价值交付。

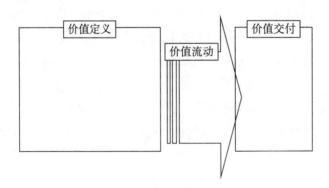

图 4 产品开发价值模型

如果把价值交付看作价值流动的一个环节,那么"发现和定义价值"和"让价值有效流动"就成为产品开发过程的两个核心;相应地,可视化也应该围绕这两个核心展开。因此,产品开发过程可视化的核心是价值定义和价值流动。

5.2 价值可视化

产品目标决定产品的功能项,并通过产品发布计划得以实现。如图 5 所示,产品目标、功能项和发布计划三者相互作用,是价值定义的重要部分。然而,现实中用户的需求与我们设想的不会总是一致,市场环境也会发生变化,我们不可能从一开始就把握所有需求。用户价值定义背后一定蕴含不确定性,从而带来业务上的风险。挑战不确定性和风险是企业获得竞争优势的不二法门。可以说不确定性本身就蕴含巨大的价值,是产品价值定义的一部分。

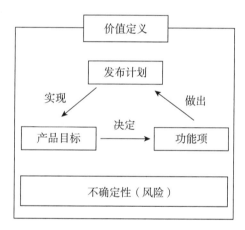

图 5　产品开发的价值流

综上所述,价值定义由产品目标、功能项和发布计划的有机结合,以及其中蕴含的不确定性构成。产品目标、功能项和发布计划之间仍有机结合及其背后的不确定性定义了产品的价值。

5.3 端到端的价值可视化流程

"看板"可视化产品开发及团队的全过程:

(1)价值的流动过程。反映价值项从左到右移动,及其进展和等待的状态。

(2)问题和阻碍因素。因多任务或对特定资源和人的依赖等造成的等待,技术障碍或外部输入不具备等带来的阻碍。

（3）系统的瓶颈。瓶颈约束了团队的价值交付能力。

要识别瓶颈并不困难，只要观察功能项在什么地方总是发生堆积和排队就可以了，这和高速公路或机场通道的瓶颈处总是出现排队与滞留是一样的。要想让道路通畅，就必须解决瓶颈上的问题；同样，要想让产品开发的价值流动更顺畅，首先必须了解瓶颈在哪里。如图6所示，端到端的价值流反映了需求从产品概念到产品交付的价值流动过程。可视化价值流关注价值的流动过程、流动中的阻碍因素和系统的瓶颈。

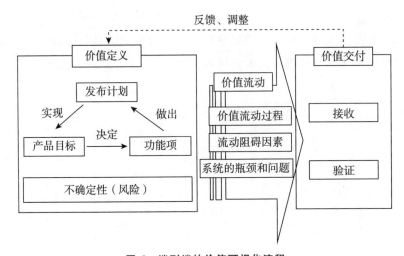

图 6　端到端的价值可视化流程

价值流的最后一个环节是价值交付，这时价值得到实现，或者不确定性得到验证并反馈到价值定义上，进而调整价值定义。通过假设的验证，如果被否定，则需要考虑如何调整。这两点都可能导致价值定义的变更，让产品开发更灵活和有针对性，更好地解决市场和用户的问题，从而创造竞争优势。

6　成就

W公司的管理模式重构，解决了团队固有的问题，提高了团队凝聚力。产品开发快速迭代、产品质量过硬，使得W公司成为同业中的标杆与风向，不仅为其B轮融资提供助力，还与国内互联网公司BAT巨头之一签署了战略合作协议。

案例使用说明

一、教学对象与目的

本案例适用于 MBA 企业管理中的"产品管理""流程管理"课程。

本案例的教学目的:有效提高学员对互联网初创公司的管理认知,学习互联网主流管理看板和敏捷开发,同时补充 MBA 运营管理的实际案例。

二、启发思考题

(1) 本案例中,张浩为什么要先取得研发团队的认可?如果是你会怎么做?

解答:互联网公司一般来说主要分成三大部门:产品部门、运营部门和研发部门。其中,研发部门是初创型互联网公司的核心,也占据了公司大部分的资源。张浩抓住企业的核心力量,迈开正确的脚步,为迅速打开局面创造了良好的开端。

(2) 基于 W 公司,你所了解的互联网公司产品开发是一个什么样的流程?

解答:互联网公司主要由产品部门进行产品设计,研发部门负责实现设计,市场部门把产品运营起来,关键路径如图 7 所示。

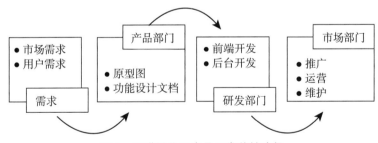

图 7 互联网公司产品开发关键路径

(3) 产品经理提出的老板事无巨细插手的问题,该如何解决?

解答:企业的空降经理人由于没有和企业共同成长,在一定程度上决定了他难以和企业同生共死,不了解企业发展的艰辛。作为一个空降经理人,应该认识到企业能存活到现在就有一定的合理性,不要急着去改变,而应该肯定这个合理性,学习和深刻领悟企业既有文化,做到知己知彼,这样做起事来才能有的放矢、有效果。只有理解企业既有文化的真谛,并融会贯通,才能添加自己的思想,并结合时代、市场形势的发展变化去创新和发展,之后才能带领团队打胜仕。专业的经理人懂得从企业的根本出发治疗企业的根源问题。

（4）结合所在企业，如何应用"看板"可视化其价值流？

解答：此问题为课堂互动和课后作业，针对 MBA 学员过往的工作经验，选择其中某个企业，通过"看板"方法，把企业生产的产品或提供的服务可视化。把学习与实践结合起来，使用个人过去的经历为样本，能够较好地理解并掌握"看板"管理方法。

三、背景信息

（一）看板的定义

看板（kanban）一词来自日文，本义是可视化卡片。如图 8 所示，看板工具的实质是：后一道工序在需要时，通过看板向前一道工序发出信号——请给我需要数量的输入，前一道工序只有得到看板后才按需生产。看板信号由下游向上游传递，拉动上游的生产活动，使产品向下游流动。拉动的源头是最下游的客户价值，也就是客户订单或需求。

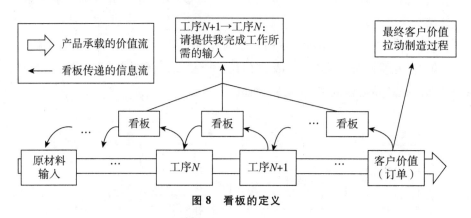

图 8 看板的定义

（二）基于看板的拉动系统实现准时化

准时化又叫即时生产（just in time, JIT），是丰田生产方式的一个支柱。看板形成拉动系统，各环节根据看板信息，仅在需要的时间生产需要数量的必要产品。这将使生产库存降低，甚至实现生产过程零库存。库存又称在制品（work in progress, WIP），是已经开始但没有完成的工作，它们被堆积在工序车间或临时仓库中。库存降低带来的直接收益是：

（1）降低成本。库存减少可提高运营现金的使用率，同时降低管理和仓储开销。

（2）缩短交付周期。消除或缩短产品在工序间的库存等待时间，缩短从开始制造到交付的周期时间。

（3）提高制造过程的灵活性。在低库存水平下,调整生产计划更加容易。

降低库存更重要的作用是暴露制造系统中的问题。图 9 中的湖水岩石是一个经典隐喻,水位代表库存多少,岩石代表问题。水位高,岩石就会被隐藏。生产系统中库存多时,设备不良、停工等待、质量不佳、瓶颈过窄等问题都会被掩盖。库存降低后,这些问题都会显现出来。没有了临时库存的缓冲,设备运转不良或停工等待会立即凸显;没有了库存等待时间,上一个环节输出的质量问题也能即时得到反馈。这就是所谓"水落石出",暴露问题是解决问题的先决条件,不断暴露和解决问题,才能带来生产率、质量及灵活性的提高。

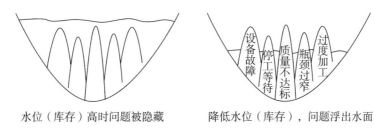

水位（库存）高时问题被隐藏　　降低水位（库存）,问题浮出水面

图 9　湖水岩石效应

四、关键点

看板并不是一个开发框架或流程,而是引领变革的方法。每个组织有自己的特点,所面对的市场、所使用的技术、所经历和所处的阶段不同,应该拥有适合自身特点的方法流程。

看板的实施正是从组织流程的现状出发,首先可视化实际工作流并显示化流程,在此基础上,限制在制品数目形成拉动系统以暴露系统问题和瓶颈,度量价值流动以发现改进机会,并通过团队的协作来不断改进和演化出合适的流程与方法,实现一个高效、顺畅的产品开发价值流。在实际中,要牢牢把握看板管理的核心思想:

- 解析产品开发中的价值和价值发现过程。
- 解析产品开发中流动的本质和价值流的管理。
- 探讨面向价值和价值流的整体可视化方案。

五、课堂计划建议

本案例可用作专门的案例讨论课。下面是按照时间进度提供的课堂计划建议,仅供参考。

整个案例课的课堂时间控制在80—90分钟。

课前计划:提出启发思考题,请学员在课前完成相关信息的收集和阅读;了解看板管理、精益制造、敏捷开发的相应概念和关键要素。

课中计划:简要的前言,明确主题(3—5分钟)。

分组讨论,结合过往工作经历,准备小组展示(30分钟)。

小组展示(每组10分钟,控制在30分钟)。

引导全班进一步讨论,并进行归纳总结(15—20分钟)。

课后计划:请学员针对具体的可视化流程进行深入学习,掌握看板管理方法。

人力资源

开元科技公司的人事地震[①]

赵铁柏 李 兴

摘 要：本案例以开元科技公司为背景，描写了该创业公司在面临人事斗争和管理混乱的情况下，通过任命新总经理、改革工作流程和调整工作方式等一系列措施进行组织变革，试图做到人事平衡和有效管理。这一方面可以启发人们思考企业应该如何管理核心人员，才能激励人才、发挥能力；另一方面可以从工作方法和管理流程的角度思考创业团队工作方式的特征。

关键词：创业 人力资源 组织变革

引 言

今天是12月1日，又到了开元科技公司开月会的时间，开会的人到得比以往都齐，因为总经理要宣布关于公司高层调整的一项决议。离会议开始还有十分钟，除了总经理黎鸿开和几位在外地出差的员工，公司上下一百多号人都到齐了，大家在底下议论纷纷，猜测公司会做出什么样的人事调整，最后大家把目光投向了坐在前排的两位常务副总——张一元和王思明。但是，就连这两位常务副总也不知道黎总葫芦里卖的是什么药，他们只是提前收到了黎总的短信，只有十个字：稳定求生存，变化求发展。

[①] 由于企业保密的要求，在本案例中对有关名称、数据等做了必要的掩饰性处理，本案例只供课堂讨论之用，并无意暗示或说明某种管理行为是否有效。

八点一到,黎总像以前一样准时来到会议室。不同的是,今天黎总的后面还跟着一位戴眼镜的中年男子,看起来文质彬彬的,像一位学者。后排的员工都在猜测这位学者是谁,前排的几位公司高层对他倒是并不陌生。这位男子就是开元科技公司的主要竞争对手——富康科技公司分管投资的常务副总马东升,以前几次项目招标都与开元科技有过竞争,没想到他居然被黎总带到会场。

谈到马东升,其实他在开元科技公司的主业——技术中介这个行业内也算是元老了,只不过由于他为人低调,行业基层认识他的人并不多。马东升是清华大学自动化博士出身,还辅修了金融工程专业,这为在技术中介行业的从业打下了坚实的理论基础;加上在这个行业内十几年的从业经历,可谓理论结合实际的最好典范。当业内传出马东升要跳槽的消息时,很多公司纷纷开出高价想要得到这位难得一遇的人才。当时开元科技分管行政的常务副总王思明向总经理力荐马东升,因为开元公司虽然一直发展很好,但是在技术方面有明显短板,正好急需马东升这样一位懂理论、会专业、有经验的人才。当王思明向黎总提出这个建议时,黎总只是点了点头,好像没有太大兴趣,没想到这么快就直接把马东升带到了开元科技的会议室。王思明心里不免有些得意,这可是他最先向黎总推荐的人,以后马东升也得感谢他王思明的引荐之恩。想到这里,王思明不经意间露出惯性的微笑。

可是,接下来的情况却出乎所有人的意料,当然也包括王思明。

黎总走进办公室,没有像以前一样坐在办公桌的中间,而是示意马东升坐在他以前的位置,自己反而坐到马东升的旁边。秘书宣布会议开始之后,黎总的第一句话就语出惊人,只听他以比以往更加坚定、更加不容置疑的语气说道:"欢迎开元科技公司的新任总经理马东升,大家以后要多支持他的工作,关于他的资料随后会发到公司邮箱。我接下来会担任公司董事长一职,以后公司上下就由马总全权管理了,大家欢迎!"

说完这番话,黎总带头向马东升鼓掌致意,台下所有人愣了一会儿,半天才响起稀稀拉拉的掌声……

1 张一元:黎总这是什么意思

张一元和黎鸿开是中国科技大学的同学,认识了快二十年。他们读书时住在一个宿舍的上下铺,因为都对各种技术发明有着非常大的兴趣,两个人上课、自习、吃饭、睡觉都在一块儿,用现在的话说是标准的"好基友"。两人毕业后去了同一家公司,买房在同一个小区,双方的妻子也是以姐妹相称。后来他们所在公司业务调整,两人都觉得继续干下去发展空间不大,于是又想起大学时期的创业梦。两人经过深思熟虑,拿出工作几年的所有积蓄,成立了一家技术中介公司——开元科技公司。由于黎鸿开比张一元大几个月,就让黎鸿开任总经理,张一元任副总经理,其实两人干的活、拿的工资都是一样的。

公司刚刚成立时,走过不少弯路,后来在两人的合力协作下,业务发展慢慢步入正轨,开元科技也成为一家业内知名的大公司。但是随着公司不断发展,一些刚开始没注意到的问题也慢慢凸显,最明显的就是公司的管理体制问题。

开元科技刚刚成立时,为了求生存拼命发展业务,不管什么样的项目都要去尝试,为了争取项目可以说是不择手段、只求利润。这不仅导致公司业务面过于宽泛,很多项目都因为领导层和员工没有精力而未能很好地完成,而且从刚开始遗留下来的粗放管理问题一直没有得到解决。后来,黎鸿开和张一元痛定思痛,经过沟通商议:首先,精兵简政,砍掉了几个不占优势、利润不高的业务部门;其次,招来黎鸿开在中央财经大学读MBA时认识的同学王思明,任开元科技常务副总,主要管理公司行政事务。公司通过这两步解决了业务和管理两大问题,发展迈上了一个新台阶。

可是好景不长,在王思明对公司管理进行了大刀阔斧的调整后,不少员工对他颇有微词,尤其是以张一元为首的几位公司元老,认为他步子迈得太大。认为以前的业务都是自己争取来的,现在却被统一严格管理,工作时感到束手束脚,也没有看到比以前效果更好;而且在处理刘思宇等几位员工的离职纠纷问题时,还得靠这帮元老出马,并不是所有的问题都能靠管理来解决的。

公司渐渐地形成了两派人马:一派是以张一元为首的元老派,这些人都是为公司立下过汗马功劳的,对新的管理方式不太适应;另一派就是王思明带领的改革派,包括一些新员工,还有王思明入职时带过来的管理团队。正当两派明争暗斗时,半路杀出个程咬金,来了个马东升,而且一来就当了总经理。论资历,马东升还比不上王思明,更不用说张一元了,他可是开元科技的创始人啊!黎鸿开还在台上讲公司的月度计划,而张一元却一直在想一个问题:黎总这是什么意思?

2　王思明：马东升可是我推荐的

王思明毕业于中国人民大学企业管理专业,之后去了一家世界五百强外企做行政管理,后来读了中央财经大学的 MBA,和黎鸿开是 MBA 同班同学。在读 MBA 期间,王思明和黎鸿开一起做了一个企业调研项目,觉得黎鸿开是一个值得信赖的朋友。后来王思明准备跳槽时,在黎鸿开的劝说下加入了开元科技,黎鸿开对他不错,一来就让王思明当上开元科技的常务副总,做的也是他最擅长的行政管理工作。

王思明一来到开元科技就对公司进行大刀阔斧的改革,引入国际通行的绩效管理,管理模式也由原来的粗放式转为精细式。尽管很多员工对他的管理方式不太适应,但王思明认为这也是为了公司的长远发展,也算是报答黎鸿开的重用之恩。

尽管黎鸿开对他的工作非常支持,但是其他员工的声音也不能忽略,尤其是以张一元为首的元老派,在王思明对公司业务管理提出一些改进方案时,他们虽然没有反对,但也没有执行,这可是管理的大忌。而且这些人都是公司的元老,黎总不干涉,就做不到公司上下彻底执行他的管理方案。

正当王思明为这件事情烦恼时,刚好得知马东升要跳槽的消息。马东升也是一位业务奇才,能力不比张一元差,如果马东升来了能够平衡一下他和张一元的关系,也算是帮他解了这个难题。所以刚开始黎总带着马东升进来时,王思明还有些高兴,可是当黎总宣布让马东升担任总经理一职的消息时,王思明又陷入了深深的困惑⋯⋯

3　黎鸿开：稳定求生存,变化求发展

开完月会,黎鸿开一个人把自己关在新的办公室,也陷入了沉思。

开元公司的人事斗争,身为总经理的黎鸿开当然看在眼里,可是面对两位都是自己同学/朋友的常务副总,也无偏袒哪一方之说。当王思明向他提供了马东升的消息后,他本来准备让王思明去说服马东升的。突然,一个大胆的想法浮现在他脑海里,于是就发生了今天月会开始的一幕。

事业发达后,黎鸿开依然保持着定期阅读的习惯。但他注定不是那种循规蹈矩的读者,更不会有"尽信书不如无书"的苦恼。也许是文化底蕴不够,也许

是天赋太高,他阅读时往往天马行空,衍生出许多离经叛道的解读。比如三顾茅庐的故事,黎鸿开就认为刘备既是爱惜孔明之才,更有借此打压关羽、张飞之意。黎鸿开还得出一个结论,挑选二把手,就得找诸葛亮这类人——有才华、少野心,同时缺乏足够的资历,甚至不足以服众。马东升,不正是一个称职的二把手吗?

开元科技如今做大了,身上也沾染了"大企业病",甚至还有许多类似官场倾轧的恶习。王思明与张一元凭着各自的资历以及与黎鸿开的特殊关系,手下都有一拨人马。在处理刘思宇离职纠纷时,这一点表现得尤为明显。刘思宇是张一元手下的人,身为常务副总的王思明,出面做沟通,人家就是不买账,非得张一元出马才能解决问题。黎鸿开很忧心,长此以往,企业内部山头林立,哪还有什么战斗力?

黎鸿开不止一次想解决这些问题,但最后都不了了之。都是企业的元老,都立下过汗马功劳,下手时轻不得也重不得,真是让他烦恼!内部解决不了,就引入外力吧。来了一个马东升,实际上就同时打压了王思明与张一元。马东升与张、王二人不同,他在开元科技可谓无尺寸之功,只有黎鸿开这个唯一的靠山。以马东升的聪明,他会懂得如何行事的。

正是基于这种考虑,黎鸿开不再让王思明出面做马东升的工作,而是亲自登门,封官许愿。第一个举荐马东升的是王思明,如果最后又是王思明把马东升带来自己的办公室,马东升会怎么想?他一定会把王思明当恩人。但这并不是黎鸿开乐见的局面。马东升这样的人,只能把自己当恩人。黎鸿开是个权力欲极强的人,从内心来说,他不想把总裁的位置让给马东升。尽管在这家公司,无论当不当总裁,他都是不可置疑的一把手,但黎鸿开依旧不愿意哪怕一丁点的权力从自己手中溜走。可王思明已经是常务副总,要让马东升后来居上,总不能把王思明的常务副总拿掉,这样也太不近人情了。没办法,只好忍痛把总裁的位置让出去。上面有自己这个董事长盯着,下面还有两个心怀怨气的副总,马东升除了拼命干活,是翻不起什么大浪的。

既延揽了一位技术奇才,又悄无声息地完成了一次企业内部的权力调整。黎鸿开弹了一下烟灰,舒心地笑了,接着又吸了一口烟。既然已把马东升扶上总裁的位置,干脆一不做二不休,将手术动得更彻底一些。王思明、张一元是自己的左膀右臂,现在当然不能干自断臂膀的事情,但也不能眼睁睁地看着他们坐大。再多设几个副总的位置吧,人一多,权力的含金量自然会被稀释。希望这张不按常理打出的牌,能够解决公司目前的管理困境。

想到这里,黎鸿开决定还要和张一元、王思明谈一谈……

案例使用说明

一、教学对象与目的

适用课程:"人力资源管理""组织行为学""公司治理""管理思维与沟通"。

适用对象:本科生、研究生、MBA 学员。

教学目的:理解和掌握公司管理中冲突的分析和解决;理解和掌握公司人事建设的流程和重要性;理解和掌握公司团队管理理论。

二、启发思考题

(1) 如果你是黎鸿开,在公司稳定步入正轨后,如何选择业务项目以促进公司大步向前发展?

(2) 如果你是黎鸿开,面对企业元老和创业功臣的派系之争该如何解决?

(3) 如果你是黎鸿开,用什么样的办法与公司管理层保持良好的沟通,又用什么样的办法使公司员工保持团结一致?

(4) 如果你是马东升,作为一名企业的空降兵将如何应对任职总经理后来自各方的阻力?

三、分析思路

本案例主要是讲解黎鸿开作为创业公司老总,在公司的不同发展阶段,如何通过任命不同的管理人员来解决公司的突出矛盾,中间涉及不同时期公司人事管理面临的复杂问题。这些问题必须通过沟通、分析加以耐心解决,否则将直接影响公司管理制度的权威性,甚至会对公司的生存、发展产生不利的影响。在解决这一问题上,应运用人力资源管理理论、团队管理理论、公司治理基本理论等,从明确岗位职责到角色定位分析,从团队精神的培育到团队沟通渠道的建立,从公司制度的健全到下发执行,等等。本案例讲述了公司不同阶段遇到的问题,并说明问题产生的原因,再通过公司老总的一系列人事调整,进而对公司治理和人事制度的完善提供了有益的思路。

四、理论依据与分析

公司管理归根到底就是人员的管理,包括人员分配、岗位职责确定、公司制度完善、内部矛盾解决、团队沟通配合等。事实上就是根据员工的工作性质、工作能力给他们安排相应的岗位,并根据岗位职责及公司制度,最大化地发挥员工能力。创业团队管理是发挥成员专长,鼓励团队成员参与及相互合作,致力于公司的发展。

拉帮结派是以个人或小团体的利益为首,影响公司的整体利益,是对公司团队凝聚力的极大威胁。凝聚力是指团队对成员的吸引力,成员对团队的向心力,以及团队成员之间的相互吸引。团队凝聚力不但是维持团队存在的必要条件,而且对团队潜能的发挥起着很重要的作用。

五、背景信息

一支成功的创业团队必须要有规范的管理制度,这样团队中的每一位成员才会心无疑虑地投入到创业中,只有纪律严明、赏罚分明的团队才能勇往直前,赢得胜利。公司领导层要健全上下畅通的沟通机制,让大家无论遇到任何事情都以公司利益为重,以公司共同愿景目标为中心进行沟通。

创业公司发展到一定规模以后,可能会沉淀下一批这样的人:死活不长进;结党营私;人在心不在;人浮于事;抱残守缺、抗拒变革;等等。老板亲自去处理,会于心不忍或者没有精力。这时,"空降兵"可以上场当坏人,目标就是扔掉鱼桶里的死鱼,并把自己当作一条鲶鱼把多数慢鱼给赶得活蹦乱跳起来。"空降兵"要高调而不是低调,在有充分理由的前提下实行变革和考核,自然反对意见少不了,但因有老板撑腰维持一段时间没问题,但如果得罪的人太多,民怨沸腾,老板在权衡轻重时一般牺牲的却是这位"空降兵"。

六、关键点

(1)认识人力资源管理对公司发展的重要性。

(2)思考企业应该如何管理核心人员,才能发挥能力、激励人才。

(3)从工作方法和管理流程的角度思考创业团队工作方式的特征。

(4)思考本案例中黎鸿开这种不按常理出牌的人事方案的优劣。

(5)思考本案例中开元科技这一人事地震对公司上下可能造成的影响以及对应的解决方案。

七、课堂计划建议

时间安排:15分钟讲述案例,15分钟思考,20分钟讨论。

组织引导建议：

把学员分为5组，分别代表马东升、张一元、王思明、黎鸿开和开元科技公司其他员工。5个组的学员分别站在各自立场发表对人事调整的看法，在辩论中加深对创业团队管理及公司发展中人事变化对各方影响的认识。通过讨论的方式，提出不同意见和可能发生的各种冲突与突发情况，以及每种情况下的最优解决方法。

管理沟通

"天敌"间的合作与制衡
——运营部门与财务部门的管理沟通[①]

唐 永

摘 要:作为鞋类商品的电子商务销售平台,在传统外贸订单减少的情况下,聚品汇公司成为温州制鞋企业释放过度产能、减少库存的不可忽视的网络销售渠道。伴随各种电子商务促销活动,聚品汇公司运营部门和财务部门之间因业务与预算等事务而产生了激烈冲突,如何处理好两个部门之间的关系,能否促成二者相互密切协作、促进业务的发展,成为企业领导者考虑的首要问题之一。

关键词:管理沟通 合作 制衡

引 言

深夜,聚品汇公司CEO卢总仍然被白天发生的各种事务缠绕着无法释怀,公司的运营部门和财务部门仿佛一对冤家,经常围绕业务和预算问题发生冲突,有时针锋相对闹到水火不容的地步,甚至影响到对外合作中与兄弟单位的关系。作为CEO,他当然明白两个部门的负责人是在恪尽职守,但是这样相互不配合,公司如何才能在竞争日益激烈的经济环境下实现业绩的持续增长?

[①] 由于企业保密的要求,在本案例中对有关名称、数据等做了必要的掩饰性处理;本案例只供课堂讨论之用,并无意暗示或说明某种管理行为是否有效。

CEO应该怎样做才能理顺关系、实现股东价值最大化？这成为摆在卢总面前亟待破解的难题。

1　公司背景

聚品汇公司（以下简称"聚品汇"）位于以制鞋闻名的浙江省温州市，温州拥有4 000多家制鞋企业，鞋类生产总量占全国的25%左右，占世界总产量的1/8。在互联网时代，许多行业都要考虑如何通过电子商务开拓更广阔的市场，温州制鞋企业面临的挑战越来越严峻。卢总曾经做过财经类媒体的记者，具备媒体人创业的优势，拥有宽广的视野、较强的学习能力、敏锐的判断力并且认识众多行业的领军人物。2007年他创立的聚品汇为制鞋企业提供网络销售平台，通过互联网缩减传统的渠道流通环节以降低时间和流通成本，给传统生产厂家增加了销售渠道。电商平台一经推出，顿时一呼百应，很多制鞋企业给予聚品汇优惠的商业折扣，一时间，聚品汇成为温州电商的标志性企业，很多温州鞋通过这一电子商务平台销往全国。

2　应需而动

随着电子商务日益重要，其带来的收益越来越大，聚品汇的竞争对手越来越多、实力也越来越强，有些具备一定规模和实力的制鞋企业也开始尝试自建渠道，聚品汇开始感受到来自市场的越来越大的压力。

卢总作为聚品汇的创始人兼CEO，身处不断迭代的新兴行业，明白整个行业的模式都在探索中，充满不确定性，经营企业如逆水行舟，不进则退。为了应对不断加剧的竞争形势，他非常重视核心业务的发展，要求分管运营部门的副总裁苏总结合行业趋势尽快拿出应对方案。

如今人们获取信息、沟通交流的渠道越来越丰富，对企业来说，这可以带来更多接触潜在用户的机会，但也意味着渗透众多渠道容易分散有限的精力和企业资源。如果能对用户进行清晰的定位和划分，就可以让企业获得更高效的展示宣传机会。

对于CEO的要求，苏总自然不敢懈怠，他一方面加强收集竞争对手的动向，另一方面组织客服部门对现有用户数据内容进行统计分析，做出粗线条的用户画像，然后基于这些信息匹配用户，通过小规模的产品测试，收集用户的行为、需求和反馈信息，联系生产厂家快速进行产品迭代优化，同时进一步细化完善用户画像内容，一旦产品测试效果不好就让生产厂家重新设计改版。在当今生产制造都不是问题，能理解用户的真正需求才能解决问题。这样有的放矢地推出具备一定独特性的产品，使之成为细分群体的爆款，并以数据分析为基础进行精准推送，通过爆款走量带动其他商品的销售。

明确用户画像后，苏总会同企划部门策划针对年轻白领推出一系列主题大促活动，联合技术部门对用户体验进行持续的优化和改进。在卢总批准方案后，苏总马不停蹄地会同相关业务部门负责人商讨实施细节。

针对时间紧、任务重的情况，苏总请卢总亲自挂帅，要求公司各部门联动，展开一系列的动作，协调各方迅速推进，争取一气呵成。

（1）网络运营部门分析产品流行趋势和预测产品销量，与采购部门确定促销阶段的品类、数量和产品价格，由采购部门组织优质优价的货源；

（2）企划部门设计产品文案，拍摄并处理产品图片，配合市场部门完成对外推广的促销宣传；

（3）市场部门根据宣传推广计划，策划组织相关促销活动和网络推广资源以提升促销效果，联合网络协作伙伴发动公关攻势；

（4）技术部门依照促销计划制作网页的陈列展示，调整部分网页功能，并为合作伙伴的系统对接调试做准备工作。

3 部门纷争

俗话说"好事多磨"，公司表面波澜不惊，但实际已经出现涌动的暗流。一大早，被称为公司"财神爷"的财务部门沈经理就给卢总打来电话投诉苏总："突然冒出来的促销款数额超出预算，让他走流程还嫌烦，为什么之前能代销的鞋，现在做活动就改成直采，这不是加大了公司的资金压力吗？"卢总强调了自己对财务部门规章制度和工作流程的支持，要求财务部门加强与业务部门的沟通工作。

卢总刚放下电话，苏总就急匆匆地来找他，说："财务部门沈经理不配合公司的'大促'工作，不同意马上付款，说'CEO签字了也没有办法付货款'，可是如果明天再不付款，加上物流所需的时间，就要错过进货的最佳时机了。另外，财务部门说'促销费用要按照销售额的比例来分配,不能超出规定的比例'。现在促销的目的就是带来更高的销售额,销售额没增加就不能增加促销费用,这不是先有蛋还是先有鸡的问题吗?"看起来,苏总对财务部门不懂业务、不配合业务部门的工作、在各项工作中经常扮演不给力的角色非常有意见:"他们是思想僵化、官僚主义作风,为了自身方便,卡我们业务部门的脖子。这马上就要冲锋了,突然告诉我没有弹药,这仗还怎么打?"卢总面对愤愤不平的苏总,再次强调他对"大促"工作的支持,并纠正苏总对财务部门的偏见,要求苏总注意方式方法,做好沟通工作。

望着苏总的背影,卢总知道"和稀泥"不是真正的解决办法,还是要从根本上解决问题。

4 尾声

卢总大力支持的"大促"计划,是综合各方情况制定的因需而动的可行方案。卢总也明白,沈经理对工作一丝不苟,对财务流程的要求也没有错。那现在工作一下子卡在这里,大家都没有错,怎样处理才能走出这个困境?从哪里着手才能既不违反制度、法规,又能让业务活动顺利开展呢?财务部门与其他部门之间也经常会发生类似的矛盾,每次不愉快之后,问题还是没有得以解决,什么时候才能不再发生类似情况?冰冻三尺非一日之寒,有人说"现在提出的是一些表象问题,这些问题下掩盖着真正的矛盾",如果这种说法有道理,那么"真正的矛盾"是什么,如何解决?

案例使用说明

一、教学对象与目的

本案例主要适用于"管理学""管理沟通"等课程。

本案例描述聚品汇公司网络运营部门与财务部门的沟通问题,其教学目的在于:使学员对业务部门与财务部门沟通问题具有感性的认识及深入的思考;从企业管理者的角度分析问题并提出解决方案。

二、启发思考题

(1)聚品汇现在面临哪些问题?

(2)如何看待网络运营部门苏总和财务部门沈经理各自的做法?

(3)他们之间的矛盾症结在哪里?

(4)如果你是卢总,面对这个局面将如何决策?

(5)如果你是苏总,将如何处理与财务部门的关系?

(6)如果你是沈经理,将如何处理与业务部门的关系?

三、分析思路

教师可以根据自己的教学目标(目的)灵活使用本案例。这里提出本案例的几点分析供参考。

根据本案例透露的信息,聚品汇公司的网络运营部门和财务部门是相互依存、共同发展的,由于双方角色不同,视角和关注点自然也有所不同。部门间理解和沟通的不顺畅,很容易导致不协调乃至冲突。作为公司高层的 CEO 需要对此及时洞察并及时纠正,不能让沟通问题影响部门之间的协作,更不能让隔阂阻碍整个工作的顺利推进。要达成良好的合作,部门之间相互理解、相互包容、相互信任及持续沟通是必不可少的。

首先,指导各部门树立一切以企业整体利益为主的观念,共同目标是企业价值最大化,为了完成任务,需要加强部门间的理解与沟通;其次,从企业的角度营建良好的沟通文化,采取措施加强与沟通技能相关的培训,改善各部门之间的沟通状况;最后,业务部门不应将财务部门的规章制度视为束缚,财务部门要将自己定位成企业价值的管理者,作为业务部门的合作伙伴融入业务环境中,学习了解业务内容,结合业务部门的需求,以流程和制度为基础,根据业务特点协助业务部门改善流程,支持业务部门业绩目标的达成。因为财务部门与其他部门间正常、有效的沟通对企业有着至关重要的意义。

四、理论依据与分析

企业管理有四种职能——计划、组织、领导、控制,而贯穿在其中的一条主线为沟通。沟通是实现管理职能的主要途径。没有沟通,管理只是一种设想或者缺乏活力的机械行为。沟通是企业组织的生命线。

人际沟通是个人在人际交往中彼此交流思想、感情和知识等信息的过程,是信息在个人间的双向流动。人际沟通具有心理、社会和决策上的功能,与我们的生活息息相关。心理上,人们为了满足社会性需求和维持自我感觉而沟通;社会上,人们为了发展和维持关系而沟通;决策上,人们为了分享资讯和影响他人而沟通。

心理契约的内容是交往双方彼此抱有的一系列期望,这些期望一般未必会明确地表述出来,而会依靠一方揣测、推断对方的心理。心理契约的确定是以一方准确判断了对方对自己的期望,并予以适当的合理满足为基础的,所以它实质上是双方彼此吸引,这种吸引力就是对方能满足己方的某些期望的潜在可能性。将心理契约概念用于企业创始人与投资人的关系中,就要求双方平等,有共同价值观,理解对方的期望并及时地给予适当满足,抓住重点,有舍有得,共建利益共同体。

五、关键点

(1) 事前、事中、事后的有效沟通是解决问题的根本。在本案例中,沟通不畅导致了聚品汇部门之间的矛盾。企业经营者一定要学会如何处理这些矛盾。

(2) 通过制度建设来促进各方沟通。

六、课堂计划建议

本案例可以作为专门的案例讨论课来进行。下面是按照时间进度提供的课堂计划建议,仅供参考。

整个案例的课堂时间控制在60—90分钟。

课前计划:提出启发思考题,请学员在课前完成阅读和初步思考。

课中计划:简要的前言,明确主题(5—10分钟)。

分组讨论(20—25分钟)。

小组发言:每组5分钟(总体控制在20分钟)。

引导全班进一步讨论,并进行归纳总结(15—35分钟)。

课后计划:如有必要,请学员采用报告形式给出更加具体的解决方案,包括具体的措施。

公司治理

股权对等的陷阱
——真功夫的控制权纠纷①

李汉军

摘 要:进入21世纪后,中国家族企业的规模不断扩大,管理问题日益增多、管理难度日益加大,中国的家族企业已经面临转型的问题,相当一部分企业表现出步履维艰的困境,有的企业甚至对是否变革家族管理模式产生了动摇;有的企业产生了停滞不前的现象;更有的家族企业发生了企业分拆的危机。真功夫餐饮管理有限公司是一家颇具代表性的民营企业,两位创始人之间由初始的股权对等而引发的股权纠纷,为这家发展迅猛的餐饮连锁企业蒙上了阴影。

关键词:股权结构 家族企业 控制权

1 真功夫背景介绍

真功夫餐饮管理有限公司(以下简称"真功夫")于1994年创立,目前直营店数已超过600家。公司主打美味营养的原盅蒸汤、蒸饭,其前身是蔡达标与潘宇海1994年创立于广东东莞的"168"蒸品店,1997年改名为"双种子",2004年改名为"真功夫",至今已有24年历史。

---

① 本案例依据真实企业的发展历程编写,根据相关企业披露的信息研究整理而成,只供课堂讨论之用,并无意暗示或说明某种管理行为是否有效。

1.1 真功夫的发展历程

真功夫的发展历程如表 1 所示。

表 1 真功夫的发展历程

时间	进度
1994 年 4 月 14 日	真功夫的第一家创业店——168 蒸品快餐店,在东莞长安镇霄边村 107 国道旁正式开业,主营蒸饭、蒸汤和甜品
1994 年 11 月	168 第二家蒸品快餐店开业
1995 年年初	168 第三家蒸品快餐店开业
1997 年	研发出"电脑程控蒸汽柜",巧妙运用蒸汽实现烹饪过程的同压、同温、同时,此举攻克了全球中餐"标准化"难题
1997 年	将"168"改名为"双种子",11 月 16 日,第一家双种子蒸品餐厅在东莞虎门镇开业,这也是全球第一家实现"标准化"的中式快餐餐厅
1999 年	双种子走出东莞,进入广州、深圳餐饮市场
2000 年	投资 5 000 万元在东莞长安镇建立了华南后勤中心
2002 年	公司创始人与高层管理者自驾车考察了 38 个国内城市,此行促成了全国发展思路
2004 年	将"双种子"改为"真功夫",第一家真功夫原盅蒸饭餐厅在广州开业
2005 年 12 月 24 日	全国第 100 家直营连锁店在广州开业,成为首个突破中式快餐业直营店百店大关的企业
2006 年 1 月	公司加强标准化进程:通过 HACCP 食品安全管理体系及 ISO 9001 质量管理体系的国际标准认证
2007 年 10 月	获得由今日资本及联动资本联合投资的 3 亿元风险资金
2008 年 2 月	公司开通全国 400 客服热线,客户服务全面升级
2008 年 12 月 22 日	宣布米饭快餐年销量突破 5 000 万份,第 300 家店正式开业,首创两项行业新高
2011 年 6 月 28 日	已经在北京、上海、广州和深圳等 30 多个城市开设了 400 余家直营连锁餐厅
2012 年 7 月	荣获中国烹饪协会"2011 年度中国餐饮百强企业",总排名第十四位,中式快餐排名第一。真功夫获得长足发展,当年利润超过 2008—2010 年三年利润总和

(续表)

时间	进度
2013年8月	真功夫第500家直营店在北京首都机场T3航站楼开业,企业规模继续领跑中式快餐行业。这一年,真功夫新开门店101家,创下了真功夫史上当年开店数的新高

1.2 真功夫的主要成绩

经过多年发展,真功夫取得了辉煌的成绩:

2006年1月,董事长兼总裁蔡达标获得"中国连锁协会2005年度人物"奖项。

2006年6月,真功夫荣获中国烹饪协会评出的"2005年度中国快餐企业20强"称号,位居本土快餐品牌第一位。

2006年9月,真功夫的两款饭类套餐(冬菇鸡腿肉饭套餐、台湾卤肉饭套餐)荣获中国烹饪协会评出的"2008北京奥运推荐食谱菜品展"金奖。

2006年10月,真功夫荣获中国烹饪协会评出的"中国快餐十佳品牌企业"称号。

2007年8月,真功夫荣获"品牌中国金谱奖——中国餐饮行业年度十佳品牌"。

2008年2月,真功夫通过ISO 22000食品安全管理体系的国际标准认证。

2009年4月,真功夫荣获中国烹饪协会快餐专业委员会评出的"中国快餐最具影响力品牌"称号,位居中式快餐品牌之首。

2009年11月,真功夫两度入选上海世博会餐饮服务供应商,并成为唯一入选的广东餐饮企业。

2009年11月,在中欧国际工商学院15周年杰出校友评选中,董事长兼总裁蔡达标先生荣获"商业新锐奖"。

2010年3月,由千龙网和《法制晚报》举行的"2009—2010年度北京人喜爱的消费品牌"评选中,真功夫被评为北京人喜爱的中式快餐。

2010年4月,由中国烹饪协会首次发布的"中国快餐50强"榜单中,真功夫成为唯一入围快餐前五强的本土快餐品牌。

2010年6月24日,由中国社会科学院、中共广东省委宣传部、中共广东省直属机关工作委员会、广东省社会科学院、南方报业传媒集团共同主办的"2010

年十大新粤商"评选活动中,真功夫作为唯一一家餐饮企业,跻身"2010年十大新粤商"行列。

2012年,在《第一财经日报》举办的"第二届中国食品健康七星奖——年度餐饮服务企业"中,真功夫在诚信负责、员工自律、工艺严格、原料品控、组织完备、健康引领等方面获得最高评分。

2012年,真功夫"原盅蒸炖鸡"荣获由《广州日报》《美食导报》、大洋网等媒体主办的"第二届广东餐饮品牌榜暨地标美食榜"地标美食奖。

2013年5月,中国烹饪协会发布"2012年度中国餐饮企业百强名单",真功夫排名第13位。

2013年6月,真功夫荣获"2012年度广东省连锁五十强企业"称号。

1.3 真功夫的经营理念

真功夫经过二十多年的发展,取得了令人赞叹的成绩,这主要归功于公司先进经营理念与实际的充分结合。首先是公司的创新经营理念,以及创建了中式快餐三大标准运营体系——后勤生产标准化、烹制设备标准化、餐厅操作标准化,在品质、服务、清洁三个方面与国际标准接轨。它们分别为:将后勤与店面分离管理,摆脱"前店后厨"模式,保证了从选料、加工到配送等各道工序的标准化;独创电脑程控蒸汽柜,使烹饪过程同压、同时、同温,实现了无须厨师、烹饪标准化;通过制定餐厅各级管理、各项工序、各种操作的标准及岗位流程,将餐厅操作有序且量化。真功夫在1997年自主研发出电脑程控蒸汽柜,率先攻克了全球中餐"标准化"难题,探索出中式快餐发展的新路,实现了整个中餐业"工业化生产""无须厨师""千份快餐一个品质"的夙愿。

其次,依仗先进的经营理念和在"标准化"上的精耕细作,真功夫从发源地东莞先后进驻广州、深圳、上海、杭州、北京、沈阳、武汉、长沙等多个城市,成功走出了区域发展模式,成为首家全国连锁发展的中式快餐企业。真功夫在全国拥有华南、华东、华北三大后勤中心,总占地面积42 704平方米,负责所有餐厅的统一采购、加工与配送。在此期间,真功夫的付出获得了可喜的回报:2006年,真功夫通过了HACCP食品安全管理体系及ISO 9001质量管理体系的国际认证,2008年通过了ISO 22000标准认证。

最后,如何提升员工素质一直是真功夫先进经营理念的重要组成部分。真功夫的飞速发展为社会提供了大量的就业机会,在全国共有员工20 000余名。

公司在员工培训上投入了大量的人力和资金成本:最基层的员工每年接受不少于 320 小时的培训,餐厅的初级经理每年接受不少于 328 小时的培训,餐厅的中高级经理每年接受不少于 350 小时的培训。真功夫累计在培训上每年投入资金上千万元,员工素质得到了明显提升。

2 真功夫的股权之争

2.1 真功夫股权结构及章程条款

2.1.1 真功夫的股权结构

截至 2014 年 2 月 28 日,真功夫注册资本为 102 197 800 元,具体股权结构如表 2 所示。

表 2　真功夫的具体股权结构

股东名称	出资额(元)	占总注册资本比例(%)	出资形式
蔡达标	42 655 279	41.74	现金与实物
潘宇海	42 655 279	41.74	现金与实物
东莞市双种子饮食有限公司	10 755 374	10.52	实物
今日资本投资(香港)有限公司	3 065 934	3.00	美元现汇
中山市联动创业投资有限公司	3 065 934	3.00	现金

注:东莞市双种子饮食公司由蔡达标和潘宇海各持有 50% 的股权,联动投资的第一大股东因 2009 年由中山市联动资产管理有限公司(以下简称"中山联动")变更为蔡达标控制的东莞市赢天创业投资有限公司(以下简称"东莞赢天"),因此蔡达标实际上掌握真功夫 43.74% 的股份,为真功夫第一大股东。由于没有其他渠道了解真功夫最新的出资额及持股比例,因此以下分析股权之争的基础以表 2 为准。

资料来源:国家企业信用信息公示系统。

2.1.2 真功夫公司章程重要条款

董事会由五名董事组成,其中一名董事由甲方任命,一名董事由乙方任命,一名董事由丙方任命,一名董事由丁方任命,一名董事由戊方任命。除非各方另有书面协议,否则董事长应由甲方任命,副董事长应由乙方任命。董事长、副董事长与董事的任期为三年,经原任命一方继续任命可以连任。如果董事会的董事职位出现空缺,应由造成空缺的董事的任命一方填补。任何一方在任何时候出于任何原因均可解聘该方任命的任何或全部董事,并任命他人取代被免职的董事,在相关任期的剩余时间里出任董事(甲方为蔡达标,乙方为潘宇海,丙方为东莞市双种子饮食有限公司,丁方为今日资本投资有限公司,戊方为中山市联动创业投资有限公司)。

董事长是合营公司的法人代表,只依照董事会的具体决定、决议和指示行事。当董事长不能履行职责时,应授权副董事长或另一位董事代表合营公司。

董事会是合营公司的最高权力机构,决定合营公司的一切重大事宜。

合营公司的董事会应建立由管理人员组成的管理机构,负责合营公司的日常经营和管理,管理机构应由一名总经理领导。总经理由甲方提名。

为监控合营公司的财务状况,任何必要或适当的任何种类的会计账册、记录、票据、合同和文件,每一方均有权检查和复制。每一方均可在合营公司的正常工作时间内进行上述检查和复制,条件是该检查和复制不得无理干扰合营公司的业务经营。每一方均可通过其代理人、雇员或指定的独立会计师事务所行使该方的上述权利。

2.2 股权争夺战的过程

虽然真功夫已经成为中国规模最大、发展最快的中式快餐连锁企业,但是它却在试图 IPO 时陷入了家族股权之争的漩涡。

1994 年之前,蔡达标与潘宇海的妹妹潘敏峰结婚,蔡家与潘家结为亲家。1994 年,蔡达标与潘宇海成立"168"蒸品店,潘宇海占股 50%,蔡达标夫妻占股 50%。1997 年年底,蔡达标与潘宇海将原来的蒸品店改组,并共同注册了"双种子饮食公司",股权结构依旧不变。2003 年,蔡达标提出出任公司总裁(此前一直由潘宇海任总裁),并且 5 年换届一次。

2006 年 9 月,蔡达标和潘敏峰协议离婚,潘敏峰放弃了自己 25% 的股权换得子女的抚养权,这样潘宇海与蔡达标两人的股权也由此变成了 50:50。

2007 年,真功夫引入了两家机构投资者:内资的中山联动和外资的今日资本,各注入资金 3 亿元,各占 4.5% 的股份。这样,融资之后,真功夫的股权结构变为:蔡达标、潘宇海各占 37%,两家机构投资者各占 4.5%;董事会共 5 席,构成为蔡达标、潘宇海、潘敏峰以及一名机构投资者的派出董事。

引入风险投资之后,公司要谋求上市,打造一个现代化公司管理和治理结构的企业是当务之急。但蔡达标在建立现代企业制度的努力时触及另一股东潘宇海的利益,因为真功夫在蔡达标的主持下推行"去家族化"的内部管理改革,以职业经理人替代原来的部分家族管理人员,先后有大批老员工离去。公司还先后从麦当劳、肯德基等餐饮企业引进约20名中高层管理人员,占据公司多数要职,基本上是由蔡达标授职授权,潘宇海显然已经被架空。

根据真功夫董事会的章程,高层任免必须经过董事会表决,并有半数以上股东的确认才能生效。很显然,蔡达标获得了两家风险投资方的支持,占到董事会3/5的席位,基本上掌控了公司的重要决策。

尽管真功夫的业务在不断发展、店面不断增加,但创始人和大股东之间的矛盾依然没有得到妥善解决。

2011年3月17日,蔡达标等部分高管因涉嫌经济犯罪被广州警方带走协助调查。作为机构投资者,他们一切行动的指南就是利润最大化,真功夫机构投资者的最终目的就是扶植真功夫IPO上市。一般来说,一旦家族企业的家族股东之间产生矛盾,机构投资者往往会选择能力较强的一方,而不是将股东道德放在第一位予以考量。今日资本协同蔡达标推进"去家族化"改革,并在蔡达标出事后,扶持蔡春红(蔡达标的妹妹)上位,说明机构投资者扶植的是蔡达标派系。

2011年5月11日,广东省公安厅在官网发布公告证实,真功夫餐饮管理有限公司原董事长蔡达标已于4月22日被公安机关抓捕归案;当日傍晚,近两个月以来一直三缄其口的真功夫公关部首度发表声明,由真功夫副董事长潘宇海代为履行公司董事长职务。

2011年5月12日,有媒体透露,律师已与蔡达标见面,并于11日下午让蔡达标签署了数份民事法律文件,其中一份是对委派蔡春红任董事长的真实性声明。

2012年1月,因中国银行提起诉讼,法院查封了蔡达标所持有的真功夫公司41.74%的股权及双种子公司50%的股权。

2012年4月,真功夫发表声明指出:在蔡达标控制公司期间,蔡春红及其配偶王志斌以关联交易方式从公司获取不当得利6 540万元,真功夫已向东莞中院提起诉讼;蔡春红夫妇损害公司利益,蔡春红本人没有担任真功夫董事长的资格。

2012年4月7日,就真功夫变更法定代表人等问题,东莞市工商行政管理局举行了听证会。随后,潘宇海系在媒体上刊登大幅声明,向蔡春红一方发起攻势。

2012年4月11日,潘宇海方面公布蔡达标欲"去潘化"的证据。

2012年5月29日,蔡春红向真功夫公司寄出一份《关于对拟召开的真功夫餐饮管理有限公司2013年度临时董事会如今程序及会议提案的意见》,以董事长的身份向真功夫公司董事会提出对临时董事会的异议。蔡达标作为公司股东在该意见上签名。

2012年6月1日,窦效嫘(潘宇海的妻子)起诉蔡达标非法占有、使用公司3 600万元的经济纠纷案一审宣判,蔡达标被判10日内返还真功夫3 600万元反担保金。

2012年9月,潘宇海针对2010年9月18日签订的股权转让协议起诉,称蔡达标卷入刑事案件,违背协议,造成股权转让未果,要求蔡达标赔偿7 520万元。蔡达标很快提起反诉,称造成股权转让未果的原因不在自己一方,而是潘宇海自身未履行义务违约。

2012年11月30日,今日资本将原下属子公司——今日资本投资(香港)有限公司的全部股权转让给润海资本有限公司,彻底退出真功夫。真功夫的股权结构为:蔡达标、潘宇海各占41.74%,双种子公司占10.52%(其中蔡达标、潘宇海各占5.26%),中山联动和润海资本各占3%。

2013年5月22日,真功夫公司同时向蔡达标位于东莞市长安镇霄边将军街㽏头六巷3号的住址及蔡春红位于东莞市长安镇莲峰北路翠山花园6号的住址寄送了《2013年度真功夫餐饮管理有限公司第一次临时董事会会议通知》及《真功夫餐饮管理有限公司2013年度第一次临时董事会会议提案》(其中,在寄给蔡春红的邮件详情单上写明"请收转蔡达标")。

2013年6月5日,《21世纪经济报道》第19版刊出一则"蔡达标案再度受审 真功夫发最后通牒"的新闻,报道中对一份《真功夫餐饮管理有限公司2013年度第一次临时董事会会议提案》进行了详细的介绍,所涉内容与前述真功夫公司向蔡达标等人寄出的《真功夫餐饮管理有限公司2013年第一次临时董事会会议提案》基本一致。报道中还称,"蔡达标的妹妹蔡春红原计划以代理人的身份参加6月6日上午举行的真功夫董事会会议,对上述各项议案提出反对意见,但会议最后被临时取消"。

2013年,蔡达标诉真功夫股东知情权纠纷一案:因被羁押,委托其妹妹蔡春红担任真功夫公司董事、董事长,代表其行使大股东权利,但公司不承认蔡达标对蔡春红的委任,拒绝其履行职务。

2013年8月,真功夫第500家直营店在北京首都机场T3航站楼开业,企业规模继续领跑中式快餐行业。这一年,真功夫新开门店101家,创真功夫史上当年开店数的新高。

2013年12月9日,潘宇海主持真功夫召开2013年度第二次临时董事会会议。会前,公司以特快专递的方式向蔡达标身份证地址邮寄送达了会议通知及会议提案。但会议召开当日,五名董事当中的黄健伟、蔡达标均未到会,也未派代表参加,他们两人的董事权利由会议主持人潘宇海代为行使。潘宇海代他们在决议上签字,由此"全票"当选真功夫董事长,并顺利变更了工商登记资料。

2013年12月12日,蔡达标等人被控职务侵占罪、挪用资金罪、抽逃注册资本罪一案宣判。广州市天河区法院认定蔡达标职务侵占和挪用资金两项罪名成立,判处有期徒刑14年,没收个人财产100万元。

2014年5月,蔡达标诉真功夫股东知情权纠纷胜诉。

2014年6月,蔡达标就股东知情权申请执行。

2014年6月,真功夫刑案二审,蔡达标仍以职务侵占罪、挪用资金罪被判刑14年。

2015年12月14日,真功夫原董事长蔡达标持有的真功夫公司14%的股权以2.17亿元底价在广州产权交易所拍卖,最后因无竞买人应价导致流拍,拍卖标的被收回。

3 案例的后续进展

2016年7月20日,广州市天河区人民法院根据《中华人民共和国公司法》第二十二条"股东会或者股东大会、董事会的会议召集程序、表决方式违反法律、行政法规或者公司章程,或者决议内容违反公司章程的,股东可以自决议作出之日起六十日内,请求人民法院撤销"的规定,对真功夫公司决议撤销纠纷案做出一审判决,支持原告蔡达标(真功夫原董事长)的诉求,判决撤销真功夫公司2013年度第二次临时董事会会议决议,其中包括任命潘宇海为董事长的决定。

2016年12月15日,广东省高院对潘宇海、蔡达标于2010年9月签订的

7 520万元的股权转让纠纷案做出终审宣判:潘宇海应归还蔡达标的股权转让款7 520万元,并按银行同期人民币流动资金贷款利率支付利息。

这家有二十多年历史的本土快餐连锁店曾经是中国最具影响力的中式快餐品牌,无论是在直营店数量还是在规模上都在全国领先,被认为是唯一可以与麦当劳、肯德基等洋快餐巨头抗衡的中餐品牌。但经过一番折腾,如今的真功夫仍然并不平静。

案例使用说明

一、教学对象与目的

本案例主要适用于 MBA "公司治理"课程,也适用于工商管理类或金融类课程的教学与管理培训。

本案例的教学目的在于帮助学员掌握公司控制权的基本原理,让学员主动分析、设计公司重组的实施方案。

任课教师可以进一步结合真功夫的其他信息披露内容,进一步引导学员开展课堂案例讨论。

二、启发思考题

(1) 真功夫产生此次股权纠纷的根本原因是什么?如何从公司治理的角度来分析?

(2) 股权对等是国内民营企业常见的股权设置模式,如何避免类似纠纷的重演?

(3) 国内民营企业的公司治理机制的特殊性是什么?

三、分析思路

民营企业是中国经济的重要组成部分,也是当前国内企业界最具活力的群体。但民营企业的诸多先天不足以及发展中遇到的很多公司治理困境,都给民营企业的发展造成了障碍。一股独大的创始人独断专行、家族和公司边界的混淆、缺乏有效的监督机制等,都是民营企业尤其是民营家族企业最常见的公司治理弊病。

真功夫在设立之初的公司章程埋下了败笔。真功夫的败笔源于公司治理框架在成立之初就存在诸多问题。首先真功夫所制定的公司章程约定总经理和副总经理人选由蔡达标方和潘宇海方分别委派,另外两大股东的股权比例相等,这导致他们之间在遇到争议与冲突时,一方难以对另一方形成有效制约。其次,真功夫的公司章程条文很简单,一共仅 13 条,而中国证监会颁布的上市公司章程指引一共 198 条。在区区 13 条的公司章程中,并没有规定相关的争议解决机制。

真功夫的大股东没有正视其他创始人的利益,盲目引入机构投资者,试图在短期内上市,激发了大股东之间的纠纷。2007年年底,蔡达标引入机构投资者,加快真功夫上市的步伐。蔡达标引入机构投资者,想要改变真功夫由家族力量主导的股权格局,也就是"去家族化",但实质上为"去潘宇海化",目的是为以后企业顺利上市扫清障碍。在引进机构投资者前后,蔡达标和潘宇海两人在真功夫所占股权相同,双方势均力敌,在蔡达标提出"去家族化"后,触动了潘宇海的各项利益,遭到潘宇海的反对是一种必然。

真功夫公司治理结构不健全,造成股东之间存在的矛盾无法通过股东大会或董事会协调解决。真功夫的三会(股东会、董事会、监事会)的设置与运作形同虚设,家庭会议取代了三会的正常运行,公司决策实际上就是"家长"的个人决策。职业经理层的委任不是由董事会做出,而是由董事长或者副董事长一人委任,缺乏有效的决策机制。当真功夫发生控制权之争时,股东、董事会及公司不是正常通过股东会、董事会解决,而是直接采取暴力手段。

四、理论依据与分析

根据美国著名企业史学家钱德勒的说法,家族企业的创业者及其最亲密的合伙人(和家庭)掌握大部分的股权。他们与经理人员维持紧密的私人关系,大部分情况下所有者与经营者为同一人,且高级管理人员拥有主要决策权,特别是在有关财务政策、资源分配和高级人员的选拔方面有绝对的权力。因此,家族企业的大部分特征为:

- 由某一个家族控制企业全部或大部分的股权。
- 家族控制着企业重大问题的决策权。
- 企业所有重要的职务都由家族成员担任,人们一般把具有这些特征的企业称为家族式企业。
- 董事长、总经理文化即企业文化。总之,家就是企业,企业就是家;家长的文化就是企业的文化,企业具有非常鲜明的个人特色。

据调查,全世界约70%的企业是家族企业,世界500强中也有很多是家族企业,如沃尔玛、杜邦、福特、安利、摩托罗拉、洛克菲勒等。

中国约90%的企业是家族企业,这些企业有的经营得非常好,但规模与效益则远低于世界发达国家和地区的家族企业。所以,这几年在中国有一个误区,就是把家族企业和表现欠佳的企业等同起来。家族企业本身不是问题,问题的根本在于企业能不能实现市场化、现代化、规范化。西方经营长久的家族企业往往在创业之后成功通过上市等资本方式,实现了所有权与管理权的分离；而亚洲家族企业则更多偏好子承父业式的传承，但也不乏优秀的企业案例。

国际上很多研究机构对家族企业进行了长期的跟踪和调研。结果表明：在国际上，大概80%的家族企业的生命在第二代的手中完结，只有大概13%的家族企业能够传到第三代；中国家族式企业的平均寿命只有2.7年，美国家族企业的平均寿命长达24年。

家族企业因"家族因素"的存在而面临更为复杂的公司治理问题。一旦家族政治进入企业，并且进一步让企业外聘人员也卷入家族政治，公司就很容易陷入僵局，阻碍组织的发展进程。

五、关键点

本案例分析中的关键点在于学习家族企业治理结构、公司控制权等公司治理的基本原理。

公司制企业与作坊的最大区别在于，公司可以通过治理结构形成一套有效的决策机制。例如，董事会是股东大会选举出来负责管理公司的机构，高管人员由董事会聘任。本案例中的真功夫虽然在经营上领先于国内其他快餐企业，但是公司治理结构在建立之初就存在缺失。真功夫在一定程度上还像一个作坊，决策完全由创始人一个人说了算，而且两个大股东之间复杂的个人恩怨在很大程度上影响了公司的决策。

股权结构决定公司的控制权结构，这是公司治理框架中内部治理机制的基础。《中华人民共和国公司法》的相关规定也支持股东按照一定的程序行使对公司的控制权。公司按照公司章程，通过股东大会选举产生的董事会来管理公司，这就使得股东无论持有多少股份，都是通过董事会来控制公司的运营。真功夫在建立之初就采用了两位创始人股权对等的模式，而在后期发展过程中，一直由其中一位创始人——蔡达标掌控公司。蔡达标为了个人利益谋求上市，并未与潘宇海进行充分的沟通和协商，私自做出了一系列有损其他股东利益的行为。

民营企业在由家族化向规范化转换的过程中，建立完善、合理的公司治理机制势在必行。建立合理的公司治理机制不仅是建立股东会、董事会、引入机构投资者等行为，还要从维护利益相关者的视角出发，建立相应的治理机制。

六、课堂计划建议

在教学过程中，教师应提前一周将案例内容发放给学员，让学员提前了解相应的背景资料。

可以将学员分为2—3组,分别提出本组的主题。每组分别选派一名学员发言(15分钟)。

各组发言结束后,可以安排自由讨论(30分钟)。

任课教师在最后做点评(10分钟)。

建议将本案例作为学期论文的素材,让学员自己撰写相应的研究报告。

公司控制权的创新
——阿里巴巴的"合伙人"制度①

李汉军

摘　要: 阿里巴巴(Alibaba)集团由马云等人在中国创立,是一家服务来自超过 240 个国家和地区的互联网用户的电商。随着阿里巴巴的快速发展壮大,其强大的营收能力以及高速增长的市场前景,吸引着众多的机构投资者不断把资金投入阿里巴巴。阿里巴巴不负众望,在马云的带领下,借着互联网的浪潮一举成为世界上最大的在线和移动电商。2014 年 9 月 19 日,阿里巴巴在美国成功上市,并以融资额 250 亿美元的规模成为有史以来最大的 IPO 项目,而阿里巴巴的 IPO 进程中采用的"合伙人"制度也成为备受关注的焦点。

关键词: 控制权　创新　"合伙人"制度

1　阿里巴巴背景介绍

阿里巴巴集团控股有限公司是一家诞生于中国的电子商务公司。集团始于 1999 年由马云等人创办的阿里巴巴网——一个提供 B2B 销售服务的门户网站,致力于连接中国的制造商和海外买家。当前,阿里巴巴集团(以下简称"阿里巴巴")旗下的门户网站还提供 C2C 和 B2C 销售服务。此外,阿里巴巴还涉

---

① 本案例依据真实企业的发展历程编写,根据相关企业披露的信息研究整理而成,只供课堂讨论之用,并无意暗示或说明某种管理行为是否有效。

足电子支付服务、购物搜索引擎和以数据为中心的云计算服务。2012年,阿里巴巴的两个门户网站——淘宝网和天猫网,虽然支持来自其他国家和地区的供应商,但公司的经营还是集中在中国内地。

阿里巴巴的C2C门户网站——淘宝,拥有近10亿种商品,是全球访问量最大的20家网站之一。2014年9月,阿里巴巴网站占据了中国80%的线上销售。支付宝——阿里巴巴旗下的第三方在线支付服务,约占中国内地所有网上支付交易的一半。2016年11月11日,被中国民间称为"光棍节"的这一天,阿里巴巴创造了1 207亿元的销售额。

阿里巴巴发展迅速,已成长为全球互联网及移动电商的领先者,备受各界的关注。2013年9月,在无法与中国香港地区的监管机构达成协议后,阿里巴巴试图在美国上市。在经过一年多的准备后,阿里巴巴在美国资本市场上公开亮相,发行融资额为218亿美元,随后增长到250亿美元,成为历史上最大的一笔IPO项目,阿里巴巴"合伙人"制度再度进入人们的视野,成为关注焦点。

2 马云团队控制权之路

企业在发展的过程中需要不断融资以实现成长和壮大。在这个过程中,创始团队所拥有的股份可能会被反复稀释,从而有可能丧失对企业的控制权。从1999年诞生至2014年赴美上市,阿里巴巴以非常迅猛的速度成长,仅用15年便从一个不知名的小公司摇身一变成了市值约1 700亿美元的巨无霸公司,其在互联网商务领域创造的辉煌战绩更是让世人瞩目。然而,在阿里巴巴辉煌的背后,其控制权多次面临被分散的危机。

在公开市场上市融资前,阿里巴巴共进行了四轮融资。

(1)第一轮融资。1999年,马云在创立阿里巴巴网站时只有50万元的启动资金。为了公司的发展,在创立初期,阿里巴巴获得高盛等四家共500万美元的资金支持。

(2)软银的入驻。获得高盛等的投资后,软银主席孙正义对马云的创业计划表示出兴趣,并联合其他五家共同出资2 500万美元,其中软银投资2 000万美元。在这次融资时,马云拒绝了软银原先提议出资3 000万美元的计划(条件是软银占股30%),没有让软银占有过多的股份以致影响自己的团队对阿里巴巴的控制。

（3）淘宝网诞生。2003年，阿里巴巴创立淘宝网。同年，阿里巴巴再一次获得软银等共8 200万美元的投资，引进的这笔融资里有6 200万美元直接向淘宝网注资，软银毫无悬念地成为淘宝网的最大股东。在引入软银这笔投资前，阿里巴巴的融资目的就已经非常明确，相关准备做得十分充分，因此阿里巴巴才能恰到好处地把握住融资的时机和金额。为了集团业务的扩张、挤占竞争对手的市场份额，马云适时地引入了这一轮融资；而此次融资也非常巧妙地规避了控制权旁落的风险，将第二大股东——软银的股权份额控制在20%上下，远低于软银原先计划投资所占的比例。这一轮融资非常成功，软银的入驻对马云及其创业团队的控制权并未构成威胁。

（4）雅虎入驻。到了2005年，腾讯开始利用拍拍网向马云宣战。在腾讯宣战后不久，eBay计划收购阿里巴巴，而孙正义此时也急于套现退出阿里巴巴集团。在这样的情势下，阿里巴巴一旦被eBay收购成功，马云便会彻底失去对阿里巴巴的控制权。雅虎就这样入局了。2005年8月，雅虎以10亿美元加上在中国的部分资产一举收购了阿里巴巴40%的股权。这次雅虎的资金注入为阿里巴巴的发展增添了强大的助力，淘宝网、支付宝利用这笔资金迅速做大做强，同时这笔资金也为阿里巴巴度过2008年的金融危机提供了一层保障，为阿里巴巴日后称霸中国互联网行业奠定了基础。这次股权交易虽然使阿里巴巴免于被eBay收购，但也迫使马云及其创业团队退居阿里巴巴第二大股东的位置。

第四轮融资后，雅虎的股份为40%，但雅虎的投票权只有35%，马云及其创业团队的投票权为35.7%，仍然能够控制公司。但事情不是这么简单，控制权危机已经埋下了种子，在2005年的一份协议中，阿里巴巴和雅虎达成了如下规定：第一，在投票权上，从2010年1月起，雅虎将由35%变更为39%，马云团队下降为31.7%，软银公司的股权与投票权保持一致，还是29.3%；第二，截至2010年10月，董事会席位数也将发生变化，雅虎增加到两个席位，与阿里巴巴管理层拥有相同席位数，并且取消了关于马云一直担任阿里巴巴CEO的约定。

这些规定直指阿里巴巴控制权，马云团队还能否掌握控制权存在极大的不确定性。随着协议时间的到来，从2010年开始，双方关系便剑拔弩张了。阿里巴巴首席财务官蔡崇信公开发声，称阿里巴巴愿意回购雅虎持有的阿里巴巴全部股份；而雅虎发言人针锋相对，表示不会接受回购，将保持所持股权份额不变。2011年，事态更趋严重，雅虎声称在没有经过董事会批准的情况下，马云团队擅自将支付宝剥离出集团变成独立控制的私人公司。冲突持续两个月后双方才达成初步和解。

面对这一次次冲突,马云意识到要重拳出击,加快掌握阿里巴巴控制权的速度,由此在 2011 年 9 月实施了所谓的"黎明计划",由俄罗斯风险投资巨头 DST 和马云参股的云锋基金提供资金支持,阿里巴巴展开了员工股权购买计划。在购买股权后,这些投资机构的投票权统归马云团队,以提高投票权比例、加强控制权。

在此之后,针对雅虎持有的股权份额,阿里巴巴展开"长征计划"实施回购。最终,2012 年 5 月,双方握手言和,签订回购协议,雅虎同意阿里巴巴分阶段回购其持有的股份。在第一阶段,阿里巴巴集团以 76 亿美元回购了雅虎手中大约一半的阿里巴巴股份。在这轮回购之后,雅虎只持有阿里巴巴集团 20% 的股权,而软银将持有约 32% 的股份,马云及其创业团队以及中投公司、国开金融等共持有约 45% 的股份。同时,阿里巴巴还与雅虎约定,如果以后阿里巴巴集团 IPO,将授予马云在 IPO 时回购阿里巴巴股份的权利,即马云以 IPO 价格回购阿里巴巴 10% 的股份。在第二轮回购之后,雅虎手中只剩下 10% 的阿里巴巴股份,对于这一部分股份,雅虎可以选择在股票禁售期之后自由出售。

在参与"黎明计划"的投资机构中,除了雅虎和软银,其余的都放弃了在阿里巴巴的董事会席位和投票权;但那些参与"长征计划"的投资机构,则大都保留了投票权。在这样的情况下,以马云为首的创业团队重新掌握了对阿里巴巴的控制权,然而他们仅持有阿里巴巴约 10% 的股权,这种控制权事实上是非常脆弱的。

3 控制权的创新——"合伙人"制度

自 1999 年起,阿里巴巴就一直秉承"合伙人"精神。为了让"合伙人"精神能够在企业延续下去并成为阿里巴巴的企业核心价值观,阿里巴巴在 2010 年 7 月准备自行打造属于自己的"合伙人"制度。

3.1 合伙人构成

阿里巴巴合伙人初始共有 28 名成员,包括 22 名阿里巴巴的管理层人员和 6 名关联公司及分支机构的管理层人员。其中,马云和蔡崇信为永久合伙人;其余合伙人为暂时合伙人,其任期与任职相关,即在阿里巴巴集团公司或关联公司任职时是合伙人,一旦离开即从阿里巴巴合伙人中"退休"。合伙人的人数无最终限制。阿里巴巴每年选一次新合伙人,新合伙人要获得3/4以上现任合伙人的同意才能当选,合伙人投票实行一人一票。新合伙人需要满足在阿里巴巴或关联公司工作五年以上;对公司发展有积极贡献;高度认同公司文化,愿意为公司的使命、愿景和价值观竭尽全力等条件。在担任合伙人期间,每个合伙人必须持有一定比例的公司股份。

3.2 合伙人的提名权

根据阿里巴巴的公司章程,阿里巴巴合伙人有权提名阿里巴巴过半数的董事,提名董事需经股东会投票过半数支持方可生效。以马云为代表的合伙人与分别持有阿里巴巴股份34.4%的软银及22.6%的雅虎达成投票协议。根据协议,在阿里巴巴完成上市后,尽管软银有一名董事的提名权,但在协议中软银承诺将在股东大会上投票支持阿里巴巴合伙人的提名董事当选。未经马云及蔡崇信同意,软银行政总裁孙正义不会投票反对阿里巴巴合伙人的董事提名。软银还把所持有的不低于阿里巴巴30%普通股的投票权置于一个投票信托管理之下,并且受马云及蔡崇信支配。在每年的股东大会上,马云和蔡崇信利用所拥有和支配的投票权,支持软银提名的董事当选。雅虎将动用其投票权支持阿里巴巴及软银的董事提名。合伙人的董事提名权不是一次性权力,而是具有反复性,即如果合伙人提名的董事未在股东大会获得通过,合伙人可以继续提名,直至提名董事当选。合伙人还享有"过渡董事"指定权。为了保障合伙人的董事提名权真正得到行使,"合伙人"制度规定在这种情况下合伙人享有"过渡董事"指定权,即可以不需股东大会同意,直接指定一名任期为一年的"过渡董事"进入董事会。

4 控制权的 VIE 模式

VIE(可变利益实体)的产生实际上是绕过中国法律法规的限制,通过一系列空壳公司来模糊上市公司股份的所有权,并将控制权与所有权置换,表面上将持牌公司与上市公司剥离开,避开法律的禁区,游走在"非法令禁止则合法"的灰色地带。个人股东首先会设立离岸公司,离岸公司与境外资本合资成立公司并作为上市主体；中国内地的上市主体公司一般会在香港地区设立壳公司，再由香港壳公司在内地设立外资全资子公司（WFOE）；WFOE 与内资公司，即内地的持有相关业务许可证的业务运营公司，通过一系列协议形成控制与被控制的关系，内地的实际运营业务的公司也就成为上市主体公司的 VIE。

阿里巴巴集团控股的阿里巴巴网络有限公司实质上是一家外资控股公司。根据国家相关政策规定，国家对提供互联网信息服务的 ICP（网络内容服务商）实行许可制度，要求公司获得互联网信息服务业务经营许可证。但当时内地《外商投资产业指导目录》禁止外商在中国内地投资提供增值电信服务（包括提供互联网信息增值服务）业务，按照这一规定，阿里巴巴网络有限公司无法获得此项许可证。阿里巴巴网络有限公司的全资子公司阿里巴巴（中国）网络技术有限公司与持有互联网信息服务许可证的浙江阿里巴巴签订了一系列协议，通过这些协议，既保障了阿里巴巴集团对浙江阿里巴巴的控制，又能使浙江阿里巴巴的收益合理地转移至阿里巴巴集团。

2010 年 6 月，中国人民银行出台了《非金融机构支付服务管理办法》（以下简称"2 号令"），规定从事第三方支付的企业必须是境内法人公司，对于有外资成分的企业的牌照申请，需要国务院另行批准。马云先是在 2010 年下半年分两次将原本 100% 属于阿里巴巴的支付宝业务转移到杭州阿里巴巴，共支付 3.32 亿元的对价。在这两次交易后，支付宝仍处于协议控制的范围之内。但在 2011 年第一季度，中国人民银行发函要求支付宝做出关于协议控制的书面声明。马云为了避免支付宝在争取内地相关机构颁发的支付牌照时因外资背景而遭遇不必要的风险，于 2011 年 5 月单方面终止了协议控制。马云于第二天把这件事情通知了雅虎和软银等股东，随后启动了赔偿谈判。消息一出，美国雅虎股票价格应声下跌，事件发生后的三个月累计跌幅达到 28%，投资者和大股东蒙受了巨大损失。马云认为 VIE 结构不符合国家出台的 2 号令关于颁发支付牌照的条件，需要中断协议控制，使支付宝成为一个纯内资公司，这样才能顺利拿到支付牌照。而雅虎和软银则表示中国政府并没有明文规定 VIE 结构是非法的，由此认为马云背信弃义，单方面终止协议控制，违背了契约精神，身价数十亿美元的支付宝却以 3.32 亿元人民币的低价被马云纳入囊中，马云有窃取支付宝之嫌。

针对该事件背后是否存在各自利益的博弈，我们在这里不作深入分析。从 VIE 结构本身来看，案例除体现了 VIE 结构的政策风险外，更重要的是体现了控制风险。马云能够顺利完成支付宝的股权转移并且中断与WFOE的协议控制,采取的是"先斩后奏"的方式。马云在前一天中断VIE与WFOE之间的协议控制,第二天才通知雅虎和软银两大股东,体现出VIE结构的上市公司真正股东对VIE的控制力有限。创始人马云并没有提议召开董事会和股东大会,轻松绕过雅虎和软银两大股东,说服杭州阿里巴巴管理层中断与WFOE之间的协议控制。从中可以看出,投资者对所投资的"壳公司"背后的利益实体并没有足够的控制权。

2014年7月12日,阿里巴巴在招股书中披露了复杂的VIE结构,集团共有202个附属子公司和业务实体(见图1)。

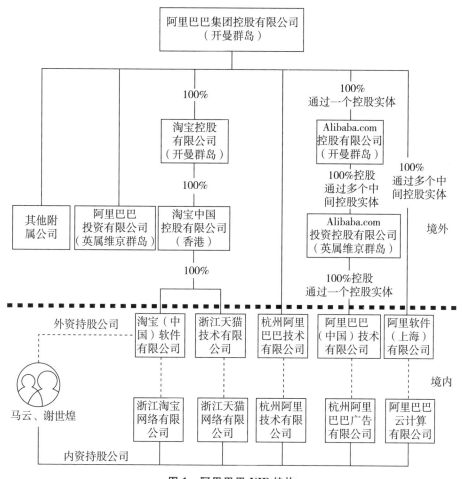

图1 阿里巴巴VIE结构

注:实线表示股权关系,虚线表示双方合同协议关系。

5　阿里巴巴 IPO 的艰辛历程

2013 年 7 月,阿里巴巴向香港交易所递交上市申请,正式启动在香港的 IPO 程序,最快预计 10 月份挂牌,估值在 800 亿—1 000 亿美元,最高将筹集 200 亿美元的资金。如果阿里巴巴成功挂牌上市,将是港交所历年来集资最高的公司。然而事与愿违,在双方经过多次磋商后,阿里巴巴同香港交易所的 IPO 谈判还是破裂了,原因就在于阿里巴巴请求港交所允许高管和股东联合提名董事会大部分成员。此举可以使马云及其管理团队以不足 10% 的股份继续保持公司的控制权,也就是坚持实施独特的"合伙人"制度;而香港交易所认为这一制度与香港地区"同股同权"原则相抵触,不愿意开此先例。因此,阿里巴巴放弃了香港地区,转而赴美上市。

马云最终在美国实现了他的想法,美国作为全球创新能力最强的国家,向来对新生事物抱有开放欢迎的态度,SEC(美国证券交易委员会)最终通过了阿里巴巴提出的"合伙人"制度和 VIE 结构,造就了史上规模最大的 IPO。

案例使用说明

一、教学对象与目的

本案例主要适用于 MBA"公司治理"课程,也适用于工商管理类或金融类课程的教学和管理培训。

本案例的教学目的在于帮助学员掌握公司控制权的基本原理,让学员主动分析、设计公司重组实施方案。

任课教师可以进一步结合阿里巴巴其他信息披露内容,引导学员开展课堂案例讨论。

二、启发思考题

(1)阿里巴巴是如何在一轮轮融资中保住创业团队对公司的控制权的?

(2)阿里巴巴"合伙人"制度的创新性和可行性体现在哪些方面?

(3)阿里巴巴"合伙人"制度的优势与风险是什么?对外部监管的挑战是什么?

三、分析思路

双层股权结构的创新突破了传统股权结构的过度僵化,使公司各类要素实现资本化,使实务界能够开始重新界定资本结构。

阿里巴巴的"合伙人"制度是在双层股权结构上针对自我特点的进一步完善,这不但是阿里巴巴对自身管理结构的创新,而且开创了一个新局面。这一举措的真正意义是展现了一个灵活多变的公司股权结构,使外界看到僵化的股权结构不再是所有公司的必然选择,因地制宜、顺势而为的股权结构或许是公司管理与治理的新路径。

现代公司的发展有必要实现从传统的"资金"控制到"多要素"的集体控制。我国的要素资本化现状尚待完善,传统经济结构中重资金、轻无形资产的现象应该改变。近年来,互联网等高科技行业公司蓬勃发展,原始资本在公司创建中起到的作用越来越小,如果不实现创始团队的人力资本在高科技公司的股权地位,就会阻碍此类公司的发展。

VIE 模式规避了对外商投资的限制,在合法的框架下通过协议控制方式,使得拟上市公司在名义上符合国家的相关要求,从而帮助公司顺利实现海外上市,这成为 VIE 模式最大的优点。但支付宝事件折射出 VIE 模式的潜在风险。在 VIE 模式下,阿里巴巴集团与浙江阿里巴巴存在协议控制关系,在支付宝股权全部转移至浙江阿里巴巴后,雅虎和软银依然可以通过阿里巴巴集团间接控制支付宝。但是在阿里巴巴管理层解除协议控制关系后,外资企业则失去了对支付宝的控制权。从协议双方来说,违约是 VIE 模式最大的风险。

四、理论依据与分析

公司治理主要解决的是两种代理问题——两权分离下股东与管理层的代理问题,以及股权集中下大股东与中小股东的代理问题。良好的公司治理强调股权的结构安排与分布,强调不同股东之间的相互制衡,但最终目标都是实现公司的健康发展。对于互联网公司来说,其与生俱来的特点决定了这类企业股权的天然属性:双层股权结构是一种在特殊环境里因地制宜的产物,它不能依靠传统的股权结构理论来实现公司治理的功能。无论是传统的同股同权安排,还是创新的同股异权安排,目的是唯一的——实现公司治理功能、促进公司健康发展。

双层股权结构的治理原理就是按照事物的本来规律做出实事求是的调整。股权的异化不是寻求利益不公平划分的契机,同股同权是出于公平考虑,双层股权也是出于公平考虑,二者形式不同,但效果归一。互联网等高科技公司一个总的特点就是技术与资金的分离,这里的技术包括研发技术和管理技术。中国的要素资本化还未达到应有的水平,包括技术、人力资本、管理技能等在内的无形资产还未取得正式资本化的认可,股权所能代表的几乎都是有形且可量化的要素。即使技术等要素能够被资本化为股份,但很难为其制定准确的量化份额。在高科技公司,资金在初始阶段发挥了开天辟地的作用,但真正使公司运转与不断前进的是研发技术与管理技术。所以,重资金还是重技术,成为高科技公司的难题。

解答难题必须注重事物的本质,资金的初始作用不能成为束缚公司发展的工具,打江山和守江山是两个不同的概念。双层股权结构就是要切断束缚公司前进的绳索,使掌控权牢牢握在技术者的手中,这是对全体股东负责任的表现。假如高科技公司在一些不懂技术的人手上运转,决策权由不懂科技、不懂创新的管理层掌控,可以想象事情的结果。同股不同权,并非对股东的歧视,反而是站在公司的长远利益来考虑的。公司治理不是机械地照搬制度,也不是唯标准是从,而是在目标一致、方向正确的情况下做出的最佳选择。

五、关键点

本案例分析中的关键点在于学习阿里巴巴这样的互联网企业对于保护自身控制权所做的创新。

1. 牢牢把握公司的控制权

1999年,在阿里巴巴刚刚创立时,得到了高盛等五家公司的投资。此时,阿里巴巴的股东主要由以马云为首的创业团队和高盛等公司组成。在初创期,高盛这样的投资者不会干预公司的发展,而是期望马云团队的想法能够给自己带来远期的回报,这就是阿里巴巴的第一轮融资。

阿里巴巴的第二轮融资迎来了公司现在的大股东——软银。为了避免创始人控制权的旁落,马云只接受了软银占比不足30%的投资,马云团队对公司的控制权直到第四轮融资前都未发生丧失的风险。

但在2005年,在第四轮引入雅虎作为投资者时,马云及其创始人团队面临控制权丧失的风险。雅虎不同于其他投资者,它要求获得高于马云团队的投票权,和所投入的股份相匹配。为了保持自己团队的控制权,马云通过回购股票和转移支付宝股份等方式,最终于2012年与雅虎达成协议并从香港地区退市。当再次上市时,阿里巴巴向世人展示了它的"合伙人"制度。

2. 阿里巴巴"合伙人"制度的特点

第一,实现了从"资金"控制公司到"技术"控制公司。阿里巴巴的"合伙人"制度就是将公司最有潜力、最可能对公司做出贡献的精英聚集在一起,实现对公司的精细化管理。阿里巴巴将这种制度固化,表面上看是在形成一种封闭式的权力机器,实质上是在保证决策团队的质量与稳定。

第二,权力范围恰到好处。阿里巴巴的"合伙人"制度没有像传统的双层股权结构那样,使少数特殊性质的股东掌控几乎所有的股东会权力;"合伙人"制度喧宾但不夺主,重要事项的最终决策权还是掌控在股东大会手中,它只保留日常经营的决策权。这样形成的治理格局,没有完全否定占优势股份股东的权力,没有破坏同股同权原则,同时也缓和了决策层与其他股东尤其是中小股东之间的矛盾。这样形成的治理格局不是对传统治理的颠覆,而是在此基础上的创新与补充。

第三,巧妙实现合伙人的内部制约。如果少数股东的权力被无限放大且不受约束,就会大大增加少数股东侵害多数股东权益的可能性。阿里巴巴之所以引入多样性合伙人的另一个考虑就是形成决策团队的内部制约,这种制约使决策团队不会滥用权力。

六、课堂计划建议

在教学过程中,应提前一周将案例内容发放给学员,让学员提前了解相应的背景资料。

可以将学员分为2—3组,分别提出本组的主题。每组分别选派一名学员做15分钟的发言。

各组发言结束后,可以安排30分钟的自由讨论。

任课教师在最后做10分钟的点评。

建议将本案例作为学期论文的素材,让学员自己撰写相应的研究报告。

财务与金融

股权众筹的钱去哪了
——国内股权众筹第一案引发的投融资关系合法性[①]

许 进

摘 要:股权众筹是近年来借助互联网技术出现的新型创业股权投融资模式。本案例以国内股权众筹第一案为背景,描述了融资项目在股权众筹平台融资的流程,展示了股权众筹中投融资关系的合法性问题,揭示了股权众筹这种资金供给方与需求方快速匹配的模式,提供了大众参与天使投资、实现大众支持创业和创新的机会,却始终面临如何把高风险的创业投资变成低门槛的大众参与的挑战,面临投融资关系合法性的挑战。

关键词:股权众筹 融资 投资 关系合法性

引 言

2015年1月,北京诺米多餐饮管理有限责任公司(以下简称"诺米多")与北京飞度网络科技有限公司(开办股权众筹平台"人人投")签订协议,委托对方在互联网上融资88万元(其中包含诺米多自身投资17.6万元),开办"排骨诺米多健康快时尚餐厅"(以下简称"排骨诺米多")。最终,86位投资者认购了总额为70.4万元的股权融资,项目融资成功。但是,诺米多没有收到预期的融资额。

---

① 本研究受北京市社科基金项目(15JGB087)的资助。本案例的信息和数据均来自公开披露信息;本案例只供课堂讨论之用,并无意暗示或说明某种管理行为是否有效。

1 案例背景

1.1 融资方

北京诺米多餐饮管理有限责任公司是一家以健康无油、良心食材、口味清新、营养丰富为理念的台式餐饮连锁企业,目前在北京拥有四家门店。

经营理念源自一个女孩与父亲的饮食故事。女孩名叫"诺",是诺米多创始人王俊的女儿。诺从小喜欢吃"洋快餐",但洋快餐中的高脂肪和高热量一直令她父亲耿耿于怀。于是,王俊萌生了开一家快餐店的想法——为像女儿这样爱吃快餐的孩子提供健康营养的快餐。

2013年7月,位于北京市石景山区台湾街上的第一家"排骨诺米多"快餐店开业,消费者定位为注重健康饮食的群体。王俊注册了"诺米多"商标。开业三个月后,王俊有了扩张做连锁的想法。就在此时,擅长营销的刘晓光加入诺米多。之后,诺米多的世纪金源店和怀柔京北大世界店陆续开业。诺米多有一个配送中心,每天凌晨开始炖骨头汤,早上七八点配送至各店。

筹备第四家店时,刘晓光听朋友的介绍和推荐,知道了股权众筹和人人投,开启了股权众筹之路。

1.2 股权众筹平台——人人投

人人投是北京飞度网络科技有限公司经营的股权众筹平台,创立于2013年。创始人郑林对平台的定位是:聚焦实体店融资,圆草根大众的投资梦。2014年开始运营,截至2015年已经帮助近300个项目成功融资,注册用户270万,并在14个月内对接了7亿元金额的筹资,2016年公司估值超过20亿元。

1.3 诺米多搭上人人投

2014年12月下旬,经朋友介绍的刘晓光开始接触人人投。2015年1月21日,诺米多与人人投签订《委托融资服务协议》,约定融资88万元,诺米多投资该项目的20%(17.6万元),诺米多新店将于2015年4月15日开业。

协议签订后,人人投实地考察了诺米多已有的三家店,详细调查了各店的人员、店租等成本及盈利情况,并要求诺米多配合完成宣传片的拍摄,最后制作视频并在 2015 年 1 月 26 日上线众筹平台进行预热,供会员投资人了解融资项目。

项目预热期间,诺米多选定承租的地点是北京市东城区金宝街 6 号,与出租人最终达成每天每平方米 13 元的房租价。刘晓光在众筹平台的投资人 QQ 群里发布了选址的信息,并且上传了房屋照片。投资人在群里讨论了两天,比较认可这个选址。

在股权众筹平台的该项目负责人以及投资人没有异议的情况下,诺米多的融资项目在人人投平台上开放。融资期间,投资人的资金由第三方的易宝支付托管。同年 2 月 12 日融资完成,共有 86 位投资人认购了投资。与此同时,诺米多与投资人签订一式三份《委托融资服务协议》,成立合伙企业,普通合伙人为诺米多公司法人刘晓光,有限合伙人为投资人。

1.4 "众筹"变"众仇"

眼看众筹成功,诺米多签订了租赁合同,租下了面积为 155 平方米的房屋,开始抓紧时间装修。众筹成功后,诺米多将相关情况提交人人投,准备申请支付融资额。人人投以及投资人前往房屋实地考察。

4 月初,刘晓光接到了人人投的通知。人人投声称经审核发现,项目方提供的房屋租赁协议上的金宝街 6 号是平房,而实际为三层楼房;租赁的房屋不仅没有房产证,还存在违建情况,并且协议上的房租与周边租金出入较大,租金较高。人人投要求项目方刘晓光出示足够证据证明上述问题不存在。与此同时,人人投将上述问题呈现给认购该项目的股东 QQ 群,股东们同仇敌忾,纷纷质问同在群里的刘晓光。4 月 11 日,在人人投的主持下,代表诺米多的刘晓光与五位股东代表坐在一起,回答和解决上述问题。开会当天,刘晓光向人人投递交了付款申请。

两天后,人人投回函拒绝支付融资额。人人投认为,与刘晓光多次沟通未果,刘晓光迟迟没有给出合理解释。诺米多则认为必须解除融资协议,因为按照协议,无论中间发生了什么误解,新店 4 月 15 日开业后就属于投资的股东,这就相当于诺米多没收到投资人的一分钱,而投资人却变成了诺米多的股东。2015 年 4 月 14 日,诺米多向人人投发出《合同解除通知书》,人人投当天书面回复,双方融资协议解除。诺米多融资交付的 17.6 万元被扣压。

最终,融资方、人人投、投资人之间协商未果。融资方和投资人均认为对方违约,互相起诉。

2 人人投和诺米多的纠纷案

2.1 诉讼

本案包含两个诉讼。一方面,人人投诉"排骨诺米多"。项目融资虽然已经成功,但是人人投认为诺米多租赁的房屋信息失真,所以根据双方所签协议将合同解除,要求诺米多支付 4.4 万元的融资费用、4.4 万元的违约金、1.97 万元的经济损失。另一方面,诺米多提出反诉,认为人人投是恶意违约,投资主体多于法律规定,没有合法性,融资完成后没有及时交付资金,所以要求人人投返还 17.6 万元的款项和期间产生的利息、支付 5 万元的损失赔偿以及该案的诉讼费。

2.2 诉讼结果

经过四个多月的审理,海淀法院确认众筹融资合同有效,一审判决结果:诺米多给付人人投委托融资费用 2.52 万元、违约金 1.5 万元;人人投返还诺米多出资款 16.72 万元;驳回双方的其他诉讼请求。

一审判决后,虽然诺米多不服判决上诉,但是在 2015 年 12 月 23 日的二审中,北京市第一中级人民法院依然维持了一审的判决,并且驳回了诺米多的二审上诉权利。

2.3 案件争议

核心的争议主要体现在两个方面,一个是双方所签协议的合法性,另一个是双方违约的判定。其中,最关键的问题就是双方签署的《委托融资服务协议》,表面上看有争议的是法律问题,但实际上是众筹模式投融资相关主体及关系的合法性界定。

2.3.1 股权众筹平台的合法性

关于股权众筹平台的主体资质,人人投是在取得营业执照、电信与信息服务业务经营许可证等手续的情况下开展股权众筹融资服务业务的,当时并没有法律法规上的障碍。在股权众筹平台的相应法律法规明确之前,法院基于"法不禁止即为允许"的原理,没有在众筹平台资质方面认定人人投违规或违法,并且对人人投平台为投融资双方提供包括项目展示、融资、风控、交易结构设计及过程监督等服务予以肯定。

2.3.2 投资人数

股权众筹中投资者的参与人数是一个焦点。在诺米多股权众筹项目中,实际参与的投资人数最终为87人。虽然没有达到《中华人民共和国证券法》(以下简称《证券法》)有关"向累计超过二百人的特定对象发行证券"的红线,但触及有限合伙人数50人上限。根据《中华人民共和国合伙企业法》第六十一条的规定"有限合伙企业由二个以上五十个以下合伙人设立"。但是,该融资项目实际参与投资的人是通过嵌套式,保证了股权众筹项目成功后成立的有限合伙企业股东人数在法律范围内。

2.3.3 股权众筹的投融资服务协议

在相关法律法规出台之前,如何界定众筹融资服务协议是界定众筹融资合法性的关键。

如果将股权众筹定义为公开发行证券的行为,那么众筹平台提供的投融资服务就属于违法行为,众筹融资服务协议因违反《证券法》规定,会被认定为无效合同。但是,如果股权众筹协议被认定为居间合同,基于平台的投融资关系中产生的媒介服务、融资服务和投资服务等就是"中介服务"。

3 案例尾声

2015年7月30日,诺米多成为首家入榜人人投黑名单的企业,刘晓光本人也因关联项目"排骨诺米多"而上了人人投的不诚信黑名单。人人投通过官方平台揭露了刘晓光的不诚信行为(http://www.renrentou.com/black/detail/id/1)。

刘晓光认为,这会影响诺米多的商誉。诺米多本可以凭借自己的经营模式和实力开第四家店。之所以选择人人投,是因为觉得股权众筹模式很不错。但是,考虑到众筹不规范的情况,公司今后不会再尝试股权众筹融资模式。

国内股权众筹起步较晚,无论是从实践经验、法律制度还是相关配套服务来看,都存在诸多不完善的地方,这就使得基于股权众筹平台的投融资关系面临更多的风险和挑战,需要投融资及平台三方之间加强沟通和增强信任。

案例使用说明

一、教学对象与目的

本案例适用于"财务管理""投融资决策""互联网金融"等课程教学。教学目的在于使学员进一步理解投融资模式、投融资行为、投融资关系等知识点,提升学员理论学习与实践相结合的能力,培养学员解决实际问题的能力。

本案例可供 MBA 学生使用,也可用于工商管理类或金融类课程的教学和管理培训。

二、启发思考题

(1)诺米多为什么选择股权众筹的融资模式?

(2)股权众筹作为一种基于互联网的创新金融业态,与传统创业股权融资相比,其优势和劣势是什么?

(3)在当前情况下,股权众筹的投融资关系及其问题是什么?

三、分析思路

股权众筹使得创业者通过互联网平台获得创业资金,融资渠道不再局限于传统的天使投资和风投机构,而扩大到了普通大众。然而,不同于传统创业股权的"半径"融资方式,股权众筹在促成资本形成的过程中,面临更为复杂的投融资关系。股权众筹的关系主体,不仅有传统的投资方、融资方,还有融资平台和资金托管方。如何兼顾效率、安全和投资者权益,还需要不断改善现有模式,这将是很大的挑战。

人人投与诺米多之间的互诉案是国内股权众筹的第一例,虽然已有最终判决,但仍折射出股权众筹中的投融资关系合法性问题:

(1)股权众筹平台的责权利是什么?

(2)股权众筹平台与投资人是什么关系?

(3)股权众筹平台与融资人是什么关系?

(一)股权众筹平台

众筹平台需要在投融资关系中确立自身的合法性问题。股权众筹模式的出现,吸引了众多创业项目上线融资,但同时缺乏相应的法律法规和政策的界定与引导。

一审法院没有在资质上判定人人投平台集资违法,而且对人人投给诺米多提供的包括项目融资、风险控制、交易结构和监督的过程以及其他服务给予了积极评价。法律制度的完善需要时间,但实践仍然需要先行。

对于股权众筹,平台的核心作用不可替代。一方面,它可以为双方争取低成本、高效率的沟通平台以匹配投融资需求;另一方面,它通过一系列的制度和技术措施,提供交易的安全基本保障,降低投融资之间的信任成本,提高交易效率。[①] 与传统的天使投资相比,股权众筹平台定位为业界的信息匹配平台,目的就是做投融资对接。但是,只有投融资对接是不够的。在传统天使投资项目的质量中,项目本身因素只占20%,项目投后的管理决定80%。如果一个好的项目没有良好的投后管理,就很可能会夭折。从股权众筹的未来发展看,投后管理是好项目选择筹资平台的关键依据,因此也成为股权众筹平台成败的一个关键标准。

项目融资成功后,公开信息和转股问题是平台的重点。大多数国家都要求公司披露稳定的收益,信息披露标准根据企业规模而定。美国证券交易委员会(SEC)2012年在JOBS法案中对涉及股权众筹内容的具体落实出台了专门的众筹条例,主要从注册豁免权、信息披露和平台业务范围等方面做出了具体要求,试图最大限度地降低投资风险,避免众筹平台与创业企业的利益勾结,以保护投资人的合法权益。

但是,众筹平台不应该仅仅是投资人利益的保护者。平台交易关系中不仅有投资人,还有融资方,不能厚此薄彼。关于融资项目信息的真实性,平台应有全过程的审查标准和严格控制的义务。人人投出于保护投资人利益的角度,索取更多关于融资项目的信息、质疑融资项目,这些都无可厚非,但其采取的做法对融资方产生的影响却是欠妥的。比如,北京王府井周围的金宝街,这种黄金地段的租金一般较高,人人投平台以网络公开平台(如58同城等)租金报价为依据质疑诺米多所租赁房屋租金过高,难免有些欠妥,而且该地段房屋普遍存在一些产权问题。由此可见,人人投平台在控制项目风险、履行监督职责的过程中,并未站在项目融资方的角度考虑问题、为融资方和投资人建立良好的平等互信关系,而是一味关注风险的控制,并且采取强硬的手段来执行,这无疑违背了股权众筹存在的真正意义。

---

① Jonathan M. Barnett,"Intermediaries Revisited:Is Efficient Certification Consistent with Profit Maximization"? *Journal of Corporation Law*,2012,(374):75.

(二) 投资人

股权众筹的融资模式降低了投资门槛,一万元甚至几千元的投入即可参与,这使得更多的大众投资人有机会参与其中。但是,与传统天使投资模式相比,股权众筹模式中的投资人缺乏投资知识、风险防控能力和自我保护能力,对项目的判断大多依靠个人主观臆断,没有相对成熟的风控管理和投资逻辑,在尽职调查方面就更加缺失,因此对项目风险的把控大多依赖平台完成。而且,每个投资人的经历和资质都不同,这也为投后管理带来很多问题,比如组织的复杂性、运营的低效性和投后监管的难度。像诺米多这样,随意改变投资用途,本来做餐饮的门面却增加了办公场地,租金远高于周边价格,这种情况显然是投前尽职调查和投后管理不到位造成的。

目前,国内股权众筹平台主要采用"领投+跟投"的投资模式,有助于降低大众投资人的投资风险。领投人一般是专业投资机构,项目投资的逻辑和流程与原来基本无异,释放出剩余额度给一些个人投资人。但是,这种模式使得领投人承担了大部分的工作内容,跟投人的参与度不高。所以,对于优质的创业项目,领投人往往倾向于独立投资或与其他机构合投,而不愿意释放额度给个人投资者。

在规避股东人数限制方面,股权众筹采用股权代持和嵌套式合伙企业的方式。在股权代持中,实际出资人通过代持协议享受股东的权利和承担相应的义务。这种关系完全依赖于众筹平台完成。另外,成立的嵌套式合伙企业也是交由平台方负责的。众筹平台专业人员的缺乏,使得由此产生的风险难以得到规避。

股权众筹主要投资于初创企业、小微企业,资金一般用于企业的发展,投入周期较长,资金流动性较差。普通投资人的资金一般相对较少,风险承受力较弱。股权众筹让大众实现公众支持创业、支持创新,那就将始终面临一个问题——如何把专业的高风险投资变成门槛低、公众均可参与的事业。

(三) 融资方

融资方需要明确承诺提供的信息真实、准确、完整,以获得投资人的资金和其他资源。

对于诺米多而言,内源融资不能满足连锁扩张的需求,而外源的债务融资对这种无抵押的小企业来说就意味着高额的利息。像餐饮业、零售业这种行业的传统连锁模式是无法引起专业机构或投资人的兴趣的,股权众筹则可以在此时为诺米多提供快捷的股权融资,并借此达到快速积累一批用户的效果。

诺米多决定进行股权众筹时,企业已经度过了种子期,进入成长阶段。与种子期相比,诺米多的产品和销售得以进一步完善,市场局面已经逐步打开,收入正在稳步增长;在经营上也已经可以逐步使用资产进行抵押,并积累了一些商业信用。可是,"排骨诺米多"品牌的市场规模与发展前景尚未明朗化,诺米多进一步扩张的需求与资金的供给之间存在明显缺口。诺米多此时需要的往往不只是资金,还有对企业发展有益的其他资源。

但是,诺米多提供的重要文件难以完全排除交易风险的可能性,这是交易双方丧失信心的一个直接因素。

众筹完成后,大量的微股东或投资人会产生。项目融资者有义务沟通并回答这些股东的问题,为此需要付出大量的精力。当企业经营出现困难或持续亏损的情况下,如何处理与众多微股东之间的关系,是创业企业股权众筹融资后需要考虑的方面。另外,领投人与跟投人或者大量微股东之间会存在利益平衡问题,对创业企业来说,外部股东之间不能保持一致也会对内部股东产生严重的影响。

引入资本带来的不仅是资金支持,还会引发企业的控制结构调整,并影响企业的治理结构。争夺控制权在创业者和投资人的权力斗争中并不少见,很多时候,创业者处于劣势,控制权受到威胁。投融资双方的分歧或利益冲突,需要融资方投入较多的精力沟通解决。

四、理论依据与分析

(1)企业金融成长周期理论。

(2)资本结构理论。

(3)融资优序理论。

(4)财务契约理论。

(5)控制权市场理论。

(6)公司治理理论。

五、背景信息

(一)股权众筹

众筹(crowdfunding)是指项目发起人通过公众集资平台公开展示,有兴趣的投资者可以为这些项目提供资金支持。众筹涉及三个主要主体:筹款人、运营平台、投资者。其中,筹款人是项目在众筹平台的创建者,他介绍自己的项目、想法、要求的资金和预期回报率;运营平台网站负责审核他人创建的公开项目,为客户提供支持服务;投资者浏览平台的各种项目,选择合适的投资目标进行投资。

根据募资形式的不同,众筹可分为捐赠众筹、回报众筹、借贷众筹和股权众筹四类。① 但是时下人们更倾向于根据融资标的不同,将众筹融资模式分为股权众筹、产品众筹、混合众筹和公益众筹。其中,股权众筹(equity crowdfunding)是指将公司股权的一定比例出售给普通投资者,获取公司未来收益索取权。

股权众筹的融资模式对创业企业来说门槛较低、资金来源广泛,对初创企业的创新程度具有鼓励作用。鉴于线上的股权众筹融资模式,有助于提高信息披露程度、提升企业治理水平,这种资金需求方与供给方的快速匹配,将逐渐成为创新创业的重要融资渠道。

股权众筹涉及的关系主体主要有四个,分别是发起人、平台、投资人、托管人。一个完整的股权众筹流程大概包括:①项目筛选;②创业者约谈;③确定领投人;④引进跟投人;⑤签订投资框架协议(term sheet);⑥设立有限合伙企业;⑦注册公司;⑧工商变更/增资;⑨签订正式投资协议;⑩投后管理;⑪退出。

(二)《证券法》和《公司法》关于投资者人数和股东人数的相关规定

略。

(三) 美国 JOBS 法案的融资规定

略。

六、关键点

股权众筹的投融资特点;股权众筹中各种关系的合法性。

七、课堂计划建议

本案例可以作为"财务管理""公司金融""互联网金融"等课程的案例进行讨论,以下的课堂计划仅供参考:

案例阅读。由于案例涉及《证券法》《公司法》相关规定以及股权众筹这一新型金融业态,建议教师预留时间,让学员通过各种途径了解相关知识(25—30分钟)。

教师明确讨论主题。根据教学计划的要求,教师根据学员规模分组,明确

---

① C. Steven Bradford, "Crowdfunding and Federal Se-curities Laws", *Columbia Business Law Review*, 2012,(1): 14—24.

案例涉及的思考题(5分钟)。

小组讨论。各组就教师提出的问题进行小组讨论(20分钟)。

课堂展示与讨论。抽签选中展示小组。展示小组向全班陈述本组的讨论结果,其余小组就展示内容提问,展示小组给出相应解答。教师及时引导学员的讨论(25分钟)。

教师点评。教师就案例涉及的知识点以及学员展示和讨论中存在的知识盲点或者不足,进行讲解与总结归纳(10—15分钟)。

贵糖股份内部控制重大缺陷与会计报表重述[①]

李晓慧

摘　要：针对贵糖股份长期以来内部控制的状况，以及审计师变更和会计报表重述、2012年内部控制自我评价报告与审计报告的差异，引导学员进一步学习内部控制重大缺陷的识别、认定及会计报表重述。

关键词：内部控制重大缺陷　差异　会计报表重述

1　公司简介

广西贵糖（集团）股份有限公司（股票代码000833，简称"贵糖股份"）的前身是广西贵县糖厂，于1956年建成投产，1994年完成股份制改造，组建成定向募集的广西贵糖（集团）股份有限公司。曾用名贵糖股份、S贵糖，1993年8月18日成立，1998年11月11日在深圳证券交易所上市。贵糖股份主要产品有"桂花"牌白砂糖、文化用纸及"纯点""碧绿湾"牌生活用纸。

1.1　股权结构

2001年，贵港市人民政府将所持贵糖集团的全部股权转让给深圳华强集团

---

①　由于本案例采用的都是中国证监会、上市公司官网公开披露的信息，没有对有关名称、数据等做处理；本案例只供课堂讨论之用，并无意暗示或说明某种管理行为是否有效。

有限公司、景丰投资有限公司,其中深圳华强集团有限公司受让60%的股权,景丰投资有限公司受让40%的股权。2011年9月22日,深圳华强集团有限公司、景丰投资有限公司将所持广西贵糖集团有限公司100%的股权转让给广东省国有资产监督管理委员会下属的广东恒健投资控股有限公司,最终控制人为广东省国有资产监督管理委员会。2011年12月2日,广东省国有资产监督管理委员会将广东恒健投资控股有限公司所持贵糖集团100%股权无偿划转至广东省国有资产监督管理委员会下属的另一家投资公司——广东省产业资产经营有限公司(以下简称"产业资产")。变更后实际控制人情况及控制关系如图1所示。

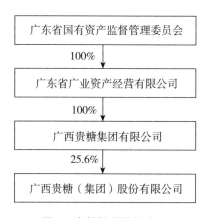

图1 贵糖股份控股关系

资料来源:贵糖股份2012年年报。

如表1所示,2009—2014年,贵糖股份的第一大股东为贵糖集团有限公司,持股比例为25.6%,远远高于第二大股东,甚至超过第三大至第十大股东的合计数,股权结构具有大股东控制、一股独大的典型特征。这种股权结构在中国上市公司中非常典型和普遍。2015年第一大股东变更为云浮广业硫铁矿集团有限公司,持股比例为31.31%,第二大股东为广东省产业资产经营有限公司,持股比例为12.13%。

表1 2009—2015年贵糖股份股权比例

年份	第一大股东(%)	第二大股东(%)	第三至第十大股东持股比例之和(%)	股权制衡度	其他(%)
2009	25.60	1.69	2.64	0.12	70.07
2010	25.60	0.54	2.74	0.07	71.12

（续表）

年份	第一大股东（%）	第二大股东（%）	第三至第十大股东持股比例之和（%）	股权制衡度	其他（%）
2011	25.60	1.05	2.86	0.10	70.49
2012	25.60	0.47	2.73	0.06	71.20
2013	25.60	1.01	3.34	0.10	70.05
2014	25.60	6.14	6.31	0.39	61.95
2015	31.31	12.13	23.82	0.92	32.74

资料来源：贵糖股份2009—2015年公司年报。

1.2 组织架构

如图2所示，贵糖股份按《中华人民共和国公司法》（以下简称《公司法》）、证监会有关法规的要求成立了股东大会、董事会、监事会以及在董事会领导下的经营班子，并有效运作，形成了由公司办、人力资源部、财务部、证券部、供应部、销售部等职能部门及制糖厂、热电厂、制浆厂、文化用纸厂等各分厂组成的完整、有效的经营管理框架。目前，公司董事会下设战略发展与投资决策、审计、提名、薪酬与考核四个专门委员会，以加强对公司信息披露、高管任职与考核的管理、监督及重大投资的风险控制等。公司设有审计室，内审工作人员为三名，隶属于公司监事会并由监事会主席直接领导，接受公司审计委员会的工作指导。该内审部门定期检查公司内部控制制度执行情况，并将监督检查情况及时提交公司有关部门以进行考核、奖罚。对于在审计过程中发现的重大问题，可以直接向审计委员会或董事会报告，保证公司各项经营活动的规范化运作，促使内部控制制度得到有效的贯彻。

2 公司内部控制的状况

2.1 公司治理方面

2009—2014年，贵糖股份的股权结构具有大股东控制的典型特征。如表1所示，2009—2014年，股权制衡度一直在0.06和0.39之间波动，说明其他股东对大股东的制衡能力不足。大股东控制、一股独大的典型特征可能导致"反向

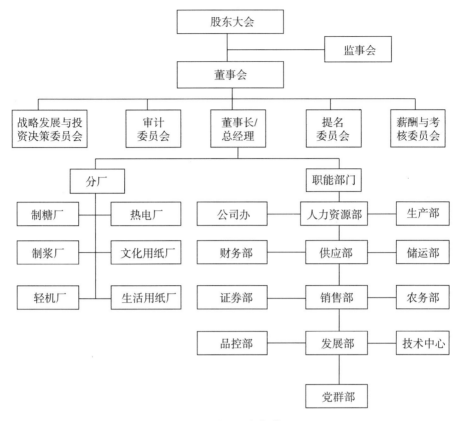

图 2 公司组织架构

资料来源:贵糖股份内部控制自我评价报告。

代理问题"的产生。一方面,控股股东股权越集中,其以控制权谋取收益的动机越强,内部控制信息披露也就越变得非理性;另一方面,中小股东高度分散,导致"搭便车"行为盛行,从而导致对管理层的监督不足。2015年,股权制衡度变为0.92。

2007—2012年,贵糖股份控股股东对公司内部控制信息披露行为的干预是通过对股东大会、董事会、监事会、管理层的逐级控制实现的。表2、表3、表4显示,贵糖股份控股股东完全控制了股东大会,进而通过向董事会委派董事控制了公司董事会,通过选举监事会的多数监视控制了公司监事会。从表2中不难看出,控股股东以外的其他股东(均为小股东)对于股东大会的参与度极低,2008年及以后参会小股东的表决权比例均未超过1%,股东大会基本上成为控股股东的"一言堂",所有提案的表决结果自然为100%通过。由于能对股东大会施加完全控制,控股股东掌握了公司董事的提名和任免权,从而控制了董事会,进而控制了公司管理层。如表 3 所示,2007 年,贵糖股份董事会中还有高管代表,2008 年及以后董事会中的非独立董事全部为控股股东的代表,2008 年及以后的董事会人数仅为法定最低人数 5 人,成了一个规模较小、完全被控股股东控制的董事会。同时,如表 4 所示,控股股东通过股东大会掌握了多数监事的任免权,从而实现了对公司监事会的控制。2013 年、2014 年董事会构成没有提及,2014 年后由于中小股东存在少数的表决权,出现反对票和弃权票,尽管最终根据普通决议方式结局,但也从反面说明了 2007—2012 年仍存在"一股独大"的问题。

表 2 贵糖股份股东大会概况

年份	股东出席人数	全体参会股东持股比例合计(%)	参会控股股东的表决权比例(%)	其他参会股东的表决权比例(%)	会议表决情况
2007	4	32.81	25.6	7.21	9 项议案均 100%通过
2008	4	25.63	25.6	0.03	7 项议案均 100%通过
2009	4	25.61	25.6	0.01	7 项议案均 100%通过
2010	3	25.67	25.6	0.07	7 项议案均 100%通过
2011	6	25.89	25.6	0.29	6 项议案均 100%通过
2012	3	25.60	25.6	0.00	9 项议案均 100%通过
2013	3	25.60	25.6	0.00	8 项议案均 100%通过
2014	26(12 位是中小股东)	25.67	25.6	0.07	8 项议案以普通决议方式通过(存在反对和弃权)

资料来源:贵糖股份股东大会决议公告。

表 3 贵糖股份董事会构成

年份	届数	董事会人数	控股股东代表	高管代表	独立董事	其他董事
2007	第四届	7	2	2	2	1
2008—2011	第五届	5	3	0	2	0
2012	第六届	5	2	0	3	0
2013	第六届	—	—	—	—	—
2014	第六届	—	—	—	—	—

资料来源:贵糖股份股东大会决议公告。

表 4 贵糖股份监事会构成

年份	届数	监事会人数	股东大会选举人数	职工监事人数	监事会主席
2007	第四届	3	2	1	工会主席
2008—2011	第五届	3	2	1	工会主席
2012—2014	第六届	3	2	1	实际控制人委派的专职监事

资料来源：贵糖股份股东大会决议公告。

机构投资者对信息的需求程度也对监督产生了影响。机构投资者作为需求方，对内部控制信息披露水平的影响取决于投资者的需求偏好。内部控制信息与投资者最直接相关，有了真实、可靠又全面的内部控制信息，投资者便可做出有效的决策。贵糖股份除贵糖集团外的投资者均为机构投资者和中小投资者，机构投资者是资本市场中重要的内部控制信息需求者，它们更加了解各公司各种人才、资金方面的信息，在内部控制信息披露方面把握得更加全面，是公司信息的直接掌管者。就贵糖股份而言，机构投资持股比例非常小，如表 5 所示。

表 5 2009—2012 年前十大股东中的机构投资者持股比例 （单位：%）

机构投资者名称	2009	2010	2011	2012
中国太平洋人寿保险股份有限公司	1.69	0.00	0.00	0.00
中国银行	0.00	0.54	0.00	0.00
中国建设银行	0.00	0.44	1.05	0.00

资料来源：贵糖股份 2009—2012 年年报。

2009—2012 年，贵糖股份最大的机构投资者是 2009 年的中国太平洋人寿保险股份有限公司，持股比例为 1.69%，机构投资者持股比例低且少，不能成为贵糖股份内部控制信息的迫切需求者。而其他众多中小企业投资者的目的是在短期内获取资本利得，利用股价的上下波动获取中间的差价。所以，他们对股价波动的关注远远多于对内部控制信息的关注。随着投资者的分散化和企业规模的不断扩大化，他们没资格参加，也没想参加大股东控制的股东大会，因为这不符合成本效益原则。中小投资者能做的只是不断幻想其他股东积极参加股东大会，以便让自己"搭便车"，结果便是没人行使监督权，任大股东操作。

这样的中小股东的理性行为是采取各种手段套取大公司的内部消息以从中获利。贵糖股份控股股东"一股独大"、其他股东持股过于分散,为控股股东全面掌控股东大会创造了条件;由于控股股东通过股东大会掌握了董事、监事和高管的人事任免权,公司董事会和监事会成为控股股东的"代言人",公司内部控制信息披露决策必然会以维护控股股东的利益为目标。贵糖股份的股权结构在中国上市公司中非常典型和普遍,这应该是内部控制重大缺陷披露不足的一个关键原因。

2.2 人力资源管理方面

贵糖股份的人力资源政策以监事会为例,从形式上看,监事会几乎无人具备监督审检公司财务的能力,监督权虚置。《公司法》规定:有限责任公司设监事会,其成员不得少于三人;监事会应当包括股东代表和适当比例的公司职工代表,其中职工代表的比例不得低于三分之一。贵糖股份监事会的人数及构成确实符合法律法规的要求,2009—2015年一直保持三个监事的记录,其中有一个职工监事,刚好在数量上打了擦边球。2008年7月至2012年3月3日,监事由张静琴、周汝军、梁步明担任,三人均为专科学历,张静琴为监事会主席,周汝军是高级政工师、经济师,梁步明是技师。而所谓的高级政工师,是指从事党的工作和思想政治工作的人员;经济师是通过"经济专业技术资格考试"获得的职称;技师是具备相关技术,掌握或精通某一类技巧、技能的人员,属于职业资格。《公司法》第五十条规定了监事会的职权,第一条就是检查公司财务,而从以上内容可以看出,三人中无人具备相应的财务专业知识背景。直到2012年3月3日后,职工监事会主席改由梁毅敏担当,他拥有本科学历,是注册会计师、注册税务师、经济师、会计师。职工监事张家健是硕士、高级工程师、国家注册安全工程师。此时贵糖股份才开始注重监事的质量队伍建设。因为人力资源政策不完善,导致监事专业知识不够,对贵糖股份监控的专业胜任能力不强,从而导致贵糖股份内部控制产生重大缺陷。

2.3 风险评估方面

贵糖股份的主营业务是造纸和制糖,而制糖的原料主要为蔗糖。甘蔗产量受自然气候影响大,风调雨顺时产量高,旱涝虫害时产量低。自然灾害使公司划定收购区域的甘蔗严重减产,导致榨季食糖产量减少。针对困难局面,经理班子采取了多项措施积极应对,迅速对生产经营做出调整,适时调整品种结构,开发生产新产品;下半年利用市场回暖的契机,紧贴市场,及时调整产品价格,加大促销力度,在有效降低产品库存的同时取得了较好的效益。但是,贵糖股份在强调自身面对风险的能力时,却忽视了风险识别、评估与分析这些方面,所做的采购计划安排不合理、市场变化趋势预测不准确。尽管调整产品结构以及利用市场需求调整价格弥补了一部分损失,但是因为没有事先对行业风险、客户需求风险、经济风险等进行识别和分析,仓促被动应对风险以至于增加了其他风险,导致旧的生产技术、生产设备、生产流程、生产工艺被浪费,使得部分库存原材料不适应新产品的生产需要,大部分无法再使用,从而产生原材料积压。一方面,贵糖股份没有风险评估机制;另一方面,由于贵糖股份拥有风险应对能力,减少了一部分经济损失,导致目标偏离程度较小,因此认定其内部控制有重要缺陷。

2.4 监督方面

贵糖股份的审计委员会、监事会在审计师发表内部控制否定意见之后的表现,表明它们的成员并没有有效发挥法律法规和内部控制规范体系所赋予的监督职责。在公司董事会公布2012年度内部控制自我评价报告的同时,监事会也于2012年4月13日发布了《公司监事会对公司内部控制自我评价的意见》,其中声称"公司内部控制自我评价全面、真实、准确,反映了评价基准日公司内部控制的实际情况",毫无保留地认同董事会的评价结论。2013年4月13日,贵糖股份的三位独立董事也公布了对公司内部控制自我评价报告的独立意见,一方面认为"公司各项活动的预定目标基本实现,因此公司内部控制是有效的",另一方面又指出"会计师事务所审计中发现重大缺陷,我们将监督公司积极整改,健全并有效执行内部控制制度"。很显然,贵糖股份独立董事的意见并不是十分明确,而是采取了一种模棱两可、自相矛盾的表述。贵糖股份的监事会、审计委员会对于内部控制的监督功能基本上处于失效的状态,它们不但没有促使管理层识别并纠正内部控制存在的重大缺陷,而且在内部控制的重大缺陷被审计师揭露出来之后还承担了为管理层的评价结论"背书"的角色。在报告期内,以2011年独立董事发表独立意见的情况为例(见表6)。

表6 独立董事发表独立意见情况

时间	事项	意见类型
2011年3月31日	关于控股股东及其关联方占用资金情况及对外担保的独立意见	同意
2011年3月31日	关于对公司日常关联交易的报告的独立意见	同意
2011年3月31日	关于公司续聘2011年度审计机构的独立意见	同意
2011年3月31日	对公司内部控制自我评价的独立意见	同意
2011年8月11日	公司与关联方的资金往来情况	同意
2011年8月11日	公司对外担保情况	同意

资料来源：贵糖股份2011年年报。

由表6可知，在贵糖股份内部控制存在缺陷的情况下，独立董事却未就内部控制发表反对意见。

3 2012年度公司内部控制自我评价与审计报告

3.1 公司内部控制自我评价报告

公司2012年内部控制自我评价报告如下：

广西贵糖(集团)股份有限公司
关于公司内部控制的自我评价报告

广西贵糖(集团)股份有限公司全体股东：

根据《企业内部控制基本规范》及其配套指引的规定和要求，结合本公司（以下简称"公司"）内部控制制度和评价办法，在内部控制日常监督和专项监督的基础上，我们对截至2012年12月31日公司内部控制的有效性进行了自我评价。

一、董事会声明

公司董事会及全体董事保证本报告内容不存在任何虚假记载、误导性陈述或重大遗漏,并对报告内容的真实性、准确性和完整性承担个别及连带责任。

建立健全并有效实施内部控制是公司董事会的责任;监事会对董事会建立与实施内部控制进行监督;经理层负责组织领导公司内部控制的日常运行。

公司内部控制的目标包括合理保证经营合法合规、资产安全、财务报告及相关信息的真实完整,提高经营效率和效果,促进公司实现发展战略等。因内部控制存在固有局限性,故仅能对实现上述目标提供合理保证。

二、内部控制评价工作的总体情况

(一)完善内部控制组织结构

1. 法人治理结构

公司按照《公司法》《证券法》《公司章程》和其他有关法律法规的要求,结合公司实际,建立了规范的法人治理结构,股东大会、董事会、监事会和总经理负责的经理层责权分明,建立了所有权、经营权分离,决策权、执行权、监督权分离,股东大会、董事会、监事会并存的法人制衡管理机制,严格规定了股东大会、董事会、监事会、总经理的权利、义务及职责范围。

2. 董事会专门委员会

董事会下设战略发展与投资决策委员会、审计委员会、提名委员会、薪酬与考核委员会四个专门委员会,除战略发展与投资决策委员会外,各专门委员会召集人全部由独立董事担任。董事会专门委员会的主要职责是为董事会的决策提供支持,促进董事会科学、高效决策。

3. 企业组织机构

遵循"扁平、紧凑、高效,制衡"的原则,公司设置了内部组织机构,并对各机构的职能进行科学合理的分解,确定具体岗位的名称、职责和权利,做到不相容岗位相互分离,并配备相应人员,保证各项业务工作顺利进行。

4. 内部监审机构

公司建立了内部监督、审计体系。内部监督分为日常监督和专项监督。日常监督是指公司对建立与实施内部控制的情况进行常规、持续的监督检查;专项监督是指公司在发展战略、组织结构、经营活动、业务流程、关键岗位等发生较大调整或变化的情况下,对内部控制的某一个或者某些方面进行有针对性的监督检查。

公司的审计部直接对董事会负责,制定了专门审计管理制度,负责对全公司及下属各企业、部门财务收支及经济活动的审计、监督。审计部在公司董事会审计委员会的指导下,独立行使审计职权,不受其他部门和个人的干涉。对监督检查中发现的问题和缺陷,有权直接向公司董事会及其审计委员会、公司监事会报告。

企业管理部对总经理班子负责,负责公司内部控制的日常运行与维护,协助内部控制实施部门不断建立健全内部控制制度。

公司监事会负责对董事、经理及其他高管人员的履职情况及公司依法运作情况进行监督,对股东大会负责。

(二)完善内部控制管理制度体系

为了建立规范、科学、高效的上市公司运行机制,根据国家相关法律法规和规范性文件的要求,公司梳理、优化了现有的内部控制制度,识别了主要风险和内部控制存在的薄弱环节,开展了建立健全内部控制体系的专项工作,建立并逐步形成了涵盖组织架构、战略管理、人力资源、社会责任、资金活动等18个管理模块的内部控制管理制度体系。

(三)健全内部监督机制

公司建立了内部控制监督机构,明确了内部监督机构的职责和权限、工作要求和工作方法。公司审计部是内部控制的主要监督部门,负责对内部控制制度的执行情况进行定期或不定期的检查,行使日常监督和专项监督职能,对纳入评价范围的高风险领域和单位进行评价。

公司聘请致同会计师事务所广州分所(特殊普通合伙)对公司内部控制的有效性进行独立审计。

三、内部控制评价的依据

本评价报告旨在根据中华人民共和国财政部等五部委联合发布的《企业内部控制基本规范》(以下简称《基本规范》)、《企业内部控制应用指引》(以下简称《应用指引》)及《企业内部控制评价指引》(以下简称《评价指引》)的要求,结合企业内部控制制度和评价办法,在内部控制日常监督和专项监督的基础上,对公司截至2012年12月31日内部控制的设计与运行的有效性进行评价。

四、内部控制评价的范围

本次内部控制评价的范围涵盖上市公司本部及其下属子公司的主要业务和事项,重点关注下列高风险领域:资金活动风险、原料采购风险、工程项目风险、存货管理风险、销售管理风险、资产管理风险、会计信息风险等。

纳入评价范围的业务和事项包括：

（一）组织架构

公司根据国家有关法律法规和《公司章程》，建立了规范的公司治理结构和议事规则，明确了决策、执行、监督等方面的职责权限，形成了科学有效的职责分工和制衡机制。

公司结合发展战略、业务特点和内部控制要求等合理设置内部机构、明确职责权限，并对各机构的职能进行科学合理的分解，确定具体岗位的名称、职责和工作要求等。

（二）发展战略

公司董事会是公司发展战略的决策机构，负责审批公司的战略规划；战略发展与投资决策委员会负责对管理层制订的公司战略规划进行研究并提出建议；公司管理层负责公司战略规划的制订和执行；企业管理部负责战略规划的日常管理工作。公司通过健全发展战略内部控制，为公司增强核心竞争力和持续发展能力，提高发展战略的科学性和执行力，防范发展战略制定与实施中的风险提供了有力的保证。

（三）人力资源

公司重视人力资源建设，根据发展战略，结合人力资源状况和未来需求预测，设立了人力资源发展目标，确定了人力资源总体规划和能力框架体系，优化了人力资源整体布局，明确了人力资源的引进、开发、使用、培养、考核、激励和退出等管理要求，实现了人力资源的合理配置，全面提升了公司的核心竞争力。

（四）社会责任

公司把履行社会责任的职责充分融入了公司的战略规划以及生产经营的过程中，建立了安全生产、质量控制、环境保护、资源节约以及员工权益保护等社会责任体系，为公司履行社会责任、实现公司与社会的协调发展提供了有力的保证。

（五）企业文化

公司一直十分重视企业文化建设工作，通过内部报刊、橱窗、墙报、宣传手册以及举行各种文体文艺活动等多种形式宣传企业文化，提高员工对企业的信心和认同感，增强企业的凝聚力和竞争力，为公司的发展营造了良好的企业文化环境。

（六）资金活动

公司根据实际情况,全面梳理货币资金业务流程,科学设置组织机构和岗位,明确货币资金各个环节的职责权限和岗位分离要求;遵循现金、银行账户、票据、印鉴管理的相关规定,切实保护公司的货币资金安全;完善货币资金信息的报告制度,定期或不定期检查和评价资金活动情况,落实责任追究制度,确保资金安全和有效运行。

（七）担保业务

公司在《公司章程》及相关文件中建立健全了对外担保的管理规定,明确规定了对外担保的基本原则、对外担保对象的审查程序、对外担保的审批程序和管理程序等。报告期内,公司不存在对外提供担保的情况。

（八）采购业务

公司结合实际情况,全面梳理了采购业务流程,完善了采购业务相关管理制度。统筹安排采购计划,明确请购、审批、购买、付款、采购后评估等环节的职责和审批权限,按照规定的审批权限和程序办理采购业务。建立价格监督机制,定期检查和评价采购过程中的薄弱环节,采取有效控制措施,确保物资采购满足公司生产经营需要。

（九）资产管理

1. 固定资产

公司全面梳理了固定资产投资、验收、使用、维护、处置等业务流程,科学设置了组织机构和岗位,明确了固定资产业务各环节的职责权限和岗位分离要求。控制固定资产投资规模科学合理,规范固定资产的验收、使用、维护的技术指标及操作要求。加强固定资产的投保,确保固定资产的安全完整。制定符合国家统一要求的固定资产成本核算、折旧计提方法,关注固定资产减值迹象,合理确认固定资产减值损失,保证固定资产财务信息的真实可靠。

2. 存货

公司在存货管理活动中,全面梳理了存货业务流程,科学设置了组织机构和岗位。明确规定存货相关业务活动的程序和制度,及时发现存货管理中的薄弱环节,本年度存货管理存在的不足已经切实采取有效措施加以改进。关注存货减值迹象,合理确认存货减值损失,不断提高公司资产管理水平。

3. 无形资产

公司十分重视对无形资产的管理,全面梳理了无形资产的取得、验收、使用、保全处置等业务流程,明确了无形资产业务各环节的职责权限和岗位分离要求,完善了无形资产的验收、使用、维护具体的规章制度。加强公司品牌等无形资产的保护,确保公司合法权益不受侵犯。制定符合国家统一要求的无形资产成本核算、摊销等方法,保证无形资产财务信息的真实可靠。

(十) 关联交易

公司制定了《关联交易实施细则》,按照有关法律、行政法规、部门规章以及《深圳交易所股票上市规则》(以下简称《上市规则》)等有关规定,明确划分公司股东大会、董事会对关联交易事项的审批权限,规定关联交易事项的审议程序和回避表决的要求。公司参照《上市规则》及其他有关规定,确定公司关联方的名单,并及时予以更新,确保关联方名单真实、准确、完整。公司及其下属全资子公司在发生交易活动时,相关责任人通过仔细查阅关联方名单,审慎判断是否构成关联交易,尽可能避免关联交易。如果构成关联交易,会在各自权限内履行审批、报告义务。报告期内公司没有发生较大的关联交易。

(十一) 信息披露

本公司严格按照证券法律法规,制定了《信息披露制度》。董事长是公司信息披露的第一责任人;董事会秘书是信息披露的直接责任人,负责管理公司信息披露事务和投资者关系工作。公司证券部是公司信息披露事务的日常工作部门,在董事会秘书直接领导下,统一负责公司的信息披露事务。公司严格按照信息披露规定履行信息披露义务,真实、准确、及时、完整地披露有关信息,公平地对待所有股东,确保公司所有股东能够有平等的机会获得公司信息,提高了公司透明度。

(十二) 销售业务

公司完善了销售管理制度,对销售业务的主要环节进行了规范与控制,确定了适当的销售政策和策略,明确了各岗位的职责和权限,确保了不相容职位相分离。销售控制内容涵盖销售预算和销售计划的制订、客户开发与管理、接单管理、合同管理、价格管理、发货控制等相关事项,与公司的实际销售情况相匹配,提高销售工作的效率,确保实现销售目标。

(十三) 研究与开发

公司高度重视产品开发工作,根据发展战略,结合市场开拓和技术进步要求,科学制订工艺研发和产品开发计划,强化工艺研发和产品开发全过程管理,规范工艺研发和产品开发等行为,促进新技术、新工艺和新产品成果的有效利用,不断提高公司的自主创新能力。

(十四) 工程项目

公司完善了工程项目各项管理制度,梳理了各个环节可能存在的风险点,规范了工程预算、招标、施工、监理、验收等工作流程。明确相关部门和岗位的职责权限,做到可行性研究与决策、预算编制与审核、竣工决算与审计等不相容职务相分离。强化工程建设全过程的监控,实行问责制,确保工程项目的质量、进度和资金安全。

(十五) 财务报告

公司根据国家相关法律法规要求和自身实际情况,全面梳理了财务报告编制、对外提供和分析利用的业务流程,明确了财务报告各环节的职责分工和岗位分离,机构设置和人员配备基本科学合理。

公司财务报告的编制方法、程序、内容及对外提供的审批程序均严格遵循国家相关法规的要求,确保了财务报告的真实完整,报告充分及时。公司科学设计财务报告内容,对财务报告所披露的信息进行有效分析,并利用这些信息满足公司经营管理决策的需要。

(十六) 全面预算

公司建立全面预算管理体系,明确了预算编制、审批、执行、考核等各环节的职责任务、工作程序和具体要求。公司在建立和实施预算的过程中,权责分配和职责分工清晰明了,机构设置和人员配备科学合理,确保了预算编制与调整的依据充分、方案合理、程序规范、方法科学。

(十七) 合同管理

公司明确企业管理部为合同归口管理部门,明确了涵盖合同签订的原则、合同的管理部门、合同签订的过程、合同的审批、合同的变更与解除、重大合同的谈判、合同的管理、合同的评估以及责任追究等内容,促进合同有效履行,切实维护公司的合法权益。

(十八) 信息系统

公司高度重视信息系统在内部控制中的作用,根据内部控制的要求,结合组织架构、业务范围、地域分布、技术能力等因素,制订信息系统建设整体规划,加大投入力度,有序组织信息系统开发、运行与维护,优化管理流程,防范经营风险,全面提升公司现代化管理水平。

(十九) 业务外包

公司建立和完善了业务外包的管理制度,规定了业务外包的范围、方式、条件和实施等相关内容,明确了相关部门和岗位的职责权限,强化了对业务外包全过程的监控以防范外包风险,充分发挥了业务外包的优势。

(二十) 内部信息传递

为了确保各种生产经营信息在各管理层之间能够有效地沟通和充分地利用,公司制定的内部信息与传递内部控制体系涵盖了信息沟通的基本原则、适用范围、信息沟通的组织与职责、信息的收集与发布以及信息沟通的渠道等主要环节。

(二十一) 突发事件应急处理

公司建立健全了重大风险预警机制和突发事件应急处理机制,完善了相关制度,规范了处理程序,明确了职责权限,确保了突发事件得到及时妥善的处理。

上述业务和事项的内部控制涵盖了公司经营管理的主要方面,不存在重大遗漏。

五、内部控制评价的程序和方法

(一) 内部控制评价的程序

内部控制评价工作严格遵循《评价指引》及公司内部控制评价办法规定的程序执行,体现了全面性、重要性和客观性原则。公司 2012 年度内部控制评价分为制定评价方案、成立内部控制自我评价小组、现场测试评价、监督落实整改、内部控制缺陷认定和编制内部控制评价报告六个阶段组织实施。

制定评价方案阶段的主要工作程序包括:公司内部控制建设实施工作办公室研究制定年度内部控制评价方案,报经董事会审计委员会批准后,通知部署年度内部控制评价工作。

成立内部控制自我评价小组阶段的主要工作程序包括:公司内部控制建设实施工作办公室根据经董事会审计委员会批准的评价方案,组成内部控制评价小组,具体实施内部控制评价工作。内部控制自我评价小组由内部控制领导小组、审计部、内部控制建设实施工作办公室以及内部控制专员组成。

现场测试评价阶段的主要工作程序包括:各业务部门根据年度内部控制评价方案组织实施内部控制有效性现场测试,对现场测试样本情况进行工作底稿记录,自我评价工作小组对各业务部门的工作底稿进行复核并进行独立测试。

监督落实整改阶段的主要工作程序包括:针对内部控制评价中发现的问题

监督落实整改。

内部控制缺陷认定阶段的主要工作程序包括：自我评价工作小组针对内部控制评价中发现的问题进行缺陷认定。

编制内部控制评价报告阶段的主要工作程序包括：由内部控制建设实施工作办公室编制并按程序报批年度内部控制评价报告。

（二）内部控制评价的方法

在评价过程中，公司采用了个别访谈、调查问题、专题讨论、穿行测试、实地查验和抽样等适当方法，广泛收集公司内部控制设计和运行是否有效的证据，如实填写评价工作底稿，分析、识别内部控制缺陷。

内部控制评价人员均为各业务部门的业务骨干，拥有必要的独立性、客观性及专业胜任能力。测试评价工作统一设计，工作底稿、情况确认书及备查记录等工作表格使用标准模板。对于测试评价事项，如实填写评价工作底稿，分析和识别内部控制缺陷。对于测试评价遵循统一的技术标准，测试评价标准和测试评价方法在《评价手册》规定中统一进行规范，发送各测试工作小组遵照执行。对于缺陷认定采用统一技术标准，内部控制缺陷分为财务报告内部控制缺陷和非财务报告内部控制缺陷，按严重程度分为重大缺陷、重要缺陷和一般缺陷三个层级。本年度内部控制评价方法和取得的证据，符合公司实际情况，证明评价方法的适当性和证据的充分性。

六、内部控制缺陷及其认定情况

公司董事会根据《基本规范》《评价指引》对重大缺陷、重要缺陷和一般缺陷的认定要求，结合公司规模、行业特征、风险偏好和风险承受度等因素，研究确定了适用于本公司的内部控制缺陷具体认定标准。公司内部控制缺陷包括财务报告内部控制缺陷和非财务报告内部控制缺陷。

（一）财务报告内部控制缺陷认定标准

对于财务报告内部控制缺陷，通过定性和定量的方法将缺陷分为重大缺陷、重要缺陷和一般缺陷。

1. 定性标准

（1）重大缺陷：单独缺陷或连同其他缺陷导致不能及时防止或发现并纠正财务报告中的重大错报。出现下列情形的，认定为重大缺陷：

① 控制环境无效。

② 董事、监事和高级管理人员舞弊行为。

③ 外部审计发现当期财务报告存在重大错报,公司在运行过程中未能发现该错报。

④ 已经发现并报告给管理层的重大缺陷在合理的时间后未加以改正。

⑤ 公司审计委员会和审计部对内部控制的监督无效。

⑥ 其他可能影响报表使用者正确判断的缺陷。

(2)重要缺陷:单独缺陷或连同其他缺陷导致不能及时防止或发现并纠正财务报告中虽然未达到和超过重要性水平,但仍应引起管理层重视的错报。

(3)一般缺陷:不构成重大缺陷或重要缺陷的其他内部控制缺陷。

2. 定量标准

定量标准如下表所示。

认定内容	指标	一般缺陷	重要缺陷	重大缺陷
财务报告缺陷	营业收入潜在错报	错报≤营业收入的0.2%	营业收入的0.2%<错报≤营业收入的0.5%	错报>营业收入的0.5%
	资产总额潜在错报	错报≤资产总额的0.2%	资产总额的0.2%<错报≤资产总额的0.5%	错报>资产总额的0.5%

注:表中的营业收入和资产总额指最近经审计过的会计年度报表数据。

(二)非财务报告缺陷的认定标准

非财务报告缺陷的认定按定性标准和定量标准划分为重大缺陷、重要缺陷和一般缺陷。

1. 定性标准

出现以下情形的,认定为重大缺陷,其他情形按影响程度分别确定为重要缺陷或一般缺陷。

(1)违犯国家法律、法规或规范性文件。

(2)重大决策程序不科学。

(3)制度缺失可能导致系统性失效。

(4)重大或重要缺陷不能得到整改。

(5)其他对公司影响重大的情形。

2. 定量标准

定量标准如下表所示。

认定内容	指标	一般缺陷	重要缺陷	重大缺陷
非财务报告缺陷	直接资产损失金额	小于100万元（含）	100万—500万元（含）	500万元以上
	重大负面影响	受到省级（含省级）以下政府处罚但未造成负面影响	受到国家政府部门处罚但未造成重大负面影响	对公司造成较大影响并以公告形式对外披露

七、内部控制有效性的结论

公司已经根据《基本规范》《评价指引》及其他相关法律法规的要求，对公司截至2012年12月31日的内部控制设计与运行的有效性进行了自我评价。结合日常监督和专项监督情况，在完善内部控制评价过程中，在专业机构的指导下，发现公司存在成本核算不够准确的问题。

报告期内，公司对纳入评价范围的业务与事项均已建立内部控制，但由于公司榨季及蔗渣采购跨会计年度，公司之前的核算方法是遵循行业普遍存在的一贯性做法，之前会计师事务所对此也未提出重大异议，因此才出现本次自查中发现的缺陷。该缺陷在2012年度发生额较小，并在年度会计报表中已得到修正。

八、内部控制体系建设及缺陷的整改情况

报告期内，公司变更实际控制人为国有控股后，公司对内部控制体系建设高度重视，聘请了知名外部专业机构作为实施内部控制规范的咨询机构，对公司的内部控制体系进行了内部控制风险和缺陷的排查，并按要求聘请专业机构对2012年内部控制制度进行了审计，最后根据专业机构的管理建议和措施进行了全面整改，在2012年12月完成了最后一批内部控制制度的修订。公司在自我评价过程中发现存在上述缺陷后高度重视，已责令相关部门进行了原因分析，同时完善了相关的内部控制制度，对会计报表进行了修正，对2012年度的会计报表已不产生影响。

同时董事会决定2013年上半年对公司内部控制缺陷聘请专业机构进行专项审计。

自内部控制评价报告基准日至内部控制评价报告发出日未发生对评价结论产生实质性影响的内部控制重大变化。

我们注意到，内部控制应当与公司经营规模、业务范围、竞争状况和风险水

平等相适应,并随着情况的变化及时加以调整。公司将继续完善内部控制制度,规范内部控制制度执行,强化内部控制监督检查,促进公司健康、可持续发展。

广西贵糖(集团)股份有限公司

董事长:但昭学

二〇一三年四月十二日

3.2 公司内部控制审计报告

公司内部控制审计报告如下:

广西贵糖(集团)股份有限公司二〇一二年度
内部控制审计报告

致同审字(2013)第 110ZA1390 号

广西贵糖(集团)股份有限公司全体股东:

按照《企业内部控制审计指引》及中国注册会计师执业准则的相关要求,我们审计了广西贵糖(集团)股份有限公司(以下简称"贵糖股份公司")2012 年 12 月 31 日的财务报告内部控制的有效性。

一、企业对内部控制的责任

按照《企业内部控制基本规范》《企业内部控制应用指引》《企业内部控制评价指引》的规定,建立健全和有效实施内部控制并评价其有效性是贵糖股份公司董事会的责任。

二、注册会计师的责任

我们的责任是在实施审计工作的基础上,对财务报告内部控制的有效性发表审计意见,并对注意到的非财务报告内部控制的重大缺陷进行披露。

三、内部控制的固有局限性

内部控制具有固有局限性,存在不能防止和发现错报的可能性。此外,由于情况的变化可能导致内部控制变得不恰当,或对控制政策和程序遵循的程度降低,根据内部控制审计结果推测未来内部控制的有效性具有一定风险。

四、导致否定意见的事项

重大缺陷是内部控制中存在的、可能导致不能及时防止或发现并纠正财务报表出现重大错报的一项控制缺陷或多项控制缺陷的组合。

贵糖股份公司蔗渣、原煤等大宗原材料的成本核算基础薄弱,部分暂估入账的大宗原材料缺少原始凭证(如包括原材料数量、供应商名称等信息的入库单),影响该等存货的发出成本结转与期末计价的正确性,与此相关的财务报告内部控制运行失效。上述重大缺陷导致贵糖股份公司2012年度未审财务报表的本期数据和前期比较数据中"营业成本""应付账款""存货"等项目存在重大会计差错。根据2013年4月12日董事会会议决议,贵糖股份公司管理层对前期比较数据相应进行了追溯重述,该等重大会计差错更正调减2011年度净利润5 251.2万元,调增2011年年初留存收益11 663.42万元。有效的内部控制能够为财务报告及相关信息的真实完整提供合理保证,而上述重大缺陷使贵糖股份公司内部控制失去了这一功能。上述重大缺陷未包含在贵糖股份公司2012年内部控制评价报告中。

在贵糖股份公司2012年财务报表审计中,我们已经考虑了上述重大缺陷对审计程序的性质、时间安排和范围的影响。本报告并未对我们在2013年4月12日对贵糖股份公司2012年财务报表出具的审计报告产生影响。

五、财务报告内部控制审计意见

我们认为,由于存在上述重大缺陷及其对实现控制目标的影响,贵糖股份公司于2012年12月31日未能按照《企业内部控制基本规范》和相关规定在所有重大方面保持有效的财务报告内部控制。

致同会计师事务所(特殊普通合伙)

中国注册会计师:×××

中国注册会计师:×××

二〇一三年四月十二日

3.3 内部控制自我评价报告与外部审计报告差异原因说明

2013年4月公司发布的"内部控制自我评价报告与外部审计报告差异原因说明"称:公司根据基本规范、评价指引及其他相关法律法规的要求,对公司截至2012年12月31日的内部控制设计与运行的有效性进行了自我评价。在完善内部控制评价过程中,在专业机构的指导下,发现了公司存在成本核算不够准确的问题,该缺陷在 2012 年度发生额较小,并在年度会计报表中已得到修正,公司的内部控制总体上是有效的。而外部审计机构对公司 2012 年度的内部控制审计却发表了否定性意见,认为公司的原材料领用计量不准确,对存货账实差异的处理不及时,对公司内部控制制度的执行力不足,导致成本核算不实。部分原材料的暂估无暂估依据、无合理理由,该暂估应付账款对本期产品成本产生重大影响。公司认为,公司和审计机构在原材料核算方法上存在认识上的差异,由于公司榨季及蔗渣采购跨会计年度,公司之前的核算方法是遵循行业普遍存在的一贯性做法,之前会计师事务所对此也未提出重大异议,因此才出现本次自查中发现的缺陷。公司内审机构也在这种情况下认可公司的会计信息,管理层对这些情况是了解的,也在管理层的控制范围内,对公司并未构成风险,也没有直接造成损失,对 2012 年度的财务报告不产生影响。因此公司认为,公司的整体内部控制体系是有效的。

4 公司审计师更换与会计报表重述

贵糖股份自上市以来,负责其财务报表审计的会计师事务所一直是上海东华会计师事务所(以下简称"上海东华")。上海东华对贵糖股份连续 14 年出具的审计报告意见均为标准无保留意见。贵糖股份自 2008 年以来开始按照《企业内部控制基本规范》的要求发布内部控制有效性的年度自我评价报告,连续 4 年(2008—2011)的评价结论均为内部控制有效,公司管理层在自我评估过程中并未发现或并不承认内部控制存在重大缺陷。2012 年 10 月 30 日,广业资产组织了贵糖股份 2012 年财务决算审计的会计师事务所公开招标程序,致同会计师事务所(以下简称"致同")取代了上海东华。2012 年 12 月 21 日,贵糖股份第六届董事会正式改聘致同为 2012 年度财务报表和内部控制的审计机构。

2012 年 12 月 27 日,贵糖股份董事长黄振标突然辞职。2013 年 1 月 11 日,但昭学当选贵糖股份新任董事长。2013 年 4 月 13 日,贵糖股份 2012 年年报经过 3 月 9 日、3 月 21 日两次延迟披露之后终于正式发布,一同公布的还有公司 2012 年度内部控制自我评价报告、财务报表审计报告和内部控制审计报告,以及董事会关于前期会计差错的更正公告等。董事会在更正公告中承认公司 2011 年度、2010 年度及以前年度的财务报表存在重大差错,并根据会计师事务所的意见进行了追溯更正。致同对贵糖股份2012年度财务报表出具了标准无保留意见,但认为其期末存货计价和成本核算相关的内部控制存在重大缺陷,对其2012年12月31日的内部控制有效性出具了否定意见。贵糖股份董事会显然并不认同致同的内部控制审计意见,在2012年度内部控制自我评价报告中仍然认定公司内部控制整体有效。2013年8月21日,公司第六届第十五次董事会会议做出了改聘公司财务负责人的决议,由李磊担任公司副总经理和财务负责人。2013年9月5日,贵糖股份收到来自中国证监会广西监管局发来的警示函,函中指出公司财务报告内部控制存在重大缺陷,要求其进行整改。广西监管局无疑支持了致同的内部控制审计意见。2013年9月28日,贵糖股份董事会发布了《关于中国证监会广西监管局警示函的整改报告》。2013年10月22日,贵糖股份改聘中审亚太为2013年度财务报表和内部控制审计机构。

根据2013年4月12日董事会决议,贵糖股份管理层对前期比较数据相应进行了追溯重述,该等重大会计差错更正调减2011年度净利润5 251.2万元,调增2011年年初留存收益11 663.42万元。具体涉及的相关事项及其风险为:

1. 未计提预计负债

2010年11月20日贵糖股份收到《中华人民共和国最高人民法院(2005)民二监字第116-2号民事裁定》,最高人民法院提审本案并终止原判决的执行,在贵糖股份很有可能需要履行担保责任的情形下,2010年并没有对此担保责任合理计提预计负债,应计提的预计负债为2 434.29万元,

2. 材料积压严重

贵糖股份在面对生产技术革新及市场方面的变化时,采购预算不合理,不能及时做出反应,导致存货积压现象严重,原材料和产成品均存在大量积压。贵糖股份存在材料积压的情况具体如下:①包装物糖袋的积压中,2009年以前旧版积压有45 043套,2011—2012年由于改版272 159套,积压金额合计645 728.39元。因积压时间长,塑料存在风化碎裂现象。②三造包装物积压中,纸箱积压20 778只、大袋10 288个、手提袋739 079个、面巾盒264 020个、中包2 386 355个、大包127 758 972个、片膜453 986张、手挽带77 510条、纸芯管5 805条、不干胶2 523 682张等,均为旧版改新版、错版、有免检字样板,有些则因产品改变长期不领用。其中,2003—2009年积压金额为1 198 229.99元;2010—2012年积压金额为338 608.88元。③造纸原材料积压中,蔗渣、桉木刨片及大份浆板因目前市场采购价格下降、前期库存成本较高而产生减值损失。

机械热磨浆板 2 011.98 吨的积压,从 2011 年 9 月至 2012 年 12 月,一年多时间生产上仅领用了 17 吨,几乎全部积压。因长期不用及露堆垛中被风吹日晒雨淋,该浆板出现潮湿返黄、破溶、溶烂等现象。④其他备品、备件及零配件的积压,主要为五金仓其他材料的积压。其中,3 年以上的积压约占该部分的 79.47%,其余为 1—2 年的积压。

3. 存货计价不准确

公司通过期末暂估方式对蔗渣、原煤等大宗原材料的价格进行调整,导致各期营业成本的结转不准确;公司并未严格按照永续盘存法对存货进行盘点,而且期末未及时进行资产减值测试,导致跌价准备计提严重滞后;公司缺乏有效的存货验收入库控制,导致部分暂估入账的大宗原材料缺乏原始凭证。以上问题的存在,导致应调整 2010 年及以前多结转原材料(蔗渣、国产短纤、煤)成本 11 735.48 万元,冲销 2010 年年末长期股权减值准备和固定资产减值准备的递延所得税资产-72.06 万元。截至 2010 年年末,应调增应交所得税 2 070.97 万元,调增盈余公积 922.91 万元。

4. 调节利润

2011 年会计差错更正对贵糖股份财务状况和经营成果的影响为:调减主营业务收入 163.57 万元,调增主营业务成本 4 923.72 万元,调减净利润 5 251.20 万元。2011 年,贵糖股份经东华广西分所审计的净利润为 10 622.02 万元,会计差错调减净利润对当年净利润总额影响比重高达 49%,公司 2011 年报告净利润相当于将当年的实际利润调高了近 1 倍。贵糖股份 2010 年净利润被低估近 3 110 万元,占当年实际利润的比重高达 25%。

从图 3、图 4 可看出,贵糖股份 2011 年基本每股收益和净资产收益率的实际值相对于 2010 年本来呈大幅下滑趋势,但在管理层的利润调节之后,却变成了上升趋势。显然,贵糖股份管理层试图将应在 2010 年确认的大量利润延迟到 2011 年确认,从而维持了净利润和主要业绩指标在 2009 年和 2011 年之间的逐年增加趋势。2012—2015 年不存在重述现象,所以重述前后重叠。事实上,2011 年恰逢公司转让股权给广东省国资委下属的恒健投资,下降的业绩趋势必然会影响待转让股权的估值,使得贵糖股份实际控制人和管理层的收益下降,管理层具有操纵业绩评估的强烈动机。

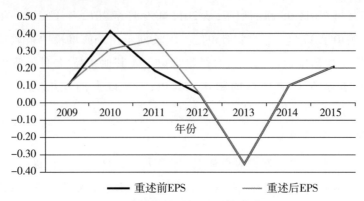

图 3　贵糖股份 EPS 重述前后对比

资料来源：贵糖股份 2009—2015 年年报。

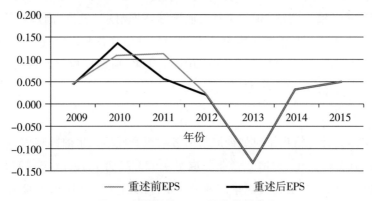

图 4　贵糖股份 ROE 重述前后对比

资料来源：贵糖股份 2009—2015 年年报。

案例使用说明

一、教学对象与目的

案例适用于"高级审计理论与实务""内部控制与风险管理"课程。

案例对象为 MBA、审计专业硕士、会计专业硕士,延伸适用于所有管理类的专业硕士以及企事业单位高级管理人才的培训。

教学目标:针对贵糖股份长期以来内部控制的状况以及审计师变更和会计报表重述、2012 年内部控制自我评价报告与审计报告的差异,引导学员进一步熟悉内部控制缺陷分类与内部控制认定标准的制定,掌握内部控制重大缺陷的识别、认定及其报告的技巧。

二、启发思考题

(1) 判断上市公司内部控制重大缺陷的标准是什么?

(2) 讨论并分析贵糖股份内部控制重大缺陷及其内部控制缺陷认定标准。

(3) 贵糖股份内部控制评价报告和审计报告的差异说明了什么?如何控制风险?

(4) 结合本案例讨论内部控制重大缺陷与审计师更换、会计报表重述的关系。

三、理论依据与分析

(一)内部控制缺陷及其细分类

2013 年 5 月 14 日,美国反虚假财务报告委员会下属的发起人委员会(COSO)颁布了更新的《内部控制——整合框架》(以下简称"新框架"),旧框架在 2014 年 12 月 15 日后废止,过渡期后所有在美上市企业均需改用新框架。新框架沿用了 1992 年旧框架中对内部控制、三大目标和五大基本要素的界定。与此同时,新框架也有变化与发展,如扩展了内部控制报告目标,增加了对企业背景环境、组织结构、计算机技术发展等因素的考虑。此外,新框架最引人注目的变化是明确清晰地从发展近二十年的内部控制理论中提炼了 17 项内部控制基本原则,总结了旧框架被世界范围内众多企业采用所积累的经验。新旧框架对比如图 5 所示。

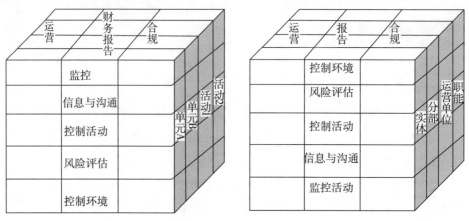

图 5 新旧 COSO 内部控制框架

目前我国借鉴先前 COSO 模型并结合国情,制定了《基本规范》和《应用指引》,即为中国五要素模型内部控制体系。具体指内部环境、风险评估、控制活动、信息与沟通、内部监督五个基本要素,它们紧密联系,如图 6 所示。

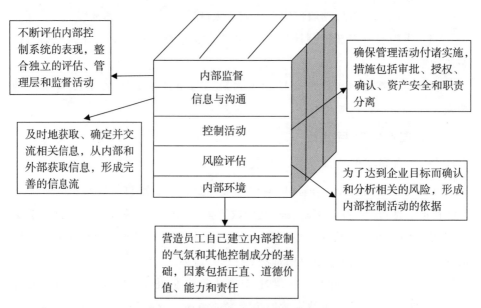

图 6 中国企业内部控制五要素模型

企业内部控制缺陷分为财务报告内部控制缺陷与非财务报告内部控制缺陷两大类。现实中,财务报告内部控制缺陷被认为是可以直接导致财务错报的内部控制缺陷,包括从原始凭证、明细账、总分类账到财务报表以及合并财务报表编制和披露所有过程或环节中的内部控制缺陷。具体又分为五类——账户核算类、账户核对类、原始凭证类、期末报告类和政策遵从类(见表7)。这类缺陷容易为审计师所识别,且和会计人员息息相关。非财务报告内部控制缺陷是发生在财务报告缺陷之外的,影响公司经营效率和经济效益以及间接影响财务错报的内部控制缺陷。对公司内部控制缺陷的分类,根据COSO(2013)的公司内部控制五要素一一对应,总结出五方面的内部控制缺陷(见表8)。

表7 财务报告内部控制缺陷与公司内部控制缺陷的界定

控制缺陷	导致后果	分类	备注
财务报告内部控制缺陷	直接导致财务错报	账户核算类	
		账户核对类	
		原始凭证类	
		期末报告类	
		政策遵从类	
公司内部控制缺陷	影响公司目标如经营效率、资产安全性及合规性等,或间接导致财务错报	控制环境类	五类控制缺陷还可以再细分为若干个二级子目录

表8 内部控制缺陷定性标准

分类	认定标准(包括但不限于)
内部环境缺陷	公司治理结构不合理
	人力资源政策与实务缺陷
	管理层凌驾于内部控制制度之上
	管理层缺乏诚信和道德价值观念
	缺乏关键岗位人员
	缺乏内部控制企业文化
风险评估缺陷	未设置风险管理部门
	经营风险评估缺陷
	风险应对措施缺陷
内部监督缺陷	未设内部审计部门
	内部审计部门独立性和专业胜任能力缺陷
	未定期对内部控制运行情况进行评价
	不能及时纠正内部控制运行中的偏差

（续表）

分类	认定标准（包括但不限于）
控制活动缺陷	存在不相容岗位混岗现象
	存在管理层侵占资产导致的舞弊行为
	未定期对资产进行盘点，没有适当的安全保护措施
	交易活动（如重大资本支出）未经适当的授权批准
信息与沟通缺陷	重大交易未能进行适当输入
	对于重要数据的访问缺乏授权
	缺乏相应的安全软件、操作系统软件和应用软件
	内部沟通缺乏有效机制

企业内部控制缺陷分为重大、一般和重要缺陷。重大缺陷是指一个或多个控制缺陷的组合，可能导致企业严重偏离控制目标；重要缺陷是指一个或多个控制缺陷的组合，其严重程度和经济后果低于重大缺陷，但仍有可能导致企业偏离控制目标；一般缺陷是指除重大缺陷、重要缺陷之外的其他缺陷。借鉴以上观点，本案例将内部控制缺陷分类成四方格形式，具体如表9所示。

表9　内部控制缺陷分类

偏离目标程度 可能性	偏离目标程度大	偏离目标程度小
可能性较大	重大缺陷	重要缺陷
可能性较小	重要缺陷	一般缺陷

对可能性的考查，可以适当借鉴其他准则制度的经验及做法。例如，我国《企业会计准则——或有事项》规定，对一项或有事项是否确认为预计负债，主要考虑其发生可能性。其中，"很可能"为发生概率大于50%但小于等于95%，"可能"为大于5%但小于等于50%，"极小可能"为大于0但小于等于5%。

（二）内部控制缺陷认定标准及认定方式

内部控制缺陷认定标准为企业发现和认定内部控制缺陷提供了规范及指引，有利于企业无偏地评估自身的内部控制缺陷，能够显示企业在提供内部控制缺陷信息不同环节上选择方式、方法的"路径"，有助于信息使用者了解内部控制缺陷信息的产生过程以及由于内部控制缺陷的存在而给投资者带来的企业风险提示,是利益相关者据以做出决策的重要依据。因此,从这个意义上来说,确保内部控制缺陷认定标准科学、合理和有效,其制定权归属尤为重要。

2010年4月,财政部等五部委发布的《企业内部控制评价指引》第十七条指出,"重大缺陷、重要缺陷和一般缺陷的具体认定标准,由企业根据上述要求自行确定"。《企业内部控制规范体系实施中相关问题》对企业应该如何确定内部控制缺陷的认定标准做出了解释:"企业可以根据《企业内部控制基本规范》及其配套指引,结合企业规模、行业特征、风险水平等因素,研究确定适合本企业的内部控制重大缺陷、重要缺陷和一般缺陷的具体认定标准。企业确定的内部控制缺陷标准应当从定性和定量的角度综合考虑,并保持相对稳定。"可见,监管部门鼓励上市公司自主制定内部控制缺陷认定标准。同时,注册会计师在接受委托对企业内部控制进行审计并出具内部控制审计报告时,也面临内部控制缺陷的认定问题。因此,内部控制缺陷认定标准的制定涉及政府监管部门、上市公司和注册会计师。当前,由于缺乏统一的、可供参考的内部控制缺陷认定标准,上市公司披露的内部控制缺陷认定标准表现出较大的不同。笔者认为,应该尽快由监管部门制定相关内部控制缺陷认定标准。

单个控制缺陷认定模板如表10所示。

表10 单个控制缺陷认定模板

编号	分类(或指标)	控制缺陷描述	定量标准	定性因素	缺陷认定结果	备注

企业应该披露内部控制整体有效性判断标准,当存在多个内部控制重要缺陷时,需要考虑多个重要缺陷的组合对内部控制目标的影响(丁友刚和王永超,2015)。因此,企业应针对具体控制目标的多个一般缺陷和重要缺陷,对多个缺陷之间的相关性进行分析,确定互相影响的多个缺陷组合后的综合影响程度,其认定模板如表11所示。

表11 缺陷组合认定模板

编号	分类(或指标)	单个控制缺陷描述	汇总缺陷主要内容	定量标准	定性因素	缺陷认定结果	备注

(三) 分析贵糖股份内部控制评价及其重大缺陷认定标准

在 2009—2012 年的年报及其内部控制自我评价报告中,贵糖股份都没有提及关于内部控制缺陷认定的有关内容。在 2013 年 4 月 12 日公司公布的《关于公司内部控制的自我评价报告》,才明确提出内部控制缺陷认定标准。结合贵糖股份长期以来的内部控制状况以及 2012 年年报审计报告、内部控制审计报告以及期间审计师的变更、会计报表重述,我们认为贵糖股份内部控制评价及其重大缺陷认定标准存在以下问题:

1. 定量分析基准指标选择不全面

在贵糖股份的缺陷认定标准中,重大缺陷标准为"错报>营业收入的 0.5%"或"错报>资产总额的 0.5%"。而实际上,贵糖股份由于成本核算基础薄弱,所引起的内部控制重大缺陷并没有对营业收入产生影响,而是对成本产生影响从而影响利润。根据致同会计师事务所的内部控制审计报告意见,重大缺陷导致贵糖股份 2012 年度未审财务报表的本期数据和前期比较数据中"营业成本""应付账款""存货"等项目存在重大会计差错,贵糖股份管理层对前期比较数据相应进行了追溯重述,该等重大会计差错更正调减 2011 年度净利润 5 251.2 万元,调增 2011 年年初留存收益 11 663.42 万元。因此,贵糖股份在重大缺陷认定基准中少了净利润的基准。与财务状况有关的错报用资产指标为基准,与财务成果有关的错报用净利润为指标,这样更科学和全面。

2. 定性分析认定没有细分

在 2009—2012 年贵糖股份内部控制自我评价报告分析中,公司内部控制存在的问题及整改计划存在的问题如表 12 所示。

表 12 贵糖股份自我评价报告内部控制缺陷问题与整改计划

存在的问题	整改计划
1. 公司尚未建立起完整的内部控制风险评估体系,因此未能通过对企业风险的有效评估,严格防范、发现、纠正企业经营风险 2. 随着公司经营业务的发展,公司将进一步加大监督检查工作,内审工作相对显得比较薄弱	1. 公司将按照有关法规、先进的管理制度,结合公司的内部控制结构和业务特点,认真研究公司内部控制风险评估体系的建立健全措施 2. 公司将按照内部控制指引的要求,加强对公司内审人员的培训力度,提高审计监督、检查能力

资料来源:贵糖股份 2009—2012 年内部控制自我评价报告。

为了对比发现问题,我们选取南宁糖业股份有限公司(以下简称"南宁糖业")作为对照公司,南宁糖业内部控制缺陷分为财务报告内部控制缺陷和非财务报告内部控制缺陷,分别进行内部控制缺陷认定。以南宁糖业财务报告内部控制缺陷认定为例,报告期内公司存在财务报告内部控制重大缺陷 0 个、重要缺陷 4 个,具体的重大缺陷和重要缺陷如表 13 所示。

表 13 南宁糖业内部控制自我评价报告内部控制缺陷问题与整改计划表

问题	缺陷性质及影响	整改情况
固定资产的处置报废账务处理时间滞后	公司总部在报废固定资产时经过审批的文件未及时传达到财务,导致固定资产处置报废的账务处理时间滞后,属运行缺陷	2012 年 9 月内部检查发现问题后,已立即要求公司财务部将董事会审批通过的报废固定资产进行账务处理。此外,公司企管部修订了现行的固定资产报废制度
固定资产的入账不及时,工程项目账务处理时间滞后	公司直属厂南宁糖业伶俐糖厂及南宁糖业明阳糖厂的分蜜机项目账务处理时间滞后,公司控股子公司南宁云鸥物流有限责任公司二手车的购入,固定资产入账不及时,属运行缺陷	2012 年 9 月内部检查发现问题后,要求各相关直属企业和子司按照公司相关管理规定及时进行账务处理,于内部控制评价报告基准日前完成整改
在建工程、工程物资结转固定资产账务处理凭证附件不完备	伶俐糖厂从工程物资(单项设备)、在建工程结转固定资产的凭证后未附出库单、验收单、设备入库单、发票,也未对此项固定资产做说明,仅有手工制的领料明细,无法判断该项固定资产单项设备归属的项目大类(在建工程)及应入账时间,属运行缺陷	伶俐糖厂已于内部控制评价报告基准日前补办了 2013 年度在建工程的结转,在结转时附出库单、验收单、设备入库单、发票等原始凭证,并将在以后结转时附上完整的原始凭证
将工程安装费、制作费、加工费单独设立固定资产卡片	公司控股子公司广西侨旺纸模制品有限责任公司未将工程项目发生的安装费、制作费、加工费归集到相应的工程中,待工程投入使用后再统一进行结转,而按发票将不形成单项固定资产的工程费用登记为单张固定资产卡片,这会导致按卡片盘点资产时无相应实物,属运行缺陷	由于侨旺公司固定资产卡片修改需符合相应固定资产调整条件,只能将经内审查后再发生的类似的安装费、制作费、加工费归集到相应的工程中,不再另列固定资产卡片。经过上述整改,公司于内部控制评价报告基准日后未发现未完成整改的财务报告内部控制重大缺陷、重要缺陷

资料来源:南宁糖业内部控制自我评价报告。

与南宁糖业对比发现,贵糖股份未披露内部控制缺陷数量,未对缺陷进行具体描述;贵糖股份仅笼统地表述公司存在缺陷——"尚未建立完整的内部控制风险评估体系""公司内审工作显得相对薄弱",而没有对内部控制缺陷的严重程度进行鉴定,或者对存在的重大缺陷、重要缺陷分别进行披露,也没有对财务报告内部控制缺陷还是非财务报告内部控制缺陷进行区分,更没有具体指出每一个缺陷对应的缺陷严重程度分类。根据上市公司的披露,信息使用者无法判断内部控制缺陷的性质及其对内部控制的影响程度,必将影响其投资决策。另外,贵糖股份对于建立风险评估体系的整改计划没有具体的整改措施,也没有对前一年度的整改进度进行总结,使得内部控制自我评价报告的对外报出毫无意义。"公司内审工作显得相对薄弱"的整改措施中,提及加强对公司内审人员的培训力度。如果只是内部审计工作人员胜任能力的问题,不管是加强培训也好,聘请专业人士也罢,都不至于从2009年至2012年都没有得到解决。对于短期能解决的问题,四年过后同样的计划,每一年都没有整改,而是一字不差地重述整改计划,这些从另一个侧面说明公司完全无视内部控制问题,或者是用无足轻重的小问题掩盖大问题,避重就轻。

3. 未考虑缺陷组合

在判断企业内部控制缺陷时,贵糖股份仅仅考虑了单独错报或单独事项构成重大缺陷的情况,而忽视了影响整体控制目标实现的多个一般缺陷或重要缺陷是否会构成重大缺陷。例如,如果贵糖股份的风险评估和风险应对都存在重要缺陷,尽管均不构成重大缺陷,但是应该考虑这两个重要缺陷的组合对内部控制目标的影响,再认定组合的缺陷程度。

4. 标准不统一

理论上,内部控制缺陷认定标准根据不同的执行主体可以分为两类——注册会计师内部控制缺陷认定标准和上市公司内部控制缺陷认定标准。在贵糖股份案例中,注册会计师对贵糖股份出具的内部控制否定意见的审计报告,鉴于贵糖股份公司蔗渣、原煤等大宗原材料的成本核算基础薄弱、部分暂估入账的大宗原材料缺少原始凭证,认为影响该等存货的发出成本结转与期末计价的准确性,与此相关的财务报告内部控制运行失效。贵糖股份认定标准简单,没有涉及存货内部控制,在执行内部控制审计的过程中,注册会计师在更大程度上是依据专业判断和职业谨慎性进行鉴定。这样会造成企业和事务所标准不统一,不利于企业自我评价。

5. 极大的"自由裁量权"

2014年贵糖股份内部控制缺陷认定定量标准如表14所示。

表14　2014年贵糖股份内部控制缺陷认定定量标准

认定内容	指标	一般缺陷	重要缺陷	重大缺陷
财务报告缺陷	营业收入潜在错报	错报≤营业收入的0.5%	营业收入的0.5%<错报≤营业收入的1%	错报>营业收入的1%
	资产总额潜在错报	错报≤资产总额的0.5%	资产总额的0.5%<错报≤资产总额的1%	错报>资产总额的1%
非财务报告缺陷	直接财产损失金额	小于500万元(含)	500万—1 000万元(含)	1 000万元以上

资料来源:贵糖股份2014年内部控制自我评价报告。

2012年内部控制重大缺陷的重要性水平中,重大缺陷标准为"错报>营业收入的0.5%""错报>资产总额的0.5%"或"直接损失金额>500万元";然而2014年内部控制重大缺陷的重要性水平中,重大缺陷标准为"错报>营业收入的1%""错报>资产总额的1%"或直接财产损失金额"1 000万元以上"。2012年财务报告缺陷中以营业收入或资产总额的0.5%作为重要性水平,然而2014年内部控制重大缺陷的标准却以营业收入或资产总额的1%作为重要性水平;在非财务报告缺陷中,2012年直接财产损失金额以500万元作为重要性水平,但2014年损失金额以1 000万元作为重要性水平,明显扩大了可容忍的错报范围。尽管重要性水平是一个职业判断的问题,但是标准设定的差异如此之大,披露的内部控制缺陷信息如何纵向可比?如果没有一个具体清晰的定量化或定性化标准,或者说没有一个必须遵循的在内部控制缺陷认定过程中的标准,一个很严重的后果就是强化了利己主义倾向,即很多企业都不会承认自己存在重大缺陷,而是把它归到一般缺陷和重要缺陷,从而得出内部控制有效的结论。

6. 内部控制自我评价模板化

从贵糖股份内部控制自我评估报告可以看到:公司内部控制完整、合理、有效,不存在重大缺陷,公司现有内部控制制度得到有效执行,公司的内部控制体系与相关制度能够适应公司管理的要求和发展的需要,能够为编制真实公允的财务报表提供合理的保证,能够为公司各项业务的健康运行及公司经营风险的控制提供保证。在被出具内部控制否定意见之前,贵糖股份内部控制自我评价报告简单,并且多年都是同一个模板和表述,涉及内部控制的组织构架、内部控制体系建立健全、内审部门的监督检查情况、对子公司的管理、关联交易、对外担保、募集资金使用、重大投资、信息披露这几个方面,而对于发展战略、采购业务、资产管理等这几个可能存在问题的方面则有选择性地回避。内部控制自我评价过于模板化,根本没有实实在在地对本公司内部控制设计与运行中出现的内部控制缺陷加以认定和披露,而仅仅是机械地照搬《基本规范》及《评价指引》中的有关原则性规定,章程化、模式化地对内部控制报告进行自我评价。内部控制评价工作作为一个核心问题,内部控制缺陷认定标准的制定和披露并没有得到上市公司应有的重视,完全违背国家要求企业自我评价内部控制的初衷。当被曝出内部控制存在重大缺陷以后,公司才在对外公布的内部控制自我评价报告中加上对内部控制缺陷的认定标准和具体认定内容,但是仍然保持一贯空洞无物的风格。

(四)会计报表重述及其内容

我国与会计报表重述相关的会计规范始于1999年1月1日实施、2001年修订的《企业会计准则》,其中提出"会计差错"的概念,但只要求上市公司把对会计差错的更正信息在报表附注中进行披露。这一对会计差错信息披露不够突出的缺陷,给盈余管理带来了较大的空间。2003年12月1日,证监会发布了《公开发行证券的公司信息披露编报规则第19号——财务信息的更正及相关披露》,要求上市公司以重大事项临时公告的方式及时对财务信息进行重述并披露,继而出现了人们常说的对财务报告进行补充、更正。补充及更正等形式的"补丁"公告,首次明确了重大差错信息更正及披露制度。之后,新《企业会计准则第28号——会计政策、会计估计变更和差错更正》中以"追溯重述法"取代了长期实行的"追溯调整法",要求重新编报以前年度的财务报表,并将修正后的报表和原报表一起并列于官方信息披露平台,以便比较及避免信息误判。现实中,企业常对以下会计差错进行重述:

(1)采用法律或会计准则等行政法规、规章所不允许的会计政策。例如,我国会计制度规定,为购建固定资产而发生的借款费用,在固定资产尚未交付使用前发生的,应予资本化,计入所购建固定资产的成本;在固定资产交付使用后发生的,计入当期损益。如果企业固定资产已交付使用后发生的借款费用,也计入该项固定资产的价值,予以资本化。这些属于采用法律或会计准则等行政法规、规章所不允许的会计政策。

(2)账户分类及计算错误。例如,企业购入的五年期国债,意图长期持有,但在记账时记入短期投资,导致账户分类上的错误,并导致在资产负债表上流动资产和长期投资的分类也有误。

（3）会计估计错误。例如,企业在估计某项固定资产的预计使用年限时,多估计或少估计预计使用年限,而造成会计估计错误。

（4）在期末应计项目与递延项目未予调整。例如,企业应在本期核销的费用在期末时未予摊销。

（5）漏记已完成的交易。例如,企业销售一批商品,商品已经发出,已开出增值税专用发票,商品销售收入确认条件均已满足,但企业在期末时未将已实现的销售收入入账。

（6）对事实的忽视和误用。例如,企业对某项建造合同应按合同规定的方法确认营业收入,但该企业按确认商品销售收入的原则确认了收入。

（7）提前确认尚未实现的收入或不确认已实现的收入。例如,在采用委托代销的销售方式下,应以收到代销单位的代销清单时确认营业收入的实现,如企业在发出委托代销商品时即确认为收入,则为提前确认尚未实现的收入。

（8）资本性支出与收益性支出划分差错,等等。例如,工业企业发生的管理人员工资一般作为收益性支出,而发生的工程人员工资一般作为资本性支出。如果企业将发生的工程人员工资计入当期损益,则属于资本性支出与收益性支出的划分差错。

会计差错分为重大与非重大。重大会计差错是指企业发现的使公布的会计报表不再具有可靠性的会计差错。重大会计差错一般是指金额比较大,通常某项交易或事项的金额占该类交易或事项金额的10%及以上,则认为金额比较大。企业发现的重大会计差错,如不加以调整,会使公布的会计报表所反映的信息不可靠,并有可能误导投资者、债权人及其他会计报表使用者的决策或判断。因此,重大会计差错应调整期初留存收益及会计报表其他相关项目的期初数。

（五）会计报表重述与内部控制重大缺陷

从本案例看,企业内部控制重大缺陷和会计报表重述的关系及其联合起来的经济含义有：

（1）企业只要存在内部控制重大缺陷,会计报表重述概率就会增大。

（2）当企业内部控制存在重大缺陷时,审计师出具了否定意见的内部控制审计报告,但企业内部控制自我评价却没有认识到这种缺陷的属性,这最容易出现会计报表重述。

（3）会计报表重述让人们了解到企业公司治理、内部控制存在问题，由此让人们对企业的盈利和持续经营存有疑虑。

（4）企业内部控制存在重大缺陷和企业会计报表重述同时出现时，会产生以下后果：

第一，损害企业声誉。贵糖股份内部控制存在重大缺陷，导致财务报表不可靠，发生会计报表重述，这会破坏企业多年来树立的公众形象和口碑，损害企业声誉。

第二，股价下跌。当贵糖股份内部控制存在重大缺陷、导致会计报表重述时，社会公众不但会怀疑管理层的诚信和财务报表的可靠性，而且多数会不看好企业的未来发展和盈利能力，甚至卖掉股票，导致股价下滑。

四、课堂计划建议

（一）案例资料及其讨论顺序

案例资料在课前发给学员，让学员阅读并进行小组讨论。

案例讨论的知识储备部分可以由教师提出知识点，建议学员课前阅读相关文献、归纳总结并在课堂上陈述。这部分内容也可以采用教师在课堂上简要介绍和讲授方式。案例讨论主题如表15所示。

表15 案例讨论主题

序号	讨论主题	案例中的相关线索	设计的相关理论和知识	结论/启示/感受
1	贵糖股份内部控制			
2	贵糖股份内部控制重大缺陷与认定标准			
3	内部控制缺陷与审计师更换			
4	内部控制缺陷与会计报表重述			

（二）课时分配

课前自行阅读资料（约2小时）。

讨论小组讨论并提交讨论记录（约1小时）。

讨论小组推荐代表陈述，并进一步讨论（约1小时）。

课堂讨论总结（约0.5小时）。

（三）讨论方式

本案例可以采用分小组头脑风暴式讨论,然后要求讨论小组推荐代表陈述观点。

（四）课堂讨论总结

课堂讨论总结的关键是:归纳发言者的主要观点;重申讨论的重点和亮点;提请大家对焦点问题或争论问题进一步思考;建议学员对案例素材进行拓展研究和深度分析。

参考文献

1. 丁友刚、王永超,"内部控制缺陷认定标准及其制定和披露研究",《财务与会计》,2015年第6期,第70—72页。

2. 田高良、齐保垒、李留闯,"基于财务报告的内部控制缺陷披露影响因素研究",《南开管理评论》,2010年第4期,第134—141页。

3. 周守华、胡为民、林斌、刘春丽,"2012年中国上市公司内部控制研究",《会计研究》,2013年第7期,第3—12页。

4. 田娟、余玉苗,"内部控制缺陷识别与认定中存在的问题与对策",《管理世界》,2012年第6期,第80—81页。

5. 企业内部控制编审委员会,《企业内部控制基本规范及配套指引》,上海:立信会计出版社,2012年。

信威通信借壳上市案例分析[①]

王汀汀　邓　铭　刘　通

摘　要：从外在环境来看,2012年年末至2014年年中,企业面临IPO的管控收紧和并购重组的相对放开。从内部融资决策角度来看,北京信威通信有限公司(以下简称"信威通信")选择继续巩固自身在新兴国家通信市场的发展,随着公司规模扩大和新兴国家通信市场的开放,公司必须增加对研发、生产设施的投入,且公司面临较大的短期偿债压力,现金流较小。因此,信威通信选择借壳上市,寻找股权投资。

本案例先后对并购背景、通信行业现状、收购方财务状况和壳公司盈利能力以及上市后可能获得的股权转让收益等进行分析,以帮助学员理解收购方信威通信为什么要上市融资,为什么要选择借壳上市这种方式,壳公司为什么要卖壳重组,希望对其他企业借壳上市及成功实现并购提供一些参考。

关键词：借壳上市　并购动机　并购过程　重组绩效

引　言

信威通信是一家致力于自主知识产权的SCDMA无线通信技术和McWiLL宽带无线接入技术的研发与产业化的公司,在行业中有一定的竞争优势。2013年在确定了进军新兴国家市场的战略后,信威通信面临巨大的短期债务压力和

[①] 本案例只供课堂讨论之用,并无意暗示或说明某种管理行为是否有效。

资金短缺。在 IPO 受到很大限制的情况下,公司究竟应该选择什么方式筹集资金以走出困境,顺利达成公司的既定战略?

1 案例背景

1.1 行业发展概况

通信行业是一个垄断程度较高、全球地域内发展极不均衡的行业,产品具有高度定制化、寿命长等特点,企业的核心竞争力集中于公关销售能力、核心技术标准、产品性能质量、价格等几个方面。设备制造需求主要来自电信运营商更新换代、性能提升、运营维护以及自身搭建通信系统所配套产生的需求。

通信行业在全球的发展呈现出新兴市场国家明显落后于发达国家的不平衡状况。从发达地区来看,2010 年,欧洲、北美等地区的发达国家实现了 2G/3G 网络的高覆盖和高渗透,主要设备提供商为欧美的爱立信、诺基亚、朗讯、北电以及日本的 NTT、富士通、夏普等厂商,当时国内厂商华为也加快了对 WCDMA(一种 3G 蜂窝网络)设备的研发。到了 2013 年,发达国家继续加大 4G 通信的建设和覆盖范围。截至 2013 年 2 月,美国已实现 11 个州 30 个新市场的 4G 覆盖。2013 年 2 月中旬,其用户群的覆盖率达到 61%左右,并将继续扩大至 87%。

从全球范围来看,北美占到全球通信设备市场的 25%左右,但该区域已被阿尔卡特朗讯、摩托罗拉、思科、RIM 等传统设备制造商占据,对非本土设备供应商的进入限制相当严格。

欧洲是全球最大的无线通信设备市场,也是全球大型电信运营商最集中、设备制造商巨头最多、技术研发水平最高、行业竞争最激烈的地区。在欧洲本土,聚集着全球最为先进的设备生产商,如爱立信(瑞典)、西门子(芬兰)、阿尔卡特朗讯(法国)等。

2013 年,很多国家和地区都在加快 LTE(4G 制式的一种)网络的建设,网络建设合同的争夺战愈演愈烈,欧美本土制造商享有核心元件(芯片)、技术、研发能力以及本土通信网安全保护的先天性优势,但我国一些企业(如华为和中兴)在产品质量较强、正常运营速率较快的情况下,在产品价格方面获得了一定程度的谈判力,赢得了部分市场。然而进入这些发达国家的技术门槛较高,而且当时市场的需求主要集中于 4G 业务。

从新兴国家和地区来看,新兴市场的通信网络建设与其国内经济发展情况类似,远远落后于发达国家的步伐。截至 2013 年,新兴国家市场正处在电信基础建设的阶段,固网、移动通信及 3G 设备成为需求增长的重点,全球主要设备制造商也积极进入该市场。

不同的发展中国家和新兴地区的公网市场环境千差万别,某些市场机会很大。目前这一市场可分为三类:第一类市场的特点为政府管制严格,市场开放程度低,如缅甸、朝鲜;第二类市场的特点为发展结构不平衡,语音业务竞争激烈,数据业务发展薄弱,具有很大的市场空间,如印度尼西亚、柬埔寨等;第三类市场的特点为公网市场发展成熟,主要市场机会集中在专网,如俄罗斯。

我国通信行业的起步晚于发达国家,后续的发展(如通信系统的传输速度、稳定性、传输容量等各方面)也比发达国家的步伐要慢。由于我国三大电信运营商具有垄断性、经营绩效的激励机制不健全,通信系统的更新换代速度也处于一个较低的水平。因此,拥有较强研发能力和自主技术标准的通信设备制造公司,不仅应该从国内市场环境出发,还应该着眼于全球,适时寻找能给自己带来利益的市场。

从国内市场环境来看,从 2002 年开始,国内通信行业已过了高速发展期,行业内固定投资增速开始逐年下降。1996—2000 年,固定资产投资的年均增长率为 24.9%,而 2000 年以后,年均增长率降到 2.1%。不过随着后来 3G 网络的投资以及 2012 年以后逐年增加的对 4G 业务的投入,国内通信行业出现了阶段性的增长。因此,2013 年对设备制造厂商来说,3G 业务处于高速增长期,需求量最大,但最有潜力且市场前景最好的领域则是拥有符合 4G 技术标准的企业。

1.2 公司发展概况

信威通信要在国内发展,可以利用自身技术为三大运营商提供设备制造,但面临研发能力覆盖所有 2G、2.5G、3G、4G 关键技术的华为公司的竞争,且信威通信的 4G 制式(TD-LTE)在 2013 年尚处于技术研究与方案设计的起步阶段,竞争优势不明显,盈利空间有限。而发达国家则存在过高的技术门槛,竞争激烈。因此,信威通信进军新兴国家市场的盈利空间最大。

信威通信拥有自主研发的 McWiLL 通信协议,该通信协议被国际电信联盟认可,公司可以提供基于 McWiLL 技术的基站、核心网设备及终端,成套设备的垄断性销售带来的盈利空间巨大。大唐电信是公司股东之一,大唐电信的部分产品可以被授权生产、销售,能产生业务协同效应。

信威通信的研发能力较强,截至 2013 年年末,拥有国家高级职称的有 10 人,占研发团队的 2%。公司每年投入大量资金用于研发,2012 年研发支出为 166.58 万元。此外,政府对公司项目支持、技术研发的补助也比较可观,其中 2011 年、2012 年和 2013 年政府给予公司的补助金额分别为 3 178.4 万元、4 265.13 万元和 1 245.91 万元,公司的研发投入拥有雄厚的资本支持。

信威通信的技术标准完全符合新兴国家的技术要求,其 McWiLL 技术网络建设所需成本低,灵活建网和全方位解决方案的优势可以帮助新兴国家的运营商快速建立起一张能同时承载公众语音通信与宽带接入需求的宽带无线通信网络,而且网络稳定性高、安全性高(拥有自身独享频段)、传输容量大、可定制化以及组网速度快,在满足一些国家或地区电信运营商建网要求的基础上,产品性价比更高。除了提供设备组建网络,信威通信还可以提供完整的运营解决方案,事后维护成本低、维护方案随时可得。在提供公网组建的基础上,信威通信还可以根据自身在国内积累的经验开拓当地专网市场。

但是,由于信威通信的货币资金中可动用流动资金较少,拟募投项目较多(见表1)、项目资金需求较多,买方信贷经营模式致使公司自身现金流受制于合作方还款的及时性,加之借款会导致财务费用增加,股权融资就成了最优选择。

表1　2013 年 6 月信威通信拟募投项目　　　　　　　　　(单位:万元)

募投项目名称	计划投资额	已投入募集资金
全球信威无线宽带接入网络服务中心建设项目	195 374.10	—
基于信威无线宽带接入技术的新航行系统研发及产业化项目	33 490.00	—
中央研究院建设项目	75 457.00	5 805.71
北京国际营销总部建设项目	21 055.00	809.06
增资华达房地产公司建设智慧养老医疗社区项目	109 000.00	—

1.3 政策背景与壳公司状况

从 2012 年年底至 2014 年 5 月约一年半的时间里,证监会停止了对 IPO 的审批,2014 年 6 月重启后每月只有十余家企业能够通过审批,还有大量企业排队等待。另外,新股发行强化了对上市公司财务数据的质量审查,无形中提高了上市门槛。但另一方面,监管部门对并购活动的支持力度不断加大,自 2013 年以来,并购扶持政策不断出台(见表 2)。2014 年,国务院印发《关于进一步优化企业兼并重组市场环境的意见》,鼓励依法设立并购基金、股权投资基金、创业投资基金、产业投资基金等机构参与上市公司并购重组,极大地推动了并购的发展(见表 3)。

表 2 近年并购相关政策、文件类资料

时间	部门	政策/文件/会议/相关声明	相关内容
2010 年 9 月	国务院	《关于促进企业兼并重组的意愿》	深化体制机制改革,促进国有资本合理流动,加快国有经济布局和结构的战略性调整,鼓励和支持民营企业与竞争性领域国有企业改革
2012 年 2 月	证监会	《上市公司并购重组专家咨询委员会工作规则》	拟在并购重组监管审核工作中引入专家咨询议事程序,更好地推进并购重组相关问题解决的效率和质量
2012 年 5 月	证监会	第四届上市公司并购重组审核委员会	时任证监会主席郭树清指出,要充分发挥工信部牵头的兼并重组工作协调小组的作用,整体推进并购市场的发展,支持各种企业利用兼并重组加快发展
2012 年 5 月	证监会	《关于落实〈国务院关于鼓励和引导民间投资健康发展的若干意见〉工作要点的通知》	推动市场化并购重组,拓宽并购融资渠道,创新并购重组支付工具。支持民间资本通过资本市场进行并购重组,加快行业整合和产业升级
2012 年 10 月	证监会	证监会网站声明	将放松管制、减少审批,逐步取消行政许可事项;统一标准、优化流程,大力提升审核效率,同时将积极推进审核工作的标准化、流程化和公开化

(续表)

时间	部门	政策/文件/会议/相关声明	相关内容
2013年9月	国务院	《国务院关于化解产能严重过剩矛盾的指导意见》	重点推动山东、江西等地钢铁产业结构调整,充分发挥地方政府的积极性,整合钢铁产业的优化布局
2014年4月	全国人大	《上市公司重大资产重组管理办法》《上市公司收购管理办法》	将募集配套资金比例从25%扩大至不超过拟购买资产交易价格的100%
2014年8月	国务院	《关于进一步优化企业兼并重组市场环境的意见》	鼓励依法设立的并购基金、股权投资基金、创业投资基金、产业投资基金等机构参与上市公司并购重组

表3 IPO和借壳上市简要比较

项目	IPO	借壳上市
发行审核	证监会发审委员会审核,排队企业较多,审核时间长	证监会重组委员会审核,涉及定增时需经发审委员会审核,其余交由并购重组委员会审核,审核时间较短
保荐人签字	需要两名保荐人签字	不需要保荐人签字,不占名额
上市时间	一般需要1年半至2年,复杂企业需要3年;另外,时间与证监会审核速度与排队企业数量有关	重大资产并购重组20天左右
适用范围(借壳上市前,目前政策已变动)	IPO对财务状况、公司治理、历史沿革等问题要求很高	IPO受限企业主要选择借壳上市。两类企业符合此条件:第一类,受宏观调控或者行业限制影响的企业;第二类,盈利波动幅度大或者成立时间不长,不能达到连续3年盈利的要求

另外,当时的壳公司中创信测的主营业务增长乏力、财务状况不断恶化,面临退市威胁(见图1)。如果选择卖壳,不但可以获得重组后合并公司的股权、

以后年度高额的股东回报,而且根据现有的法律法规,信威通信必须做出相应的盈利补偿①。这意味着重组后三个年度内,信威通信将保持良好的经营业绩,公司股权也具有相当大的市值,这对中创信测的诱惑很大。

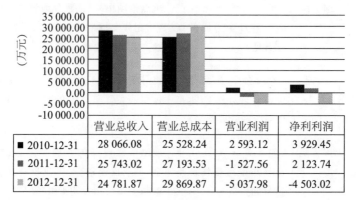

图 1　中创信测盈利能力变化图

2　公司财务状况

在制订并购计划之前,公司召开了董事会、管理层会议等各类会议,以明确此次并购目的。通常情况下,借壳上市对并购标的所属行业没有过多要求,壳资源才是公司进行并购的目的。因此,企业在做决策时,也无须结合公司总体战略目标及规划对目标企业提出过高的要求。此类并购重组,公司需要提前搜集的信息主要涉及监管层对借壳上市的规定、发改委对拟收购行业所制定的前提条件、壳资源市场价值、相关中介机构情况、公司内部资源情况等多个角度。监管层对借壳上市的规定、发改委对拟收购行业所指定的前提条件在背景介绍以及表 2、表 3 中已有涉及,在此不再赘述。

2.1　公司资产结构分析

管理层首先从公司内部资源情况进行相关分析。如表 4 所示,从资产结构

---

①　《上市公司重大资产重组管理办法》(2011 年修订)(以下简称《重组办法》)第三十四条规定:"资产评估机构采取收益现值法、假设开发法等基于未来收益预期的估值方法对拟购买资产进行评估并作为定价参考依据的,上市公司应当在重大资产重组实施完毕后 3 年内的年度报告中单独披露相关资产的实际盈利数与评估报告中利润预测数的差异情况,并由会计师事务所对此出具专项审核意见;交易对方应当与上市公司就相关资产实际盈利数不足利润预测数的情况签订明确可行的补偿协议。"

来看,公司资产总额由2011年的约15.13亿元增至2013年度的约63.22亿元,年复合增长率约为204.38%,其中2012年增长额约为上年度的3.5倍,增长速度惊人。2011—2013年,公司流动资产占比在不断增大,由2011年占总资产比例的80.09%增长至2013年的93.23%,年复合增长率超过总资产增长率,高达220.51%,其中2012年度流动资产增速加快,年度增加额约为上年度存量的1倍。相比于流动资产,固定资产增速较为缓慢,年复合增长率为119.19%。

表4 2011—2013年信威通信资产情况摘要

	2011年年末		2012年年末		2013年年末	
	资产(亿元)	占比(%)	资产(亿元)	占比(%)	资产(亿元)	占比(%)
流动资产	12.121503	80.09	5.9229744	90.64	58.940367	93.23
非流动资产	3.013848	19.91	6.119267	9.36	4.281441	6.77
资产总计	15.135351	100.00	65.349011	100.00	63.221808	100.00

如表5所示,流动资产中,货币资金和应收账款占比最大,且两者数额波动巨大,但在此三年间两者占比合计稳定在90%以上,其中2012年占比最大,两者合计占比约为94%。2012年年末和2013年年末,两者占货币资金的比例高达99%以上。另外,受销售市场影响较大的存货占流动资产总额的比例不超过7%,因此原材料或者商品价格的正常波动可能不会对公司资产价值产生较大影响。

表5 2011—2013年信威通信资产构成情况

	2011年		2012年		2013年	
	金额(亿元)	占比(%)	金额(亿元)	占比(%)	金额(亿元)	占比(%)
货币资金	0.181309	1.50	50.103729	84.59	35.109244	59.57
应收票据	0.000000	0.00	0.021000	0.04	0.020000	0.03
应收账款	10.813212	89.21	5.551135	9.37	18.030735	30.59
存货	0.776904	6.41	2.276561	3.84	2.472674	4.20
流动资产合计	12.121503	100.00	59.229744	100.00	58.940367	100.00
长期股权投资	0.100200	3.32	0.086799	1.42	0.026292	0.61
固定资产	1.902380	63.12	2.646077	43.24	2.594816	60.61

（续表）

	2011 年		2012 年		2013 年	
	金额（亿元）	占比（%）	金额（亿元）	占比（%）	金额（亿元）	占比（%）
无形资产	0.253478	8.41	0.179242	2.93	0.154352	3.61
开发支出	0.000000	0.00	0.016658	0.27		0.00
非流动资产合计	3.013848	100.00	6.119267	100.00	4.281441	100.00

其中，2012 年货币资金增幅较应收账款更为突出，由 2011 年年末的约 0.18 亿元增至 2012 年年末的约 50.1 亿元，增加额约为 49.92 亿元，增幅约为上年度账面价值的 275 倍。但 2013 年货币资金却在原来的基础上大幅下降，账面资金减少了约 15 亿元。2012 年和 2013 年账面货币资金占流动资产账面价值的比例每年均超过 50%。

根据信威通信披露的财务附注可知，货币资金中，占比最大的是银行存款。这些银行存款绝大多数以定期存单形式或者保证金账户存款余额形式存在，主要用于为柬埔寨信威以及其他境外商业活动提供质押担保或者反担保，以保障在境外合作方自有资金不足的情况下和以项目未来现金流为收益的商业模式下资金的正常运转。2012 年年末，账面应收账款较上年大幅下降，账面价值下降了约 5.26 亿元，这主要是由于公司当年存在数额为 1.64 亿元应收货款经核实已无法收回，于是当年年末入账时已核销完毕（见表 5）。

根据 2012 年账龄分析，公司计提了约 1.12 亿元的坏账准备，但应收账款整体质量较高。2012 年年末，账龄在 2 年及以下的应收账款占总额比例较高，达 80% 左右。2013 年，由于账龄在 1—2 年的应收账款数额继续增大，增加了约 12 亿元，于是 2 年及以下的应收账款数额占总额比例增至 90% 以上（见表 6）。

表 6　2012—2013 年信威通信应收账款结构

账龄	2013 年 12 月 31 日			2012 年 12 月 31 日		
	金额（亿元）	比例（%）	坏账准备	金额（亿元）	比例（%）	坏账准备
3 个月以内	2.592705	12.57	0.000000	3.278373	49.10	0.000000
3 个月至 1 年	1.830378	8.88	0.009152	1.563736	23.42	0.007816

（续表）

账龄	2013年12月31日			2012年12月31日		
	金额（亿元）	比例（%）	坏账准备	金额（亿元）	比例（%）	坏账准备
1—2年	14.671823	71.16	1.467182	0.532033	7.97	0.053203
2—3年	0.335370	1.63	0.067074	0.119931	1.80	0.023986
3—5年	0.189146	0.92	0.094573	0.285335	4.27	0.142668
5年以上	0.099660	4.84	0.996959	0.896974	13.44	0.896974
合计	20.616382	100.00	2.634941	6.675782	100.00	1.124650

非流动资产中，固定资产占比较大，稳定在43%以上，其中2011年、2013年两年中，固定资产占非流动资产比例高达60%以上。固定资产中占比较大的是房屋建筑物、机器设备、运输设备和其他设备等，其中2013年房屋建筑物净值占固定资产净值的比例达95%，而其他估值不稳定的科目（如无形资产）占非流动资产的比例较小。此外，公司处于谨慎考虑，对无形资产累计摊销原值80%左右的数额。

整体分析公司的资产情况可以得出，占比较小的非流动资产价值较为稳定，主要由占比较大的固定资产组成，递延所得税资产中坏账准备、存货跌价准备等均按照现有会计准则计提且已确认损失数额较小，因此非流动资产较为稳定。占据绝大比例的流动资产中货币资金和应收账款数额比例较高，两者合计占总体数额的90%以上。其中，应收账款风险较小，2年以下账龄的账款占比较大；但货币资金的利用效率并不高，公司99%以上的货币资金以银行存款形式存在，主要用于质押担保或者反担保。

公司资产虽然流动性高，但接近一半的资产受限于项目合作方还款能力和公司部分融资还款的及时性，因此不能变现用于新项目的投资。

2.2 公司负债结构分析

如表7所示，在资产规模扩张的背景下，信威通信的负债规模发生了较大变化。然而，由于资产总额的增速快于负债总额的增速，2011—2013年，资产负债率不升反降。2011年年末，信威通信的资产负债率为70.46%，负债总额占资产总额比例较高。2012年年末，虽然负债账面价值增加额为上年年末存量的

2.8倍左右,但由于资产总额更大幅攀升,资产负债率下降约10个百分点。2013年年末,由于负债总额下降较快,资产负债率降至28.76%。

表7 2011—2013年信威通信负债摘要

	2011年年末		2012年年末		2013年年末	
	金额(亿元)	占比(%)	金额(亿元)	占比(%)	金额(亿元)	占比(%)
流动负债合计	9.773354	91.64	35.663771	91.96	16.749514	92.11
非流动负债合计	0.891100	8.36	3.118738	8.04	1.434331	7.89
负债合计	10.664454	100.00	38.782509	100.00	18.183845	100.00
资产合计	15.135351	—	65.349011	—	63.221808	—
资产负债率		70.46		59.35		28.76

尽管信威通信负债总额波动较大,但负债结构还是比较稳定的,流动负债与非流动负债的相对比例始终在一个波动较小的区间内。流动负债价值占负债总额的比例始终在1.5个百分点以内波动,且流动负债在这三年内占负债总额的比例均超过90%,表明目前负债以短期负债为主,现金流存在极大的不稳定性,短期内偿债压力较大。

此外,公司流动负债的结构极其不稳定。如表8所示,2011年,占流动负债总额比例最高的前三个科目分别是其他应付款、应付股利、短期借款。2012年短期借款数额大幅下降,应付股利数额保持不变,但两者比例却发生了大幅变化。2012年,占比最大的三个科目已经演变成预收账款、应交税费、应付股利。这主要是预收账款飞速增加所致,增加额约为上年年末存量的143倍,当年预收账款全部为货款,且1年以内货款占总额比例高达99.78%。2013年,公司以自身银行账户里约1亿元的账款为质押担保,子公司香港信威借入了折合人民币0.94亿元的美元,并借入了8.53亿元的信用借款。与此同时,公司2011年与中关村发展集团签订的0.1亿元三年期项目借款和2012年6月发行的两年期中小企业私募债即将到期。因此,2013年,公司的筹资现金流支出压力较大,公司短期内要偿还占当年流动负债总额比例50%以上的短期借款和占比较高的一年内到期的非流动负债。

表8 2011—2013年信威通信负债构成情况

	2011年		2012年		2013年	
	金额(亿元)	占比(%)	金额(亿元)	占比(%)	金额(亿元)	占比(%)
短期借款	2.500000	25.58	0.300000	0.84	9.440729	56.36
应付账款	0.384962	3.94	0.676545	1.90	0.629555	3.76
应交税费	0.755253	7.73	6.006649	16.84	0.965410	5.76
应付利息	0.000000	0.00	0.106167	0.30	0.117268	0.70
应付股利	2.706971	27.70	2.706971	7.59	2.706971	16.16
预收账款	0.177057	1.81	25.296006	70.93	0.067379	0.40
其他应付款	3.229501	33.04	0.546814	1.53	0.681933	4.07
一年内到期的非流动负债	0.000000	0.00	0.000000	0.00	2.100000	12.54
流动负债合计	9.773354	100.00	35.663771	100.00	16.749514	100.00
应付债券	0.000000	0.00	2.000000	64.13	0.000000	0.00
长期应付款	0.100000	11.22	0.100000	3.21	0.200000	13.94
专项应付款	0.200000	22.44	0.200000	6.41	0.200000	13.94
递延所得税负债	—	0.00	—	0.00	0.200490	13.98
其他非流动负债	0.591100	66.33	0.818738	26.25	0.833841	58.13
非流动负债合计	0.891100	100.00	3.118738	100.00	1.434331	100.00

非流动负债的负债结构则比较稳定。2011年，占比较大的是其他非流动负债、专项应付款和长期应付款。长期应付款主要为公司当年与中关村发展集团签订的0.1亿元借款协议，专项应付款主要为用于SCDMA无线接入系统产业项目的资金，金额为0.2亿元，且直至2013年该笔款项仍未到期。2012年，由于当年6月公司发行了规模为2亿元的中小企业私募债券，因此应付债券比例急速攀升。另外，其他非流动负债账面价值也迅速增加，构成主要为递延收益，即企业取得的用于购建或以其他方式形成长期资产的政府补助，主要是政府对公司重点项目、研发技术、研发系统的支持资金。其中，补助较多的是宽带多媒体集群系统技术验证项目，以及面向重点行业应用的宽带多媒体接入系统开发与示范应用。由于递延收益主要为政府对重点企业资产取得的补助款项，取得当年未计入当期损益，但以后各年度会陆续计入营业外收入。由此可知，此类

款项只是一种记账习惯,并不需要偿还。

2013年,2亿元的中小企业私募集合债即将到期。应付债券科目年末账面价值为0,一年内需偿还的长期负债压力增大。此外,由于公司2011年向中关村集团借入的长期款项也快要到期,长期应付款也转入一年内到期的非流动负债科目。因此,为了减轻偿债压力,公司当年向中关村发展集团继续筹集0.2亿元的三年期资金,用于投入McWill宽带多媒体集群系统产业化项目。政府还新增对公司航空器空地宽带无线传输关键技术研究和新一代专用频点的CBTC无限通信系统平台研究的经费投入。因此,当年占非流动负债总额比例较大的主要是其他非流动负债、递延所得税负债、长期应付款和专项应付款。

总体来看,公司的主要负债为短期负债,其中流动负债占负债总额高达90%以上,且宣布并购重组计划当年(2013年),短期借款约为流动负债的一半,加上需要偿还的到期应付债券和应付款项,公司短期偿债压力较大。不过由于预收账款数额的大幅下降,流动负债数额大幅下降,且公司进行了0.2亿元的长债置换,因此公司的短期还款压力有了一定程度的减轻。

从长期来看,公司还款压力极小,因为非流动负债占负债总额的比例不超过8%,且2013年占非流动负债50%以上的全部为递延收益,以后各年度计入营业外收入,无须偿还。

2.3 公司现金流分析

如表9所示,公司2013年6月拟募投项目总额约为43.44亿元,而公司在2013年的筹资活动现金流净额已无法弥补经营活动现金流和投资活动产生的现金流净额之和。2013年年末,公司现金及现金等价物余额约为2.4亿元,当年现金及现金等价物净增加额为负,意味着公司需要从营运资金多拿出约2.52亿元用于当年的投资经营。因此,公司必须吸收外源资金以满足43.44亿元的项目投资。

表9 2011—2013年信威通信现金流摘要 (单位:亿元)

	2011年	2012年	2013年
经营活动现金流入	2.263658	44.358665	27.755340
经营活动现金流出	2.635692	51.826950	39.044058
经营活动现金流净额	−0.372034	−7.468285	−11.288718

（续表）

	2011 年	2012 年	2013 年
投资活动现金流入	0.001089	10.337627	21.942112
投资活动现金流出	0.122951	12.191592	22.140082
投资活动现金流净额	−0.121862	−1.853965	−0.197970
筹资活动现金流入	6.011500	21.584383	12.547586
筹资活动现金流出	5.758332	6.680452	2.186151
筹资活动现金流净额	0.253168	14.903931	10.361435
现金及等价物净增加额	−0.240739	5.580420	−1.468206

3 对壳公司的分析

选择什么样的公司作为壳公司,是决定并购能否成功的关键因素之一。中创信测就具有很多好壳的特点。

3.1 中创信测资产规模小且资产质量好

从市场上的通俗角度来看,市值在 10 亿元以下的上市公司是一个比较理想的壳。中创信测在 2010—2012 年这三年间资产总额期末值不超过 7.1 亿元,公司资产总额在下降,到了 2012 年,公司资产总额已降至 6 亿元左右,账面价值远远低于好壳的 10 亿元标准。从市值角度来看,2012 年年末,中创信测市值约为 9.92 亿元,规模很小。

通过分析可以看出,中创信测的资产结构较为稳定,流动资产占总资产的比例较大,三年都稳定在 83% 以上,且波动幅度不超过 3%。流动资产中占比较大的项目为存货、货币资金、应收账款,三者合计占流动资产总额的比例稳定在 85% 以上。其中,2012 年年末存货金额下降,主要是因为中创信测近几年经营状况恶化,为应对市场变化而采取了较为保守的采购备货策略,同时对存货计提了大量的坏账准备。因此,存货价值变动的风险在可控范围之内。此外,2012 年,货币资金增加了约 0.45 亿元,货币资金占流动资产的比例达 39.66%。另外,虽然公司应收账款占总额比例一直保持在 20% 以上,但是由公司披露的财务报表附注可知,2011 年、2012 年和 2013 年公司坏账准备的计提比例分别约为24%、30%和30%。占总资产比重低于15%的非流动资产中,占比较大的主要是固定资产、商誉、递延所得税资产和投资性房地产。固定资产和商誉占比较大,其中2012年商誉价值大幅下降,并不是实际减值所致,而主要是因为公司主动计提了商誉减值准备(见表10)。

表10　2010—2012年中创信测资产构成情况

	2010年12月31日		2011年12月31日		2012年12月31日	
	金额(亿元)	占比(%)	金额(亿元)	占比(%)	金额(亿元)	占比(%)
流动资产						
货币资金	2.234246	37.74	1.549520	27.64	2.032806	39.66
应收账款	1.209778	20.43	1.138397	20.31	1.234599	24.09
预付款项	0.339418	5.73	0.228766	4.08	0.147408	2.88
其他应收款	0.042509	0.72	0.085106	1.52	0.031884	0.62
存货	2.083705	35.20	2.299262	41.02	1.636609	31.93
其他流动资产	—	0.00	0.300000	5.35	0.031211	0.61
流动资产合计	5.920137	100.00	5.605329	100.00	5.125916	100.00
非流动资产						
长期股权投资	0.019949	1.79	0.015809	1.48	0.024906	2.86
投资性房地产	0.072951	6.53	0.069407	6.49	0.065862	7.58
固定资产	0.651183	58.29	0.612048	57.21	0.555833	63.94
无形资产	0.007360	0.66	0.019438	1.82	0.021360	2.46
开发支出	—	0.00	—	0.00	0.002128	0.24
商誉	0.257571	23.05	0.203571	19.03	0.094462	10.87
长期待摊费用	0.028474	2.55	0.027375	2.56	0.026276	3.02
递延所得税资产	0.079715	7.14	0.122181	11.42	0.078502	9.03
非流动资产合计	1.117204	100.00	1.069829	100.00	0.869330	100.00

总的来看,公司资产规模以流动资产为主,资产流动性较高,且流动性资产中存货、应收账款计提了减值准备和高额的坏账准备。货币资金占比很高,主要以银行存款形式存在。因此,占资产总额绝对比例的流动资产质量极好,变现能力极强。即使非流动资产变现能力较差,且固定资产占比较大,但公司持有的股权投资和投资性房地产变现能力较强,且非流动资产账面价值占

资产总额比例较低,故非流动资产对整体资产价值不会造成太大影响。

3.2 中创信测无较大的偿债压力

如表11所示,2010—2012年公司负债的账面价值和资产负债率在逐年下降。2011年,负债总计约2.39亿元,约为公司资产总额的33.99%。2012年,公司负债总额同比下降约26.07%,与此同时,资产负债率降至26.49%。2012年,公司负债总额减速放缓,降幅比例为上年年末价值的13.62%,资产负债率也随之降至25.48%。占负债总额较大的流动负债,三年来一直稳定在80%以上,且流动负债的绝对数额逐年递减。2012年,非流动负债规模大幅增加,增幅约为上年年末价值的136.99%,流动负债规模大幅减少。

表11 2010—2012年中创信测负债摘要

	2010年12月31日		2011年12月31日		2012年12月31日	
	金额(亿元)	占比(%)	金额(亿元)	占比(%)	金额(亿元)	占比(%)
流动负债合计	2.099005	87.75	1.640407	92.77	1.224378	80.17
非流动负债合计	0.292900	12.25	0.127828	7.23	0.302944	19.83
负债总计	2.391905	100.00	1.768235	100.00	1.527322	100.00
资产总计	7.037341	—	6.675158	—	5.995246	—
资产负债率(%)		33.99		26.49		25.48

流动负债中占比较大的三个科目分别是预收账款、应付账款和其他应付款。其中,预收账款占流动负债总额的比例,三年来持续稳定在60%以上;其他应付款占流动负债总额的比例一直不超过7%,但逐年递增。公司非流动负债的构成更为简单,没有应付债券、长期应付款、长期借款以及长期应付职工薪酬,只有专项应付款和其他非流动负债两个科目。其中,专项应付款占比较大,三年都稳定在86%以上,主要组成部分是政府对各大项目或者科研项目的补助。由于专项应付款账户主要用于核算企业接受国家具有专门用途的拨款(如专项用于技术研究、技术改造等),以及从其他来源取得的款项,无须偿还;以后若用于研发支出或者建造、购买相应设备,只需计入相应费用或转为固定资产、资本公积等项目。因此,对中创信测来说,专项应付款占企业非流动负债比例很大是一个利好消息,说明政府支持企业研发项目,未来企业长期偿还债务的压力很小。而其他非流动负债全部为房屋购置补偿金,账面值为160万元,是

2007年公司收到的中关村科技管理委员会资助的用于购买办公用房200万元的摊销后账面金额,以后年间也无须偿还,只需陆续折旧转入营业外收入账户。

从以上分析可以看出,公司流动负债占负债总额的比例较大,但由于公司短期借款、应付利息、一年内到期的长期借款等账户期末账面值为零,且占比较大的预收账款中一年以上账龄款项占比超过60%,因此在2012年年末,短期内需要偿还的负债主要是应付职工薪酬、应交税费、即将到期的应付票据、账龄一年内的应付账款,以及占比约38%的其他应付款。这些科目账面额总计不超过0.35亿元,相对于价值约为5.1亿元的流动资产来说极低,故公司短期内债务压力小。从长期来看,专项应付款和其他非流动负债主要为住房购买补贴和项目补贴,2012年年末,两者合计额等于非流动负债账面价值,公司的长期偿债压力主要集中于账龄一年以上的占比小于1%的预收款项,由此看来公司长期偿债压力几乎为零。

故上市合并以后,信威集团无须承担较大的偿债压力,如表12所示。

表12　2010—2012年中创信测负债构成明细

	2010年12月31日		2011年12月31日		2012年12月31日	
	金额(亿元)	占比(%)	金额(亿元)	占比(%)	金额(亿元)	占比(%)
流动负债						
应付票据	0.038283	1.82	0.053346	3.25	0.017762	1.45
应付账款	0.430774	20.52	0.500450	30.51	0.176879	14.45
预收账款	1.427386	68.00	0.999557	60.93	0.837998	68.44
应付职工薪酬	0.103294	4.92	0.105681	6.44	0.098495	8.04
应交税费	0.051806	2.47	-0.120193	-7.33	0.010500	0.86
其他应付款	0.047461	2.26	0.101566	6.19	0.082743	6.76
流动负债合计	2.099005	100.00	1.640407	100.00	1.224378	100.00
非流动负债						
专项应付款	0.292900	100.00	0.111161	86.96	0.286944	94.72
其他非流动负债	—	0.00	0.016667	13.04	0.016000	5.28
非流动负债合计	0.292900	100.00	0.127828	100.00	0.302944	100.00

3.3 "壳资源干净",不存在或有负债或诉讼

从公司资产负债表和财务报表附注可知,公司除了日常的经营活动、极小

部分的长期股权投资和不动产投资,并没有通过流动资产质押、不动产抵押获取借款进行较高风险的投资。另外,公司也没有以自身资产给其他企业或项目提供担保。因此,在信威通信选择中创信测作为壳资源时,并不需要考虑中创信测的潜在负债或日后的资产损失。

此外,2012年年末,由财务报表附注可知,中创信测不存在法律纠纷,因此日后重组也不会发生相应的经济利益纠纷。

3.4 并购意愿强烈

中创信测的盈利能力在降低,公司主营业务比较单一(见表13),仅存在两种业务产品——通信网监测维护系统和通信网测试仪器仪表,并且通信网测试仪器仪表的收入在逐年降低,每年下降幅度同比接近50%。另外,并购后,股东持有的信威通信的股权可能会因其良好的盈利能力和盈利预测而得到较大溢价。

表13 2010—2012年中创信测主营业务构成

	2010年		2011年		2012年	
	金额(亿元)	占比(%)	金额(亿元)	占比(%)	金额(亿元)	占比(%)
通信网监测维护系统	2.019178	79.49	2.107771	89.44	2.008103	93.32
通信网测试仪器仪表	0.521123	20.51	0.248916	10.56	0.143701	6.68
合计	2.540302	100.00	2.356687	100.00	2.151805	100.00

因此,中创信测的并购意愿较强,谈判起来相对比较简单,谈判进程也会较为顺利,同时也具有现实性。

3.5 同属于通信行业

中创信测致力于研究发明、生产、销售、维护和管理通信网测试产品的通信企业。公司是国家规划布局内重点软件企业、中国软件产业最大规模前100家企业和2004—2005年中国信息技术创新潜力企业,主要收入来源为通信网监测维护系统业务和通信网测试仪器仪表销售,主要行业角色是为电信运营商提供监测服务,虽然与通信设备制造业务差别较大,但同样位于通信产业链的不同环节。考虑到信威通信的主营业务是在海外进行公网建设,所以合并后可定制相关的检测服务,达到捆绑销售的目的。

据此分析,对信威通信而言,中创信测是一家合格的壳公司。

4 壳公司价值评估

第一种估值方法是收益法,即贴现现金流法。第一,相关评估机构假设信威通信集团及其子公司会永续经营,并假设2013—2022年为公司的明确经营期,在此期间,公司的大致业务收入可以根据目前已经谈判好的项目合约和未来意向项目以及已有项目状况估算。第二,根据目前产品成本比例,分类计算成本,加权计算得出营业成本。第三,用营业收入减去营业成本,再减去税金和预估的各类费用,可以得到利润总额。第四,计算出自由现金流。第五,利用资本资产定价模型计算加权平均资本成本(WACC)后,把WACC作为分子代入贴现现金流模型,计算可得经营期内企业价值。

计算2013—2022年的公司价值之后,评估机构对2022年之后的公司价值采用永续增长模型计算。假设在信威通信未来营业收入、成本、利润基本稳定的情况下,评估机构按 $g=0\%$ 并代入模型,可以得到2022年时企业的后续价值;然后用折现后的明确期内企业价值加折现后的后续企业价值,可得企业经营现值;最后再加上权益性投资和非经营性投资净额,即可得到企业现值。

第二种估值方法是市场法,主要依据是公司基本情况,如企业性质、业务范围、营业规模、市场份额、财务信息等。首先选取可以进行比较分析的参照企业,其次选择、计算相应的价值比率,最后运用价值比率得出评估结果。本次评估时选取的价值比率为企业价值倍数,即用企业价值除以息税折旧及摊销前利润。其中,企业价值为上市公司权益市值加上付息债务价值和少数股东权益价值。

在本次估值中,相关评估机构主要选取中兴通讯、海格通信、海能达、太极股份作为参照公司,根据四家公司的息税前利润、摊销前利润以及企业价值计算得出相应的价值倍数。

由于四家公司的毛利率、净利率、ROE、增长率以及WACC差异较大,因此计算完四家公司的价值倍数之后,信威通信选择两个中位数的算术平均值作为自身价值倍数,最后根据计算出的2013年息税折旧及摊销前利润,可得信威通信的企业价值。两种估值方法的评估值差异不大,用收益法评估得出的增值率为 431.24%,用市场法评估得出的增值率为 469.74%。

根据监管层的规定,当资产注入价值超过上市公司资产总额的 30% 时,公司应该采用两种及以上的评估方法对资产进行评估。由于成本法不适用于毛利率较高以及产品主要由下游企业代生产的信威通信,因此在评估信威通信的企业价值时,最合理的评估方法是收益法和市场法。

由于通信行业内企业产品差异较大且可比企业有限,且 2013 上半年至 2014 上半年行业内股价波幅较大。因此,市场法估值的公允性有待考察。另外,由于企业产品成本较为固定,根据公司的经营计划及业务合同,未来十年的业务收入可测,因此采用收益法作为最后的交易基础更加合理。

5 并购支付方式的选择

此次并购重组以换股方式进行,主要考虑到换股方式不受现金流状况影响,目标公司股东可以享受延期纳税和低税率的优惠。另外,采用股权支付可以享受配套融资的制度红利,降低公司短期偿债压力,解决短期资金局限。因此,信威通信在此次借壳上市中选择了股权支付的方式。

本次并购重组,中创信测向王靖[①]等 37 名自然人及大唐电信等 20 家机构(即信威通信除新疆光大、天津光大、曾新胜、关利民、高晓红、李维诚之外的其他所有股东)发行了股份。发行股份数为 2 614 802 803 股,主要用于购买所持有的信威通信 95.61% 的股份,基本实现了整体资产的注入。其中,部分资产未实现成功注入,主要是中创信测未能成功收购光大金控以及部分自然人股东持有的 4.49% 的信威通信股份。虽然未实现资产的整体注入,但还是实现了并购后实际控制权的转移。

并购重组前,普旭天成及其一致行动人智多维为中创信测的控股股东,持股合计 15.32%,自然人贾林、许鹏、邢建民为实际控制人。重组后,王靖拥有信威集团(重组后更名)1 010 923 819 股股份,占公司此次重组后总股本的 30.91%,为信威集团的实际控制人。信威通信成功实现在 2014 年年中成为 A 股上市公司。

---

① 据财新网信息,王靖在 2010 年通过博纳德向信威通信注资 1.308 亿元,获得信威通信 8 800 万股,占股比例达到 41%,成为公司实际控制人,并成为公司董事长。

中国证监会于 2011 年 8 月颁布的《关于修改上市公司重大资产重组与配套融资相关规定的决定》第四十三条规定:"上市公司发行股份购买资产的,可以同时募集部分配套资金,其定价方式按照现行相关规定处理。"中创信测遵循该规定,以询价方式向符合条件的不超过 10 名(含 10 名)的特定对象非公开发行股份募集配套资金,募集金额约为 32.45 亿元人民币,主要用于信威通信的建设项目以及偿还信威通信部分利率较高的借款。

6 并购后的整合

6.1 产业链优化

并购前,信威通信的主营业务主要是为基于 McWiLL 等技术的无线通信及宽带无线多媒体集群系统设备(包括终端、无线网络、核心网、集群系统、多媒体调度系统)、运营支撑管理系统和移动互联网业务系统等产品的设计、研发、生产、销售,以及相应的安装、调测、维护及其他相关技术服务,主要是无线通信覆盖系统(在我国,中国移动和中国联通也早就开始加大了无线网的建设和覆盖,只是因为 4G 业务当前的固有利益,国内电信巨头尚无积极推行宽带全覆盖的动力)的研发、销售,相应通信设备的制造、销售,以及为民航、铁路、军工等特殊行业研发系统的研发、销售等。

重组前,中创信测的主营业务更加单一,在整个电信产业链中主要扮演测试厂商这一角色,还销售自身研发的通信网络监测系统相关的设备。

并购完成后,信威通信的主营业务将覆盖 4G、宽带无线通信这两大主要电信运营商服务领域。根据万德的行业分析及预测结果,在信威通信实施并购重组时,随着 4G 业务的扩张,中创信测是 4G 业务的相关收益方之一。因此,此次重组将弥补信威通信在国内 4G 业务上的空白,还将丰富中创信测较为单一的主营业务。

6.2 客户资源与业务协同效应

一方面,信威通信基于在海外新兴市场上凭借 McWiLL 系统的组网灵活、后期维护简洁、成本低廉、可以随时提供端到端的系统解决方案、能够有机融合宽窄带业务等优势,成功打入了许多国家的市场,甚至取得了参与柬埔寨全国范围内以及乌克兰部分地区的通信网建设的权利。因此,凭借这一优势,重组后,信威集团可以将中创信测的通信网监测系统销往国外,或者涉足当地 GSM、CDMA、4G 网络建设等业务。

另一方面,在国内,信威通信也有着良好的客户基础,凭借 McWiLL 系统的安全性、保密性、先进性及稳定性,公司目前取得了特种通信领域的经营资格并早已实现了广泛应用。另外,公司目前为石油、电力、民航、铁路等基础行业提供了全方位的系统解决方案,获得了这些基础领域内行业巨头的青睐。重组后,中创信测可以凭借母公司的客户资源共享,向国内特种通信行业及民航等基础行业提供销售产品和服务。

7 重组过程中的教训

虽然此次借壳上市中收购方和中创信测的重组谈判进展顺利,但重组之时,由于信威通信的原股东天津光大向北京仲裁委提请仲裁,且根据上市公司重大资产重组相关法律法规,重组完成后的公司需要终止所有对赌协议,而 2013 年 6 月时除新疆光大外,其他股东均已解除对赌条款,因此进行顺利的并购进程一度暂停,重组审批也一直未通过。

天津光人提请诉讼仲裁是因为,2012 年 5 月,天津光大向信威通信增资约 1 亿元认购信威通信 1 262 626 股股份,并且增资时公司做出了相关的业绩承诺。然而由于股东博纳德投资基金尚未完成注册资本的全额认缴,因此在天津光大实缴约 2 000 万元资金后,股份转让一直处于停滞状态。另外,重组前信威通信与新疆光大和天津光大签订的对赌协议比较严格,公司并未完成约定的盈利承诺;而重组预案中的对赌协议条件宽松,故两者一直不同意进行盈利承诺置换,主张因信威通信未实现盈利承诺而向信威集团索要赔偿。

2013 年,信威通信与新疆光大和天津光大多次沟通未果,而为了解除对赌协议和仲裁、实现成功借壳上市,信威通信及信威通信大股东王靖、蒋宁提出了更有吸引力的补偿措施。最后,此事件以天津光大解除仲裁、以 1 000 万元获得蒋宁向其转移的约 212 万股信威通信的股权,新疆光大获得 1 亿元补偿金、获得蒋宁向其无偿转让的约 6 207 万股信威通信股权告终。另外重组完成后,信威通信以新疆光大和天津光大约定的资产基准日计算两者股权收购价,最终以 22.8 亿元高价收购了新疆光大和天津光大持有的信威通信约 3.47% 的股权。

虽然问题得到了及时解决,之后的并购重组得以顺利进行,最后借壳上市也成功通过审批,但整个事件给信威通信大股东以及重组后的信威集团造成了巨大损失。

8 结语

在面临巨大的财务压力和资金需求的情况下,信威通信放弃了困难的IPO而选择借壳上市,在充分结合自身实际和市场情况下选择了优质的壳资源,聘请了专业的中介机构,采用换股方式成功实现了借壳上市。虽然过程中遇到了一些波折,但依旧算是一次顺利的重组活动,值得同样准备并购重组的公司学习借鉴。

案例使用说明

一、教学对象与目的

适用课程:"公司治理""公司金融""企业战略管理"。

适用对象:本案例主要为金融专业硕士、MBA 和 EMBA 开发,适合有一定公司金融理论基础的研究生和有一定工作经验的管理者学习。此外也可以用于工商管理本科各专业相关课程。

教学目的:本案例总结了信威通信借壳上市的动因和过程,结合当时的政策环境、产业环境和企业自身战略及资源能力,分析了企业在并购过程中的关键决策和方式选择,指出了其中的一些不足。本案例在借壳上市和并购重组方面具有一定的代表性,能够为企业改善公司治理、立足长远谋求发展、确定并购重组的时机和方式提供借鉴。通过对本案例的学习,希望学员掌握以下内容:

(1) 公司并购的动因,国际因素、行业背景、企业战略及财务情况对公司并购的影响。

(2) 优质壳公司应具备的要素。

(3) 公司估值方法以及不同方法的适用情况和取舍。

(4) 公司并购交易方式的选择以及不同方式的优缺点。

二、启发思考题

(1) 面对发展中国家和新兴地区的三类市场,信威通信应该分别采取什么市场战略,应该集中精力进军哪一类市场?

(2) 结合信威通信财务报表相关数据,分析公司选择借壳上市的原因。

(3) 为什么理想壳公司的市值一般在 10 亿元以下?

(4) 比较三种公司估值方法——收益法、市场法、成本法的优缺点以及它们的适用情况,为什么信威通信最后选择收益法作为估值方法?

(5) 信威通信为什么选择股份支付方式而不选择现金支付方式?

(6) 公司因对赌协议导致并购重组推迟审批,并给信威通信大股东以及重组后的信威集团造成巨大损失。从该事件中可以得出什么教训?该事件对以后公司并购重组有什么借鉴意义?

三、分析思路

教师可以根据自己的教学目标灵活使用本案例。这里提出供参考的案例分析思路，大致依据思考题的顺序进行。

第一，不同发展中国家和新兴地区的公网市场环境千差万别，目前市场分为三类：第一类市场的特点为政府管制严格，市场开放程度低，如缅甸、朝鲜；第二类市场的特点是发展结构不平衡，语音业务竞争激烈，数据业务发展薄弱，具有很大市场空间，如印度尼西亚、柬埔寨；第三类市场的特点为公网市场发展成熟，主要市场机会集中在专网，如俄罗斯。对于第一类市场，应采用的发展策略是通过很强的公关能力，以垄断方式参与网络运营和设备提供；对于第二类市场，应以公网为主，侧重于公网数据业务和宽带无线接入业务；对于第三类市场，选择的策略应以专网市场切入，择机进入区域性公网市场。总体来看，一些欠发达国家和地区依然存在较大的公网及专网市场机会。

开辟新兴国家市场的盈利空间最大。信威通信在新兴市场中最核心的竞争力是拥有自主研发的 McWiLL 通信协议。该通信协议能被国际电信联盟认可。因此，信威通信可以说服一些国家和地区采用 McWiLL 技术，公司可以提供基于 McWiLL 技术的基站、核心网设备及终端，成套设备的垄断性销售带来的盈利空间巨大。另外，我国同柬埔寨的外交关系良好，且一带一路倡议鼓励企业"走出去"。因此，信威通信应该将重点放在第二类市场。

第二，公司制定了进军新兴市场的战略，并在 2013 年签订了很多对外建设项目，资金需求巨大。分析公司 2011—2013 年的财务报表，从资产项目来看，公司资产流动性高，但接近 50% 的资产主要受限于项目合作方还款能力和公司部分融资还款的及时性，因此不能变现用于投资新项目。从负债项目来看，公司的主要负债为短期负债，短期偿债压力较大，公司在面对新项目巨大的资金需求的同时，还要筹集资金满足短期债务的压力。但公司长期还债压力较小，非流动负债中约 50% 为递延收益，无须偿还。从现金流角度来看，信威通信经营活动现金流净额持续为负且缺口较大，但筹资活动现金流净额每年流入大于流出，因此可以用筹资活动现金流弥补经营活动现金流缺口。经营活动净额为负不代表其经营能力出现问题，而是因为经营模式需要为买方信贷提供反担保，从而出现经营活动净额为负。

从财务分析可以看出，虽然信威通信的资产质量较好，流动资产占总资产比例较高，2011—2013 年资产负债率在逐年降低，且盈利能力较强，但由于流动负债占负债总额比例较高，且 2013 年信威通信借入了约 9.4 亿元的短期借款和一年内到期的 2.1 亿元的长期债券，给公司当年造成了一定的还款压力。另外从现金流角度可知,信威通信销售商品获得的现金流入金额较大,主要借款用于为交易对方获得贷款而提供担保,且公司所获收入需要用于暂借款的置换。但随着电信项目的投入使用,电信运营所获收入可以逐步用于偿还贷款,故公司未来质押款也可得到逐步释放。

然而就目前来看,首先,公司的收入主要来自柬埔寨和乌克兰的两个项目,若某个项目所在地经济或政治形势发生较大变化,则公司难以弥补亏损,资金链将会出现断裂。其次,公司目前的自有资金主要用于项目的担保,若想通过增加项目来分散投资风险或出于抢占海外市场的战略角度考虑,则公司需要大量的现金流。依靠借债大幅增加自身资产负债的做法显然不可取,而一旦获取上市资格后,通过配套募资和定增来解决短期与长期的资金困境更符合现实情况。

第三,并购重组时,并购对象需要经过仔细的选择。一般从市场通俗角度来说,市值在10亿元以下的上市公司是一个比较理想的壳。壳公司市值越大、股价越高,则重组之后壳公司股权占整个公司股权的比例就越大,即股权的摊薄程度越大。这意味着公司股东财富转移和借壳时隐性成本的长期摊薄。因此,在寻找相应规模壳资源时,许多企业通常会把目光投向中小板市场。除了市值,优质的壳资源一般还需具备资产结构相对稳定、无较大偿债压力、不存在法律纠纷等特点。

第四,估值方法分为收益法、成本法、市场法。收益法即贴现现金流法,首先确定估值企业的经营期限,并估计企业的营业收入。其次根据产品成本率分类计算成本,并加权计算得出营业成本。另外,采用营业收入减去营业成本再减去税金和预估的各类费用可以得到利润总额。利用公式,"自由现金流量=利润总额-投资收益+利息支出-所得税+折旧与摊销-营运资本变化-资本支出"计算出自由现金流。最后通过资本资产定价模型计算WACC并代入折现现金流模型,可以计算得到经营期内企业的价值。该方法要求产品成本较为稳定,未来收入可预测。

成本法通俗来讲即核算重新筹建该公司所需的资金成本,一般衡量公司的最低成本,适用于资产结构相对简单的公司,不适用于毛利率较高以及产品主要由下游产业代生产的公司。

市场法即首先根据公司基本情况(如企业性质、业务范围、营业规模、市场份额、财务信息等)选取可以进行比较分析的参考企业,其次选择、计算相应的价值比率,最后运用价值比率得出评估结果。本次评估时选取的价值比率为企业价值倍数,即用企业价值除以息税折旧及摊销前利润。其中,企业价值为上市公司的权益市值加上付息债务价值和少数股东权益价值。该方法要求行业内公司产品差异较小、公司数量较多、股价相对稳定。

通信行业内企业产品差异较大、可比公司数量有限,且并购期间行业内股价波动较大。信威通信的产品成本较为固定,按照公司的经营计划和业务合同,公司未来十年的业务收入可测,因此信威通信选择收益法作为估值方法。

第五,基本的并购方式为现金支付、杠杆支付、股份支付、综合证券支付等。我国目前并购市场主流为前三种。

杠杆支付是指收购者用少量自有资金为基础,从金融机构筹集大量资金进行收购,并且用收购后公司的收入支付因收购而产生的高比例负债,这样能达到以较少资金赚取高额利润的目的。在这种并购方式中,收购者往往在做出精确的计算以后,使收购后公司的收支处于杠杆的平衡点。

现金支付方便快捷,可以避免错过最佳并购时机,同时不会导致股权稀释和控制权转移,壳公司股东还可以获得确定的支付金额。然而该支付方式受到即时付现能力的限制,它要求收购方必须在约定的日期支付大量的现金,还会增加壳公司的税收负担。

股份支付以换股方式进行,其并购交易不受现金流状况的影响,是获取上市资格的主要途径,目标公司股东还可以享受延期纳税和低税率的优惠。并购也是资产交易方式之一,资产或股权估值的偏离对任何一方利益均会有影响,而股份支付方式正好可以解决这种逆向选择问题。另外,采用股权支付可以享受配套融资的制度红利,可以降低公司短期偿债压力,解决短期资金局限。因此,此次借壳上市选择了股权支付。

第六,首先,企业在并购上市前需要与控股股东充分沟通且取得盈利承诺书面协议,不然可能会在事后阻碍并购进程。其次,企业在借壳上市之前应完成自身未决事项,以免事后被提请仲裁而耽误并购重组。

四、理论依据与分析

(一)并购理论

1. 实施并购的动因

(1)增强市场影响力。大多数收购行动都是通过收购竞争对手、供应商、分销商或者与该产业高度相关的业务来达到获取更强市场影响力的目的。

① 横向收购。横向收购指的是企业收购与其处于同一行业的竞争者的行为。通过横向收购增强企业市场影响力包括以降低成本为基础和以增加销售额为基础的两种不同的协同效应。② 纵向收购。纵向收购指的是企业收购其某一种或多种产品和服务的供应商或分销商以及配送渠道等行为。企业通过纵向收购可以达到纵向整合业务范围的目的,从而控制价值链上的其他重要环节。③ 相关收购。相关收购指的是企业收购与其行业高度相关的公司行为。为了达到增强市场影响力的目的而完成的收购一般会受到监管层以及金融市场的影响。

(2) 降低新产品开发成本和加快进入市场的速度。通过自身的力量在内部开发新产品并推向市场往往需要耗费大量企业资源,包括时间成本,因为新产品通常很难在短期内为企业带来投资回报。而且多数企业管理者关心的是如何从资本投入中获得丰厚的回报率。这样,企业收购便成为推出新产品的一条捷径。与企业自己开发相比,收购行为在新产品的前景上具有可预测性。

(3) 实现多元化。收购也被应用于多元化公司业务。根据经验和基于以上分析得来的市场洞察力,企业发现通过市场中已有的企业来推出新产品要相对容易一些;相反,靠企业自身原有的力量来开发并不熟悉的新产品——该新产品与企业原有产品有显著差别——则比较困难。因此,企业往往不会通过自己开发新产品来达到产品多元化的目的。

很多事实证明,被收购者与收购者的业务越相关,收购成功的可能性就越大。所以,横向收购或相关收购最能增强企业的综合竞争力,而收购与自己原来的主业完全不相关或相差甚远的企业,效果往往不理想。

(4) 重构企业的竞争力范围。为了减轻激烈的行业竞争对公司财务状况的影响,企业会采取收购战略来降低其对某种单一产品或市场的依赖程度,而这种对单一产品或市场依赖性的降低会改变企业原来的竞争力范围。

(5) 上市融资。徐文龙(2007)指出,当企业无法通过 IPO 实现公司的融资而只能通过并购重组成功实现公司的上市并获得上市公司资格时,公司可以在获得上市资格再次发行新的股票,筹集低成本资金。

2. 阻碍并购重组获得成功的因素

研究表明,大约 20% 的并购是成功的,60% 的结果不够理想,剩余 20% 可以说是完全失败。

（1）整合困难。整合包括不同企业文化的融合，不同财务控制系统的连接，有效工作关系的建立，以及如何处理被收购公司原有管理层人员的地位问题。

（2）尽职调查不充分。尽职调查指企业对收购对象进行充分评估的过程。有效的尽职调查过程涉及各方面的项目，包括：收购的财务问题；收购方与被收购方的企业文化差异；收购带来的税务问题；如何整合各自原来的员工队伍；等等。

（3）难以形成协同效应。对于股东来说，协同效应为他们赢得了财富，而他们自己使用多元化组合的方法是不可能达到或超过这些效应的。协同效应来自规模经济、范围经济和兼并业务中的资源共享产生的效率。

3. 成功收购的特征

成功收购的特征和效果如表 14 所示。

表 14　成功收购的特征和效果

特征	效果
被收购方具有与收购方互补的资产或资源	通过保持优势取得协同效应和竞争优势
收购行为是善意的	迅速有效的整合；可能较低的费用
收购方认真谨慎地选择和评价目标公司（财务、文化、人力资源）	购得最具互补性的公司，并且避免超额支付
收购方有宽松的财务状况（良好的现金或债务状况）	较易以低成本获得融资
被收购公司保持中低程度的负债水平	低融资成本、低风险和避免高负债带来的负面效应
持续地重点关注研发和创新	在市场上保持长期的竞争优势
具有管理变化的经验，具有灵活性和适应性	快速有效的整合为达到协同效应提供便利

（二）公司估值理论

公司估值是指着眼于公司本身，对公司的内在价值进行评估。公司内在价值取决于公司的资产及获利能力。

（1）评估学界以折现现金流量为主导的评估方法理论。企业的价值源于它产生的现金流量和基于现金流量的投资回报能力。该理论认为企业的市场价值基于未来的预期绩效，而不是企业的历史绩效。

(2) 会计学界有关企业价值模型及影响因素的相关性实证分析。这些分析包括股利所得税与公司价值的相关性实证分析、预期股利折现模型以及管理学界关于企业绩效评价的理论——平衡计分卡理论。

(3) 期权估价理论。主要为 Black 和 Scholes 提出的期权定价模型。该模型被推广应用到认股权证、可兑现债券、可赎回债券和许多其他的金融工具上。

(4) MM 理论。该理论有两个重要结论,资本结构与资本成本和企业价值无关;如果筹资决策与投资决策分离,那么企业的股利政策与企业价值无关。修正后的 MM 理论考虑了所得税的相关影响。

五、关键点

(1) 依据公司并购理论,理解、掌握公司并购的原因。学会分析公司的财务报表,结合公司的财务报表对是否选择并购重组、何种方式的并购重组进行分析。

(2) 掌握优质壳公司的相关特点,学会结合公司的战略和特点选择壳公司。

(3) 依据公司估值理论,掌握公司相应的估值方法。

(4) 学会根据公司的具体情况选择具体的并购支付方式。

(5) 在并购之前处理可能会对并购产生干扰的协议,以免推迟并购甚至使并购破产。

(6) 依据公司并购理论,初步梳理并购完成后内部整合的思路方法。

六、课堂计划建议

在课堂讨论本案例前,应该要求学员至少读一遍案例全文,对案例启发思考题进行回答。

对于背景知识中公司自身的竞争优势,主题内容中公司的财务报表分析,并购中对壳公司的相关分析和估值应该着重进行介绍。

具备条件的还要以小组为单位围绕所给的案例启发思考题进行讨论。

本案例的教学课堂讨论提问顺序为:

(1) 如果你是信威通信的决策层,面临当时的国际和产业背景,你会选择进军哪一类市场?为什么?

(2) 如果你是信威通信的决策层,面对公司的财务报表,你会选择以什么样的方式筹集资金?

(3) 按照你的判断,什么样的壳公司适合信威通信?

（4）在进行公司估值判断时，作为评估公司最有可能采取哪一种估值方法给信威通信估值，为什么？

（5）信威通信的并购支付方式确定为股份支付，你怎么评价这一支付方式？

（6）作为公司的管理层，你应该如何做才能避免在并购过程中因公司的未决事项而导致重组受阻？结合信威通信的案例谈谈你的看法。

顺丰控股借壳上市投资分析[①]

王玉霞

摘　要:2016年成为中国民营快递企业的"上市元年",在经历了多年的跑马圈地之后,国内民营快递业的竞争格局已经完成势力割据,快递业增速出现放缓迹象。为了打破产品同质化、价格战白热化的僵局,各大快递企业纷纷希望率先上市获得资本支持,取得先发优势。2016年5月23日,顺丰控股启动以资产置换方式借壳鼎泰新材的计划;2017年2月24日,鼎泰新材正式更名为顺丰控股。本案例描述顺丰控股借壳上市事件,引导学员分析思考对该类上市公司如何进行估值分析。

关键词:借壳上市估值　投资分析

引　言

2016年5月23日,鼎泰新材公告称,公司拟置出原上市公司全部资产及负债(对价约8亿元)与顺丰控股(集团)股份有限公司(以下简称"顺丰控股")100%股权(对价433亿元)的等值股份进行置换。425亿元的差额部分来自向顺丰控股股东发行股票购买资产,发行价为10.76元/股,发行数量约39.5亿股。同时,鼎泰新材拟向不超过10名特定对象定增募资80亿元(发行价不低于

[①] 本案例依据真实企业的发展历程编写,根据相关企业公开披露的信息研究整理而成;本案例仅供课堂讨论之用,并无意暗示或说明某种管理行为是否有效。

11.03元/股,发行数量不超过7.25亿股),主要用于航材购置及飞行支持、冷链运输、信息服务平台及物流信息技术研发、中转场建设等项目。

2016年7月13日,上市公司收到《中国证监会行政许可申请受理通知书》和《中国证监会行政许可申请补正通知书》。

2016年7月26日,顺丰控股转让合丰小贷、乐丰保理和顺诚融资租赁100%股权给明德控股或其指定的除顺丰控股及子公司外的第三方。

2016年8月12日,上市公司收到《中国证监会行政许可项目审查一次反馈意见通知书》,顺丰控股就旗下多家从事金融服务、投资管理、融资租赁服务的企业按要求进行了相关材料补充和事件说明。

2016年10月11日,顺丰控股借壳事件正式获证监会有条件通过。自此,顺丰控股将成为上市公司子公司,上市公司主营业务将变为综合性快递物流服务。

2016年12月12日,上市公司收到证监会出具的《关于核准马鞍山鼎泰稀土新材料股份有限公司重大资产重组及向深圳明德控股发展有限公司等发行股份购买资产并募集配套资金的批复》,本次交易获得证监会核准。

2016年12月26日,上市公司就股东变更事宜完成工商变更登记手续,完成资产过户交割。

2017年1月18日,上市公司办理完毕本次发行股份购买资产的新增股份登记申请。

2017年2月24日,鼎泰新材将正式更名为顺丰控股(002352)。

1　公司基本情况

顺丰速运成立于1993年,总部在深圳,是一家民营企业,2015年营业收入达到473.1亿元,占据中国国内快递市场17%左右的份额,仅次于邮政速递。公司在经营模式、运力建设、运行效率和服务质量方面均是国内民营快递公司的翘楚。

20世纪90年代初,中国香港的大量工厂往内地迁移,为香港与珠三角地区信件快递业务的崛起打下了基础。年仅22岁的顺丰创始人王卫抓住这一机遇,于1993年在广东注册成立公司。从成立初期的割价抢滩到1999年的强势收复加盟商,再到2009年民营第一家快递航空启动,直至今天的高端快递服务供应商定位并实现上市,销售额从最初的几百万元到现在的近500亿元,顺丰控股仅用了二十多年时间。

顺丰控股现主营业务为综合性快递物流服务,包括国际快递业务、国内快递业务、保价、代收货款、其他增值服务、仓储配送业务、冷运业务、重货运输业务。

1.1 顺丰控股系国内领先的快递物流综合服务提供商

顺丰控股的物流产品主要包括商务快递、电商快递、仓储配送、国际快递等多种快递服务,物流普运、重货快运等重货运输服务,以及为食品和医药领域的客户提供冷链运输服务。此外,顺丰控股还提供保价、代收货款等增值服务,以满足客户的个性化需求。速运物流业务在公司收入中的比重一直维持在97%以上的水平,是公司业务的绝对核心。

物流综合服务能力是行业未来的核心竞争力,服务体系越完整,整体供应链的效率越高,可持续发展能力就越强。经过多年发展,顺丰控股已初步具备为客户提供一体化综合物流解决方案的能力,不仅提供配送端的高质量物流服务,还延伸至价值链前端的产、供、销、配等环节,以客户需求出发,利用大数据分析和云计算技术,为客户提供仓储管理、销售预测、大数据分析、结算管理等一体化的综合物流服务。

1.2 顺丰控股同时还是一家具有网络规模优势的智能物流运营商

顺丰控股拥有通达国内外的庞大物流网络,包括航空网络、分点部网络、地面运输网络、中转场网络、客服呼叫网络、产业园网络等,拥有显著规模优势。同时,公司一贯重视IT资源投入,不断提升物流运营和内部管理的智能化水平,是一家具有"天网+地网+信息网"核心竞争力的智能物流公司。

业务经营模式方面,顺丰控股采用直营的经营模式,由总部对各分支机构实施统一经营、统一管理,在开展业务的范围内统一组织揽收投递网络和集散处理、运输网络,并根据业务发展的实际需求自主调配网络资源;同时,顺丰控股大量运用信息技术,保障全网执行统一规范,建立多个行业领先的业务信息系统,提升网络整体运营质量。

1.3 借壳前顺丰控股的股权结构

公司与实际控制人之间的产权及控制关系如图 1 所示。

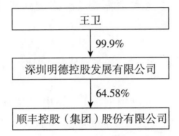

图 1　公司与实际控制人之间的产权及控制关系

截至 2017 年 1 月 18 日,公司股权结构如表 1 所示。

表 1　公司股权结构(截至 2017 年 1 月 18 日)

股东名称	持股数量(股)	持股比例(%)
深圳明德控股发展有限公司	2 701 927 139	64.58
宁波顺达丰润投资管理合伙企业(有限合伙)	392 253 457	9.38
嘉强顺风(深圳)股权投资合伙企业(有限合伙)	266 637 546	6.37
深圳市招广投资有限公司	266 637 546	6.37
苏州工业园区元禾顺风股权投资企业(有限合伙)	266 637 546	6.37
合计	3 894 093 234	93.07

2　顺丰控股的商业模式与竞争策略

2.1　顺丰控股的商业模式

国内商务快递市场是顺丰控股的主要收入来源,自营模式带来的良好时效性和服务质量使得顺丰控股在这一市场占明显的竞争优势,商务件的客户也接受相对高昂的价格。2015 年,顺丰标快、顺丰即日、顺丰次晨、顺丰特惠四大快递产品折扣前收入 455 亿元,快递件量近 17 亿件,估算市场占有率为 50%—60%,在商务快递领域处于主导地位。同时,顺丰控股还为客户提供保价、签单返还、代收货款、退换货等多项增值服务,满足客户更加个性化的需求。

根据顺丰官网,以上海为出发地,其资费标准如表 2 所示。

表 2　顺丰资费标准

目的地	首重	续重/kg	到货时间
上海、江苏、浙江	12	2	次晨
安徽	14	2	次日
河南、江西、湖北	22	8	次日
福建、山东	22	10	次日
陕西、天津、山西、河北、北京、湖南	23	10	次日
重庆、四川、云南、贵州、辽宁、湖南、甘肃、青海、内蒙古	23	13	次日
广东、广西、海南	23	14	次日
新疆、西藏	26	21	次日
香港、澳门	30	12	1.5—2.5 天
台湾	36	28	1.5—2.5 天

2.2　竞争策略

快递行业的飞速发展,孕育了若干家本土领军快递企业,由于各个快递企业间发展策略和成长环境的不同,快递业初步形成"三梯队"的企业竞争格局。第一梯队的顺丰和 EMS 进入行业较早,采取自营模式,网点布局较为完善,主要定位于中高端的商务件市场,单件收入较高,议价能力强。第二梯队的"三通一达"主要得益于近十年电子商务的飞速发展,通过加盟模式快速成长扩张,主要定位于中低端的电商件,单件收入相对较低,服务水平和时效性相对较差。第三梯队是其他的中小快递企业,发展规模较小,只有通过差异化的竞争取得一定的竞争优势,或布局某一特定区域,或专注某一特定领域,否则很难在大型快递公司的挤压下生存下来。

(1) 精准定位中高端市场,直营创造品牌优势。

作为国内快递行业的标杆企业,顺丰采用集中差别化战略,定位于中高端市场,占据绝对优势。极具前瞻性的直营模式为顺丰赢得了服务质量和市场控制力,带来的良好口碑和品牌溢价支撑了较高的业务单价。由于顺丰在中高端快递市场的绝对优势,使其拥有远高于同行业的业务单价。顺丰快递近三年价格在 23—24 元/件,远超以电商件为主的圆通及申通的单价。同时由于低端快递市场竞争激烈,以电商件为主的大部分民营快递企业业务单价呈逐年下降趋势。由于顺丰控股的优质服务为所在中高端市场建立起了竞争壁垒,业务单价依旧保持稳定,没有明显下滑迹象。

各快递企业平均业务单价如图2所示。

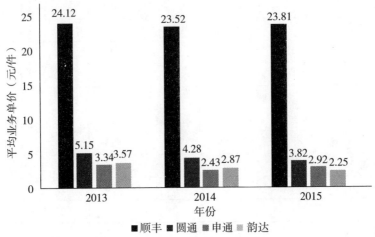

图 2　各快递企业平均业务单价

顺丰在业内已经成为"快""准时""安全"的代名词,根据2015年国家邮政局《关于邮政业消费者申诉情况的通告》,顺丰的申诉率仅为全国平均水平的1/7。根据国家邮政局《关于邮政业消费者申诉情况的通告》统计,2016年度,顺丰月平均申诉率为3.42件(每百万件快递有效申诉数量),远低于全国平均的9.32件。顺丰近两年申诉率连续处于国内同行最低水平。而在主要快递品牌满意度方面,顺丰一直位居最前列。2015年国内主要快递申诉率、满意度如图3、图4所示。

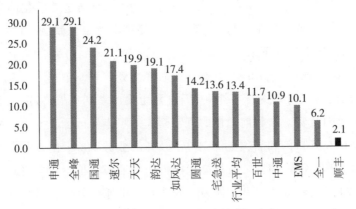

图 3　2015年国内主要快递申诉率

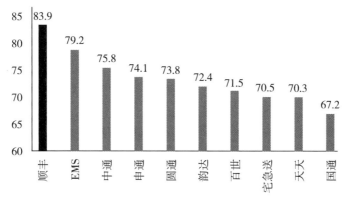

图 4　2015 年国内主要快递满意度

（2）航空网络、自动化与智能化提升等方面的先发布局。

为提升运营效率、满足用户需求，顺丰控股一直以来高度重视自动化运输设备和智能化运输技术的开发与投入，在信息系统和自动化设备、航空方面投入巨大，保证了顺丰控股可以提供更加精确的时效产品，丰富了产品种类，提升了服务效率，为其在竞争中缔造了优势。

① 信息系统方面。顺丰控股对信息系统持续大量投入，负责集团内部系统开发与维护的顺丰科技拥有超过 1 000 名技术人员。顺丰控股已开发并投入使用的系统包括企业服务平台、订单管理系统、分拣支持系统、时效管理系统等，未来还将投入大量资金研发智慧云仓、超级地面平台、车联网等智能运输技术。信息系统将加速信息流的运转，支撑整个顺丰速运物流体系。

② 自动化设备方面。顺丰控股是我国最早使用自动分拣设备的快递公司，自 2011 年起逐步在各主要中转场投入自动分拣设备，包括自动分拣机和小件自动分拣机。

③ 航空运力规模方面。2003 年，顺丰控股成为国内第一家用飞机运送快件的民营快递公司。2009 年，顺丰航空设立，成为我国首家民营货运航空公司。截至目前，顺丰航空拥有 36 架自营全货机，规划三年后顺丰航空自有机队规模将超过 50 架，将在国内外 130 个通航城市拥有航空集散（处理）中心，开通国内外航空货运线路 1 282 条，形成以杭州为全国航空枢纽，深圳、北京为区域卫星枢纽，其他站点为二级机场的网络模式，货物可通达香港、台北、新加坡、芝加哥等国际知名城市，在航空网络布局方面遥遥领先于国内其他快递公司。

④ 无人机方面。顺丰同样走在行业前列，顺丰控股正逐步加大对无人机领域的投入，以解决在中转运输耗时较长且设立网点成本较高的偏远地区的配送

难题,降低运营成本。据相关媒体报道,2015年3月,顺丰无人机已经在珠三角地区发力,以每天500架次的飞行密度力推山区和偏远乡村市场的无人机速递业务,成为国内首家开启无人机快递业务的企业。

(3) 差异化的直营模式保证服务质量和市场控制力。

直营模式是顺丰控股最与众不同的气质,也是与国际快递物流巨擘UPS、FedEx、DHL最相似的基因。直营模式和加盟模式各有利弊,加盟模式是具有中国特色的快递模式。直营模式需要自建网点搭建运力,成本较高,速度慢;而加盟制虽然网点扩张速度较快,但市场控制力、服务品质不能得到保证。大体来说,加盟模式适合野蛮式扩张,直营模式适合精益化管理。

随着快递行业逐渐成熟,服务质量变得更重要。目前多家快递企业均构建了全国网络,网络同质化严重,未来要比拼的是精益化管理,是服务质量。加盟模式定位于低端快递市场,又由于管理松散,服务质量难以统一,品牌建设难以一蹴而就,未来或将面临转型升级。而直营模式虽然在运营初期受制于资金规模,但强势的盈利能力可以逐渐缓解资金压力。随着用户的消费能力增强,他们更加看重快递的时效性,高效、服务质量稳定的直营模式快递品牌将更受青睐。

虽然顺丰在网点数量上比圆通、申通少,但从覆盖广度上看,三家快递公司对于县级市以上的覆盖率相差无几,顺丰自有终端网点在网络密度及深度上略逊一筹。但是顺丰采取与商业网点、合作代理点、物业管理及智能快递柜的合作实现最后一公里的覆盖。顺丰控股已经与近三万个合作代办点展开了合作。所以无论是从快递网点覆盖的广度还是深度来看,顺丰控股已基本建立起全国的快递网络,并且具有一定的竞争优势。快递公司自建的快递网络对比如表3所示。

表3 快递公司自建的快递网络对比

	顺丰	圆通	畅通
自营货机	30	2	N/A
自有运输车辆	15 000	32 000+	20 000
终端网点	12 000+	24 000+	20 000+
自营枢纽转运中心		60	80+
运输干线	6 200	2 928	

3. 行业与市场

从2011年开始,快递行业进入迅猛发展阶段。从国家邮政局统计数据看,2016年快递行业延续强劲增长态势,快递业务量累计完成312.8亿件,同比增长51.3%;快递业务收入累计完成3 974.4亿元,同比增长43.5%;2007—2016年,我国快递业务量与业务收入的复合增长率分别达到43.6%与31.3%。中国快递行业发展进入里程碑式的节点,政策和制度红利预期将大规模释放,移动互联网的发展、城镇化的推进和消费升级共同推动了快递行业的发展。从目前的增长态势来看,可以说快递行业迎来了最好的发展时期。"十三五"期间,全国快递业务收入规模增速有望保持在30%以上,到2020年快递业务量将超过1 000亿件,收入规模将超过8 000亿元,真正成就了万亿级海量市场。全国规模以上快递业务量及收入规模如图5、图6所示。

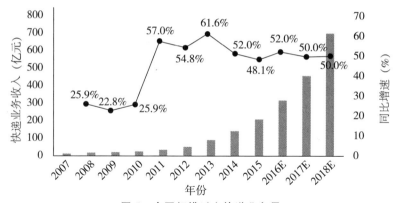

图 5 全国规模以上快递业务量

资料来源:《2016年上半年中国快递市场研究报告》。

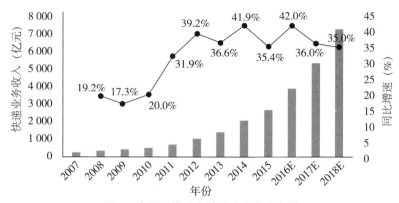

图 6 全国规模以上快递业务收入规模

物流属于基础性社会服务领域,我国物流成本占 GDP 的比重较高。国家大力鼓励、支持物流发展,在税收上给予优惠,物流业的黄金时代已经到来。人口聚集、海量市场达到万亿级、公路建设完善可以支持快递企业做大做强。

随着国内宏观经济不断转型升级,农业、制造业、其他服务业等上游产业也将逐步与快递业接轨,快递上游需求空间继续膨胀。首先,从区域方面看,在国家扩大跨境电子商务试点的背景下,国际快递市场机会巨大;而随着中西部地区互联网和电子商务的普及,向下、向西的寄递服务需求呈现井喷式增长,这类需求成为目前快递行业中的蓝海。其次,近年来生鲜电商的发展也非常迅猛,由此带来的生鲜快递业务需求也会成为行业新增长点。当前国内的消费结构进入了改革升级的关键阶段,从标准化、大众化进入个性化、定制化的消费,国内部分商品的供给端无法满足居民消费升级的需求,这种国内外需求缺口会保持下去,成为推动跨境进口增长的内在动力。最后,跨境电商中出口的比例超过 80%,成为拉动国内商品出口的动力之一,获得国家政策的大力支持。出口业务 70% 的包裹是通过邮政系统投递,顺丰、"三通一达"等国内快递企业也开始进军国际快递市场。跨境电商有望成为快递行业增长的新动力。

4 尾声

2017 年 2 月 23 日,鼎泰新材发布业绩快报:2016 年公司实现营业总收入 574.83 亿元,同比增长 19.50%;归属上市公司股东的净利润 41.80 亿元,同比增长 112.51%;扣非后归母净利润 26.43 亿元,超承诺利润 20.9%。

自 2017 年 2 月 24 日起,公司证券简称由"鼎泰新材"变更为"顺丰控股",公司证券代码不变,仍为 002352。

2017 年 2 月 24 日,深圳交易所内人山人海,鲜少在公众场合露面的王卫身穿印有顺丰 LOGO 的黑色外套、牛仔裤和运动鞋,携手顺丰飞行员代表、客服代表以及收派员代表出现在闪光灯下。带基层员工敲钟的背后不仅蕴含着王卫对未来战略的布局谋算,更是顺丰一直以来的企业文化与情怀的体现。砰、砰、砰……伴随一阵清脆的声音,以王卫为代表的"敲钟天团"敲响了代表企业进入资本市场的上市之钟。全世界电脑显示屏前的大小投资者凝望着王卫的"敲钟天团",他们一边送去祝福,一边思考:上市之后的顺丰能借助资本的力量、在快递行业的激烈竞争中脱颖而出,成为行业寡头吗?顺丰的股价应该值多少呢?

案例使用说明

一、教学对象与目的

本案例主要适用于"证券市场运行与管理""证券投资学""证券投资分析"等课程中有关企业上市、投资分析等章节和主题。

本案例适用对象是 MBA、EMBA 和企业培训人员以及经济类、管理类专业的本科生、研究生。

教学目的:第一,引导学员理解借壳上市;第二,让学员理解如何对一家公司进行估值分析,包括公司分析,行业分析、盈利预测、相对估值等;第三,让学员了解行为金融学中的反应过度与反应不足及其应用。

二、启发思考题

(1) 公司上市的途径有几种?结合顺丰控股的概况,分析公司选择借壳上市的原因。

(2) 分析顺丰控股为什么选择反向收购方式而不是其他方式。

(3) 基本分析方法有两大类,即而自上而下与自下而上。对于顺丰控股你认为应选择哪种基本分析方法?为什么?

(4) 周期型、防御型和成长型公司的定义分别是什么?顺丰控股属于什么类型的公司?为什么?

(5) 顺丰控股在细分行业的竞争力如何?是否有"护城河"?

(6) 你对公司进行投资的依据是什么?如何分辨真正业绩优良的公司?

(7) 我们在投资过程中应当如何利用反应过度及反应不足来获取超额利润?

三、分析思路

顺丰控股的股价会随着时间而变化,教师可以用动态的视角,以授课时点为案例讨论的时点,指导学员收集授课时点的顺丰控股最新资料,并分析授课时点下的顺丰控股是否值得投资,以及投资所依据的逻辑和理论。这里提出顺丰控股借壳时点的分析思路,仅供参考。

(1) 从中国证券市场的发展历程、制度缺陷以及顺丰控股特殊的股权结构分析其借壳上市的原因及其采用的反向收购策略。

（2）从宏观增长与营业收入的关系，特别是顺丰控股的主要发展业务的收入增长，定位公司为成长型公司，进而选择适合的基本分析方法、估值方法。

（3）主要关注社会经济长期的结构性变迁对行业的影响，从科技和消费习惯的变动两个角度进行行业分析。结合波特五力模型分析行业竞争环境以及上下游的产业链分析。

（4）采用相对估值模型，运用 PE、PB、PEG、EV/EBITDA 等估值法。

（5）由于市场并非完全有效，股价中除了含有基本面因素，还含有部分非理性的成分。可以用反应过度与反应不足解释。

（6）通过顺丰控股的商业模式、竞争策略、财务报表等分析其在细分行业的竞争力，以及分析是否进行投资的依据。

四、理论依据与分析

（一）基本分析方式

基本分析方式有两大类：自上而下（全景分析法）与自下而上（筛选法）。本案例中，顺丰控股的业务与宏观经济关系不大，并且其营业收入增速超过 GDP 增速，故应选择自下而上的分析方法。行业分析注重社会经济长期的结构性变迁，因素主要包括人口变化、生活方式变化、消费习惯变化等，以及科技进步对法律法规的影响。对顺丰控股主要从科技和消费习惯的变动两个角度去分析。

（二）行业竞争环境分析，波特五力模型与上下游的分析。

波特五力模型是迈克尔·波特（Michael Porter）于 20 世纪 80 年代初提出的，它认为行业中存在决定竞争规模和程度的五种力量，分别为同行业内现有竞争者的竞争能力、潜在竞争者进入的能力、替代品的替代能力、供应商的讨价还价能力、购买者的讨价还价能力。这五种力量综合起来影响产业的吸引力以及现有企业的竞争战略决策。

（三）周期型、防御型和成长型公司

按照经济周期表现对经营的影响，公司可以分为三大类：第一类是公司表现与经济周期相关性很高的公司，这类公司被称为周期型公司；第二类是防御型公司，即公司业绩对经济周期不敏感，所以这类公司的股票是在市况不佳期间投资者规避风险的防守型品种；第三类是成长型公司，这类公司的业绩经常能跨越经济周期，多出现在高科技或新型商业模式等创造新需求的领域。本案

例中的顺丰控股就属于成长型公司。绝对估值法不太适用于成长型公司,而且本案例的顺丰控股是借壳上市新股,没有公开经历了完整经济周期的财务报表,绝对估值的参数不好估计,所以选择相对估值模型。

(四)相对估值

相对估值包括 PE、PB、PEG、EV/EBITDA 等估值法,通常的做法是对比,一是和该公司的历史数据进行对比,二是和国内同行业企业的数据进行对比,三是和国际上(特别是美国)同行业重点企业的数据进行对比。本案例采用 PE 历史比较与子行业比较。

(五)有效市场理论

1965 年,美国芝加哥大学的尤金·法玛(Eugene Fama)发表了题为"股票市场价格行为"的博士毕业论文,又于 1970 年对该理论进行了深化,并提出有效市场假说(efficient markets hypothesis,EMH)。有效市场假说有一个颇受质疑的前提假设,即参与市场的投资者足够理性,并且能迅速对所有市场信息做出合理反应。该理论认为,在法律健全、功能良好、透明度高、竞争充分的股票市场上,一切有价值的信息已经及时、准确、充分地反映在股价走势中,其中包括企业当前和未来的价值,除非存在市场操纵,否则投资者不可能通过分析以往价格获得高于市场平均水平的超额利润。

有效市场假说有三种形式:弱式有效市场假说、半强式有效市场假说、强式有效市场假说。

(六)反应不足与反应过度以及惯性策略

反应不足现象是指在重大消息出现的大部分时间里,股市价格的波动很小,对利好反应平淡。Jegadeesh and Titman(1993)研究发现,在过去 1 年有高收益的股票往往在未来 3—12 个月还有超额收益。反应过度现象即投机性资产的市场价格与其基本价值总是有所偏离,但这种偏离在一个较长的期限内会逐渐消失。

反应不足和反应过度这两种现象的同时存在给经济学家带来了困惑。行为金融学学者为了解释这些现象提出了许多模型,其中影响较大的有 BSV 模型、DHS 模型和 HS 模型。这些模型的共同特点是都假设投资者有心理偏差。

惯性策略是基于反应不足理论提出的,即购买过去短期表现良好的股票,卖出过去几个月中表现糟糕的股票。关于惯性策略的大量研究表明,价格惯性策略是有利可图的,分析师的盈利预测是缓慢调整的,这些特点表明市场对信息是反应不足的。

五、背景信息

顺丰控股上市后,股价强势上涨,截至 2017 年 3 月 1 日最高涨到 73.48 元。

顺丰控股的股权结构比较特殊,真正已流通的股份占比仅 3.18%,是真小盘、假大盘股,所以上市后才会被爆炒。

六、关键点

(1) 基本分析方式的选择。

(2) 行业分析的运用。

(3) 相对估值。

(4) 有效市场理论。

(5) 反应不足、反应过度与惯性策略。

七、课堂计划建议

本案例可以作为专门的案例讨论课进行。以下是按照时间进度提供的课堂计划建议,仅供参考。整个案例课的课堂时间控制在 80—90 分钟。

课前计划:由于案例涉及的金融专业知识较多,为了达到效果,建议至少提前一周以上将案例发放给学员,使学员有足够的时间了解相关的知识,并提出启发思考题,请学员在课前完成阅读和初步思考,并要求每位学员写出自己的分析报告提纲。另外,教师需提前提醒学员用动态的眼光、站在讨论的时点,主动搜索顺丰控股最近的信息资料。教师可以根据学员的学习程度,适当增减讨论题目,如减少开放型的讨论题。

课中计划:

(1) 教师提出简要的课堂前言,明确主题(2—5 分钟)。

(2) 分组讨论,告知发言要求,让小组成员在每个人分析提纲的基础上,经过充分讨论,形成小组观点和意见(30 分钟)。

(3) 小组发言(每组 5 分钟,控制在 30 分钟)。

小组讨论结束后,由小组派一位代表在课堂上向全班演示讨论结果。教师应引导学员就每组的分析结果进行交流、讨论和辩论。

最后教师对每个小组的讨论结果进行点评,并做最后的归纳和总结(15—20 分钟)。

（4）课后计划，如有必要，请学员采用报告形式给出更加具体的解决方案，包括具体的职责分工，为后续章节内容做好铺垫。

参考文献

1. 《2016 上半年中国快递市场研究报告》，360doc 个人图书馆，2016 年 10 月 23 日。

2. 《2016 年中国快递企业现状调研及市场前景走势分析报告》，http://www.360baogao.com/List_JiaoTongYunShuBaoGao/65/KuaiDiQiYeShiChangJingZhengYuFaZhanQuShi.html。

3. 黄一帆，"顺丰登'鼎'记"，《经济观察报》，2017 年 3 月 3 日。

4. 熊锦秋，"顺丰股价爆炒背后的制度缺陷亟待修复"，中证网，2017 年 3 月 2 日，http://www.cs.com.cn/xwzx/201703/t20170302_5192511.html。

5. 安寿辉律师及其团队，"顺丰借壳整体操作方案"，广深港法律智库，www.zhongyinlawyer.com。

上海家化:控股股东发起部分要约收购为哪般[①]

王玉霞

摘　要:中国老牌上市公司上海家化于2017年9月21日宣布因重大事项停牌,在距离停牌不到一个月的10月11日宣布停止原重大资产重组A计划,实施B计划:公司控股股东家化集团拟向除平安人寿、惠盛实业、太富祥尔以外的公司股东发出部分要约,要约收购股份数量约1.35亿股,股份比例为20%,要约收购价38元/股,较公司停牌前股价32.17元/股溢价约18.12%。要约收购完成后,上海家化及其关联方最多持有公司52.02%的股份。本案例通过对上海家化控股股东溢价回购公司股票事件的描述,引发读者思考、分析要约收购策略以及如何在公司公告收购策略时做投资选择等问题。

关键词:要约收购　溢价　控制权　投资分析

引　言

2017年10月13日,上海股票交易市场热闹非凡,前一天晚上上海家化的一则公告吸引了无数人关注,无论是否为上海家化的投资者都把目光聚焦到上海家化(600315)的行情图上;人们翘首以盼,都想在第一时间看到上海家化披

[①] 本案例依据真实企业的发展历程编写,根据相关企业公开披露的信息研究整理而成;本案例仅供课堂讨论之用,并无意暗示或说明某种管理行为是否有效。

露《上海家化联合股份有限公司要约收购报告书摘要》的具体内容和复牌的走势。9∶30,上海家化不负众望,几乎是毫无悬念地以一字涨停35.59元开盘(见图1)!比爱过更痛的是曾经买过,曾经的白马、热门股,沉寂已久的上海家化携重大利好重归投资者视野,可曾经的忠实追随者还剩多少呢?

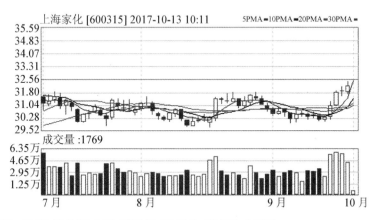

最新价:35.39;涨跌额:3.22;涨跌幅:10.01%;成交量:0万手

成交额:0.06亿元;换手率:0.03;市盈率:55.11;总市值:238.32亿元

资料来源:东方财富网。

图1　上海家化行情日K线

1　公司背景

1.1　百年家化

上海家化联合股份有限公司(以下简称"上海家化")是中国历史最悠久的日化企业之一,前身是成立于1898年的香港广生行。历经百年发展,于2001年在上海证券交易所上市,股票代码600315。上海家化拥有国内同行业中最强的生产能力,是行业中通过国际质量认证ISO 9000最早的企业,也是中国化妆品行业国家标准的参与制定企业。上海家化以广阔的营销网络渠道覆盖了全国二百多座人口百万以上的城市,一直致力于帮助人们打造清洁、美丽、优雅的生活,是中国日化行业的支柱企业。

国内市场上的第一支护手霜、第一瓶中草药花露水、第一瓶二合一香波、第一瓶混合型香水都出自上海家化。早在20世纪末,其主营业务销售额已经超过10亿元,年增长率持续保持高增长。2002年,六神品牌下的花露水、护手霜、沐浴露等产品市场占有率居全国第一,风靡一时,销售额增长高达22%以上。美加净、六神、佰草集、玉泽、启初、双妹、高夫、家安等多个品牌获得众多殊荣,深受广大消费者的喜爱,而佰草集更是闯入了巴黎市场,开启了中国化妆品走向海外市场的大门。目前,在外资日化企业占国内市场份额的90%、不断侵蚀国内市场的情况下,民族企业上海家化仍能在剩下不足10%的市场份额中独占鳌头,可以说是我国民族化妆品的品牌榜样。

随着日化行业对外资全面开放,上海家化坚持发展民族自主品牌,并且认为品牌差异化的基础必然依靠研发的支持,因此每年都投入巨额经费用于科研开发。早在1999年,上海家化的技术中心就被国家经贸委认定为国家级技术中心,同年被批准为博士后科研工作站。上海家化与复旦大学、华山医院、中国科学院、上海医药工业研究院、第二军医大学等院校机构联合设立了产学研相结合的联合实验室,还与法国同行业的研究所联合开展了一系列科研实体的相互交流和学习。上海家化的研发成果和专利申请数量处于国内领先水平,在中草药个人护理领域居于全球领先地位。[①]

上海家化公司目前主要有三大事业部,分别是佰草集事业部、大众消费品事业部、数字化营销事业部。佰草集事业部主要负责百货、高端化妆品专营店的管理;大众消费品事业部主要负责商超、化妆品专营店的管理;数字化营销事业部主要负责电商渠道的管理。各事业部内均有专业的渠道管理团队,包括促销活动管理、人员培训、产品陈列、消费者体验、客户关系管理等,对终端实现有效掌控。

一百多年来,上海家化一直遵循"精致优雅、全心以赴"的理念,这也是上海家化永远的承诺。上海家化一直全力以赴打造能代表中国的民族时尚品牌。

1.2 业务范围及盈利情况

上海家化的业务范围包括化妆品、化妆用品及饰品、日用化学制品及原辅材料、包装容器、香精香料、清凉油、清洁制品、卫生制品、消毒制品、洗涤用品、口腔卫生用品、纸制品及湿纸巾、蜡制品、驱杀昆虫制品和驱杀昆虫用电器装置、美容美发用品及服务、日用化学品及化妆品技术服务、药品研究开发和技

[①] http://jiahua.BINZHUANG.com/introduce。

转让等。图 2 是其主营业务的构成比例,可以发现个人护理用品占据了上海家化营业收入的一半以上。

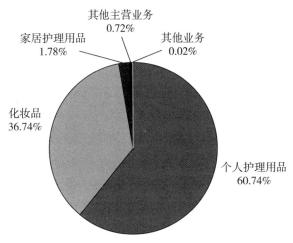

图 2　上海家化主营业务构成

资料来源:万得数据库。

2017 年第三季度上海家化整体财务现状如表 1 所示。

表 1　上海家化 2017 年第三季度整体财务状况

	总市值(亿元)	净资产(亿元)	净利润(亿元)	市盈率	市净率	毛利率(%)	净利率(%)	ROE(%)
上海家化	247	54.2	2.16	57.02	4.55	69.92	8.15	4.02
日化行业(行业平均)	94.3	30.7	1.61	29.24	3.07	20.77	8.18	10.49
行业排名(共 177)	13	26	29	101	97	1	98	101
四分位属性	高	高	高	高	较高	较高	较低	较低

资料来源:东方财富网。

1.3　公司治理结构

根据上海家化 2017 年中报,其当前的股权结构如表 2 所示。

表 2 上海家化十大股东

名次	股东名称	股份类型	持股数（股）	占总股本持股比例（%）	增减（股）	变动比例（%）
1	上海家化(集团)有限公司	流通A股	182 449 233	27.09	不变	—
2	上海久事(集团)有限公司	流通A股	30 610 899	4.55	698 000	2.33
3	中国证券金融股份有限公司	流通A股	22 952 531	3.41	−2 111 947	−8.43
4	云南国际信托有限公司——盛锦37号集合资金信托计划	流通A股	22 864 454	3.40	不变	—
5	上海重阳战略投资有限公司——重阳战略聚智基金	流通A股	18 971 234	2.82	不变	—
6	中国平安人寿保险股份有限公司——传统——普通保险产品	流通A股	17 567 886	2.61	不变	—
7	香港中央结算有限公司	流通A股	15 481 564	2.30	2 081 059	15.53
8	上海重阳战略投资有限公司——重阳战略同智基金	流通A股	10 600 066	1.57	不变	—
9	陈发树	流通A股	10 354 832	1.54	不变	—
10	上海太富祥尔股权投资基金合伙企业(有限合伙)	流通A股	10 226 588	1.52	不变	—
	合计	—	342 079 287	50.81	—	

从表 2 可知，上海家化的控股股东是家化集团，而家化集团的股东为平浦投资，中国平安又间接控股平浦投资。家化集团的股权控制关系如图 3 所示。

追根溯源，上海家化的控股股东是中国平安保险集团。

2 控股股东收购过程

2011 年改制之前的上海家化是国资委绝对控股的纯国有企业，为了突破体制机制束缚，上海国资委实施国有企业改革，挂牌出售老牌日化企业——上海家化。

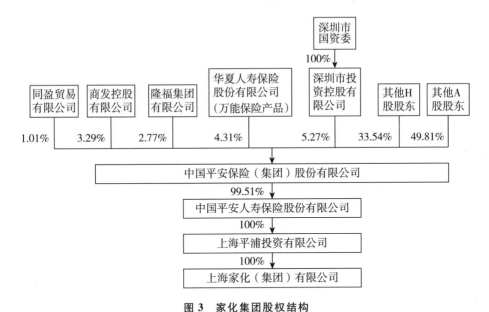

图3　家化集团股权结构

2.1　平安集团第一次收购

2008年8月,上海市出台相关文件,主动进行国有企业改制,提出对那些竞争性领域的固定资产要进行调整甚至让其退出。2010年,上海家化开始推行固定资产改革事宜:首先,无偿划转家化集团持有的上海家化上市公司的41 457 142股(共计占上市公司股份的9.8%),上海市城市建设投资开发总公司和上海久事分别获得20 728 571股,分别持有上海家化4.9%的股份。其次,将家化集团的产权整体转让,家化集团实际控制权由上海国盛集团有限公司转给上海市国有资产监督管理委员会(以下简称"上海市国资委"),由上海市国资委对其整体出让。

也许是因为当年出售美加净品牌和重新买回付出了沉重代价,同时也是出于保护民族品牌的责任心,此次并购中上海家化首先将外资排除在外,比如曾主动示好的法国路威酩轩集团同上海家化的谈判就无果而终。此外,考虑到基金资本投资功利强、套现欲望高,上海家化发布"不接受联合受让"等条件,将中信资本、红杉资本等私募基金拒之门外。

2011年9月7日,上海家化对外发布了公司整体改制进展情况暨股票复牌公告,对外宣布挂牌价格为510 900万元人民币(评估基准日期截至2011年3月31日,家化集团所有股权评估价值为510 900万元),其中家化集团拥有上海家化联合股份有限公司12 006.02万股。

尽管上海家化给出的条件是受让方或者它的控股母公司总资产不得少于500亿元,但仍没有阻止一些公司期望同上海家化联姻的决心。截至10月10日,办理受让登记的公司有海航商业、复星产业和中国平安下属的上海平浦三家实力派企业。

10月20日,上海家化对外公布信息:复星产业发函决议终止参与竞标。并购家化集团的角逐由此在海航商业和中国平安之间展开。最终,中国平安胜出。同时,中国平安的众多承诺也给足了上海家化期待:未来5年注资70亿元;5年内要坚持保证上海家化管理层稳定;2年内辅助上海家化申请拿到直销牌照,并愿意用自己庞大的寿险业务团队帮助上海家化全力打造全新直销体系。与此同时,平安拟凭借1号店网络销售的优势,快速搭建上海家化的电子营销渠道,延伸家化集团的日化产业链,同意其拓展高端表业等,全面推动上海家化发展。

中国平安并购前上海家化股权控制关系如图4所示。

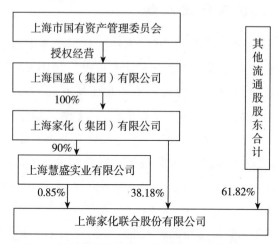

图4　中国平安并购前上海家化股权控制关系

中国平安并购后上海家化股权控制关系如图5所示。

2011年11月7日,上海家化对外公告显示,上海平浦投资有限公司以51亿元的价格成功收购了家化集团100%股权,中国平安成为家化集团的实际控制人。2011年12月27日,上海市国资委下发批复同意股权转让,家化集团和上海惠盛的国有股东身份变更为非国有股东。

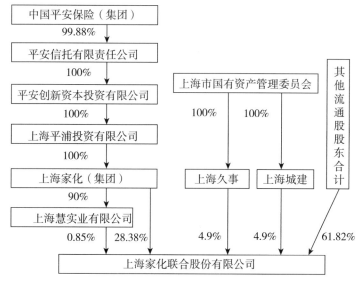

图 5 平安并购后上海家化股权控制关系

资料来源:根据上海家化会计报表整理。

经过并购后,家化集团最终丧失了国有法人的身份,其持有的上海家化股权比例也从38.18%下降为28.38%,由上海国资委100%控股的上海久事和上海市城市建设投资开发总公司分别持有上海家化4.9%的股份,并列成为上海家化新的第二大股东,上海家化大股东——家化集团归中国平安支配。

2.2 平安集团第一次要约收购

2015年11月1日晚间,上海家化发布公告称,平安集团将通过旗下公司发起要约收购,拟增持上海家化股份。此次要约所需最高资金约为83.58亿元,要约完成后,平安集团将实际控制上海家化58.87%的股份。公司股票将于11月2日复牌。

平安集团第一次发起要约收购,作为平安集团的关联方太富祥尔向除家化集团及上海惠盛以外的上海家化股东发出了部分要约收购,要约收购股份数量为2.09亿股,占上海家化总股本的31%,价格为40元/股,较停牌前的收盘价34.46元/股溢价16.08%,所需最高资金为83.58亿元。不过,彼时由于神秘资金搅局,横盘近半个月的上海家化的股价40元/股被骤然拉升至43.77元/股,远高于平安集团的收购价,而股东不可能将彼时市值43.77元/股的股票以40元/股的要约价格折价卖给平安集团,因此2015年平安集团的要约收购失败。

虽然要约收购不成,但股权激励计划未满足条件,回购了部分股权,使得平安集团持有上海家化的股份比例有所提高。

2016年6月24日,上海家化2015年度股东大会审议通过了《关于2015年股权激励计划部分限制性股票回购并注销的议案》,本次回购的尚未解禁的全部股票激励股票数量为615 644股,回购总价款为11 697 236元,每股19元。

本次回购前,家化集团、上海惠盛、太富祥尔以及平安人寿合计持有上海家化股份202 192 346股,占总股本的29.9974%;本次回购完成后,上述股东合计持股比例将超过30%,为30.023%。

被动增持的家化集团,与要约收购擦肩而过。2016年9月5日,中国证监会豁免了家化集团及一致行动人要约收购上海家化股份的义务。

2.3 平安集团卷土重来,再次要约收购

继上次要约收购失败之后,平安集团卷土重来,发起了第二次要约收购。上海家化于2017年9月21日因重大事项停牌,不到一个月,也就是10月11日就干脆利落地承认,重大资产重组A计划不搞了,公司启动B计划。10月12日,上海家化收到控股股东家化集团发来的《上海家化联合股份有限公司要约收购报告书摘要》,家化集团拟以要约收购方式,向除中国平安人寿保险股份有限公司、上海惠盛实业有限公司、上海太富祥尔股权投资基金合伙企业(有限合伙)以外的其他股东发出收购其所持上海家化部分股份的要约。家化集团本次要约收购股份数量为134 683 294股,占上海家化总股本的20%,要约收购的价格为38元/股,较公司停牌前股价32.17元/股溢价约18.12%。本次要约收购完成后,家化集团及其关联方最多合并持有上海家化52.02%的股份(350 343 578股),上海家化将不会面临股权分散不具备上市条件的风险。根据公告,这次要约收购为部分要约收购,不以终止上海家化上市资格为目的。收购计划如表3所示。

表3 家化集团部分要约收购计划

预定收购的股份数量	134 683 294
被收购公司总股本的比例	20.00%
支付方式	现金支付
要约价格	38元/股
最高要约金额	5 117 965 172.00元
履约保证金金额	1 024 000 000.00元

3 尾声

作为具有百年历史的本土化妆品龙头、见证中国近代化妆品发展史的百年国货,在近几年海外品牌不断涌入、行业竞争加剧、品牌增长受到影响、公司营销费用管控效果不达预期致使业绩承压的背景下,上海家化可谓历经风云。平安集团再次卷土重来部分要约收购,家化集团及其关联方最多持有公司52.02%的股份,平安集团的目的显而易见是夺取控制权,平安集团能否让百年国妆梅开二度、出现经营性拐点,让我们拭目以待上海家化的未来。

案例使用说明

一、教学对象与目的

教学用途:本案例主要适用于 MBA"证券市场运行与管理""证券投资学""证券投资分析"等课程中有关兼并收购、投资分析等章节和主题。

本案例适用对象是 MBA、EMBA 和企业培训人员以及经济类、管理类专业的本科生、研究生。

教学目标:帮助学员认识并了解企业收购的目的、意义和作用;掌握企业收购的方式及流程;了解企业收购对市场带来的影响及投资时机的选择等问题。

二、启发思考题

(1)什么是企业并购?企业并购都有哪些方式?

(2)什么是要约收购?要约收购有哪些类型?要约收购的定价、时间及流程有哪些规定?

(3)上海家化发起部分要约收购的目的是什么?

(4)上海家化的要约收购举措对二级市场股价走势会造成什么影响?你作为一名投资者应该采取什么行动?

三、分析思路

教师可根据自己的教学目标(目的)灵活使用本案例。这里提出本案例的分析思路,仅供参考。

企业兼并和收购,本质上都是对企业产权的有偿转让,即企业的所有权或产权按照市场规则实现让渡和转移;其产生的动因以及在经济运行中所产生的作用基本上是一致的。因此,通常将企业兼并和收购统称为并购。

根据并购企业与被并购企业之间产业关联程度的不同,企业并购可以分为横向并购、纵向并购和混合并购三种形式。

(1)横向并购。横向并购是指买方与卖方处于同一行业,产品属于同一市场,两家或两家以上生产或者销售相同、相似产品公司间的并购。横向并购的作用是:①实现规模经济;②提高行业集中度。当行业内竞争者数量较多且处于势均力敌的情况下,所有企业由于激烈的竞争,只能保持较低的利润水平。并购使得行业相对集中,能有效降低竞争的激烈程度,从而实现规模经济的要求,使行业内所有公司保持较高利润率。同时,横向并购通过改善行业结构,使并购后的公司增强了对市场的控制力,往往会在很多情况下形成垄断。

(2) 纵向并购。纵向并购是指企业根据同一产品生产过程中供、产、销的生产链条对相关企业进行的并购活动,如服装厂对洗染厂、织布厂、纺纱厂、运输公司及服装商场的并购等。从竞争的角度看,纵向并购是企业将关键性的投入产出关系纳入控制范围,以提高对市场的控制能力的一种方法,主要通过对原料、销售渠道及用户的控制来实现。纵向并购的优势在于:能加强生产工艺过程的必要衔接,减少不必要的运输成本,提高资源利用的效率;有利于降低交易成本,减轻企业对供应商和买主的依赖程度,从而大大增强企业实力;尤其是当纵向并购与行业集中趋势相结合时,能极大地提高企业讨价还价的能力。纵向并购也可能带来不利影响,如增大新企业进入的难度、不利于企业的自由竞争,等等。

(3) 混合并购。混合并购是一种跨部门、跨行业的并购活动,是企业对那些在生产经营上与自己关系不大甚至毫无关系的企业进行的并购。如彩电生产企业对建材企业的兼并、电信公司对出版公司的收购,等等。混合并购是当今世界最为流行的并购方式,它能大大增强企业对市场的影响力。企业通过混合并购进入与其产品有关的经营领域。一方面,企业使用与主要产品相同的原料、技术、管理方式及销售渠道,以加强对原有供应商和销售渠道的控制,提高对主要产品市场的控制;另一方面,企业通过混合并购涉足与原有生产无关的行业,可以增大企业的绝对规模,使企业拥有充足的财力,与原市场的竞争者进行价格战,通过主要产品的大幅降价迫使竞争者退出,从而达到控制甚至垄断某个市场的目的。同时,混合并购还能有效降低进入新行业的难度,使企业能通过多元化的生产经营降低风险。但混合并购要求企业有较高的综合管理水平,否则容易产生决策失误、战线过长等问题,给企业带来不利的影响。

按照实现方式,并购可分为购买式、承担债务式、控股式、吸收股份式和杠杆(举债)式。

(1) 购买式并购。购买式并购即并购方出资购买目标企业的资产以获得其产权的并购手段。并购后,被并购企业的法人主体地位随之消失。这种并购形式主要是针对股份制企业,也适用于并购方需对目标企业实行绝对控制的情况。

(2) 承担债务式并购。承担债务式并购即并购方以承担目标企业的债务为条件接受其资产并取得产权。这种并购形式在我国具有一定的现实意义。目前政府对并购亏损企业实行了一定的优惠政策,如贷款在五年内还清,利息经银行核准可以免除,五年的还本期限根据企业情况还可以宽限一年至两年。这就大大减轻了兼并后并购企业的负担。

(3) 控股式并购。控股式并购即一个企业购买目标企业一定比例的股票或股权达到控股以实现并购的方式。这种并购的特点是并购企业只将其部分净资产折为股份转让给被并购企业,被并购企业的法人主体地位仍存在。并购企业作为被并购企业的新股东,对被并购企业的原有债务不负担连带责任,其风险责任仅以出资的股金为限。被并购企业债务由其本身作为独立法人所有或所经营的财产为限清偿。并购后,被并购企业成为并购企业的控股子公司。

(4) 吸收股份式并购。吸收股份式并购即并购企业吸收目标企业的资产或股权入股,使目标企业原所有者或股东成为并购企业的新股东的一种并购手段。这种并购的特点是,不以现金转移为交易的必要条件,而以入股为条件,被并购企业原股东与并购方股东一起享有按股分红权利和承担债务与亏损的义务。吸收股份式并购又可分为资产入股式和股票交换式两种。①资产入股式。资产入股式是指被并购企业将清产核资后的净资产作为股金投入并购方,取得并购企业的一部分股权,成为并购企业的一个股东,被并购企业作为法人主体不复存在,也称"以资产换股票"。这种方式特别适用于控股母公司通过已上市的子公司"借壳上市"(指非上市公司吸收已上市公司股份,从而获得对上市公司的控股权,实现间接上市)。②股票交换式。股票交换式是指并购方用本企业的股票收购目标企业股东所持有的股票的一种并购手段。在这种方式下,若全面收购目标企业的股票,则其法人资格不复存在;若部分收购,则其法人资格仍然存在。这种并购一般在上市公司之间进行,按双方确定换股比例进行并购。

(5) 杠杆收购。杠杆收购是指收购方以目标企业的资产为抵押,通过举债融资对目标企业进行收购的一种方式。杠杆收购是一种高度负债的收购方式,收购者通过大量举债融资购得目标企业的全部股权或资产,再以目标企业的现金流量偿还负债的收购方式。杠杆收购的目的不在于获得目标企业经营控制权,而在于通过收购控制,得以将企业的资产重新包装或剥离后,再将企业卖出。杠杆收购不过是企业的易手,整个收购行动并没有增加设备和投资。收购者关注的是如何清偿债务,至于对扩大生产和销售、增强公司竞争力和企业发展的长远目标则根本不关心。因此,这种收购方式的目的只看中短期获利,属于真正的投机活动。

要约收购是指收购人向被收购公司发出收购公告,待被收购上市公司确认后,方可实施收购行为。这是各国证券市场最主要的收购形式,公开向全体股东发出要约,达到控制目标公司的目的。

(1)要约收购的类别。按照要约收购的范围可分为部分要约收购(收购部分股权)和全面要约收购(收购剩余全部股权)。按照收购方发起要约收购的自主性可分为主动要约收购和强制要约收购(触发了法律规定的条件)。

我国《上市公司收购管理办法》第二十四条规定:"收购人在持有一个上市公司的股份达到该公司已发行股份的30%时,继续增持股份的,应当采取要约方式进行,发出全面要约或部分要约。"这是为了保护中小股东的利益,要求收购人必须履行的一项义务。

(2)要约收购价格确定。收购价格与股东利益密切相关,《上市公司收购管理办法》第三十五条规定了要约价格的最低标准:"低于要约收购提示性公告日前6个月内收购人取得该种股票所支付的最高价格。要约价格低于提示公告日前30个交易日该种股票每日加权平均价格的算术平均值。"

(3)要约收购流程如图6所示。

图6 要约收购流程

①在上市公司收到收购人的意向书或洽谈意向时,为了避免股价波动,通常会停牌。②在停牌期间,上市公司会陆续发布最新的进展公告,有的会在停牌期间就透露要约收购意向或获批情况。③当要约收购意向达成时,便会复牌同时公布要约收购书摘要(注意是摘要而不是全文),但基本方案已经差不多定下来了。④在方案中会涉及要约缘由、目的、要约价、要约份额、是否有约束条件(比如必须收到多少比例以上,收不到则全部不要了)、上市公司大股东是否有意愿转让股份支持要约等事项。⑤待批复过程,有时获批的消息公布前也会停牌。⑥一旦所有批复下来就会立即复牌,公布要约收购书全文,并公布要约

期限,一般是接下来的 30 个自然日且该期限内不停牌。⑦要约期限的最后 3 天是不可撤销的,只能接受要约,不能撤回。投资者一般在最后 3 天决定接受要约与否更划算。⑧要约期结束以后会立即停牌一天,第二天再复牌并公布要约收购结果。

(4) 要约收购期限。共计 30 个自然日,不是从复牌日(13 日)算起,而是待要约收购报告书出来后,收购才算启动。

上海家化发起溢价部分要约收购动因如下:

(1) 进一步整合和优化中国平安旗下的产业资源配置,增强对上市公司的影响力,有效促进上市公司稳定发展。

(2) 获取投资收益。上海家化作为老牌国有企业,无论是生产发展能力还是市场竞争力都决定了中国平安进行投资是正确的选择。中国对化妆品的需求量在 2008 年超过日韩,居亚洲第一位,而在世界范围排名第三,仅次于美国和法国。中国人口众多,而且随着人们生活水平的提高,农村消费逐步提升,城市消费品更新换代,人们对个人和家庭日化、清洁护肤品的需求增多,国内化妆品需求市场有较大的提升空间。此外,通过对企业各个品牌的细分管理、营销创新和外延扩张,利用中国平安成熟的经营渠道和高端的消费客户,龙头企业有望实现比预期更高的成长。中国平安回购上海家化,是看到上海家化丰富的文化底蕴、深厚的品牌根基、旺盛的生命力以及广阔的市场前景,有助于中国平安布局内需产业,提高平安集团的资产回报率。如果中国平安在未来不愿意长期持有家化集团,也可在其发展状态良好的情况下以较高的估值打包出售。

相对于协议转让,通过公开要约收购股票,透明程度高,值得点赞。但我国的股票市场不是很成熟,这个消息的发布会造成二级市场股价大幅上涨,超过要约收购价格的话就没人肯卖了。因此,要约收购是否成功具有相当大的不确定性,投资者若短线操作则需注意风险。

当公司发生要约收购时,投资者应首先对收购性质做出判断,到底是敌意收购还是善意收购。如果是因争夺控制权而引发的敌意要约收购,被收购方往往会采取反收购措施,甚至是多方竞争收购,这样流通股就会成为被争夺的对象,流通股股东也往往会从中得利。如果只是股权转让触发的要约收购,对投资者的影响则不大。尽管目前证券市场上还未出现敌意收购,但《上市公司收购管理办法》中已有反收购和竞争收购的相关规定,今后难免不会出现。

在对投资性质做出判断的基础上,投资者可进一步综合收购价格、行情波动及市场各因素做出投资决策——是接受要约还是继续观望。投资者还应密切关注收购动向,要约收购并非无风险,一旦收购方持股超过75%,就会导致被收购企业终止上市,投资者利益会受到影响。

另外,作为上市公司的股东,即便不对要约收购做出反应,继续持有股票,在上市公司更换大股东后,伴随的往往是董事会变更、资产投向等一系列变化,这也关系到公司日后的发展,进而关乎投资者的切身利益。对于持股的散户来说,一般有两个选择:选择接受要约或拒绝要约;对于非持股散户来说,由于要约收购有一定的期限,也可以进行相应操作(套利)。

(1)接受要约。并不是所有被要约收购的股票都适合持有,如果资金紧张或不看好公司未来前景的股票就可以选择接受要约。在选择接受要约时也要注意两个问题:①要约失败;②接受要约的股份数量超过收购数量。如果要约失败,你将继续持有你的股票;而接受要约股东过多的话大家会平分要约份额。这两种情况都有可能产生利空,导致股价跌破要约价格。

(2)拒绝要约。如果看好公司发展、看好股价未来会上涨,就可以拒绝要约收购。

(3)购买被要约股票,赚取差价。在一般情况下,要约价格对当前价格都会有一定的溢价,被要约成功的股票从长远的角度来看,是有利于其发展的。购买被要约股票并持有一段时间,或在要约价格上下买卖都有获利的可能。

想要进行差价买卖的投资者,一定要注意以下三点:①收购的价格;②接收股份的限定时间;③接收的数量。

公告要约一开启就可以申报。申报方法很简单,和买卖股票区别不大,在软件界面中找到"申报要约"选项并输入要申报的股份数量;当然,如果后悔了,也可点击"解除要约"取消。

本案例中,上海家化本次要约收购的价格是38元/股,较前一日收盘价32.17元/股有18%的套利空间,即使股价跌了,也可以以38元/股卖给家化集团。但以后如果高于38元/股买入能否套利就不好判断了。

四、理论依据与分析

(一)企业并购相关理论

企业并购就是进行资本投资。是否进行并购的决策取决于这种做法能否使企业价值增加。并购的动力主要来自战略性买方、财务性买方和合并者三方。战略性买方可能会出于协同作用、战略性计划、代理问题、价值低估以及分散化的原因而进行并购。

(二) 代理理论

代理问题是由所有权和管理权的分离造成的。如果管理人员的报酬由公司规模决定,那么管理者就会无视股东利益而任意扩大规模、对外扩张、并购其他企业。此外,如果一个利润很高的公司处于一个成熟行业中,但缺少有利的投资机会,那么公司就可以通过提高股利或股票回购来向股东发放多余的现金。有时管理者倾向于将资金用于收购或保留多余现金,在后一种情况下,公司经常会发现自己成为接管的目标。在企业的所有权与经营权相分离的情况下,经理是决策或控制的代理人,而所有者作为委托人成为风险承担者,由此造成的代理成本包括契约成本、监督成本和剩余损失。通过企业内部组织机制安排可以在一定程度上缓解代理问题,降低代理成本。但当这些机制均不足以控制代理问题时,并购机制就使得接管威胁始终存在。通过公开收购或代理权争夺而造成的接管,将会改选现任经理和董事会成员,从而作为最后的外部控制机制解决代理问题,降低代理成本。

(三) 有效市场理论

1965 年,美国芝加哥大学金融学教授尤金·法玛发表了题为《股票市场价格行为》的博士毕业论文,1970 年对该理论进行了深化,并提出了有效市场假说。有效市场假说有一个颇受质疑的前提假设,即参与市场的投资者足够理性,并且能够迅速对所有市场信息做出合理反应。该理论认为,在法律健全、功能良好、透明度高、竞争充分的股票市场,一切有价值的信息已经及时、准确、充分地反映在股价走势中,其中包括企业当前和未来的价值,除非存在市场操纵,否则投资者不可能通过分析以往价格获得高于市场平均水平的超额利润。

有效资本市场假说的三种形式为弱式有效市场假说、半强式有效市场假说、强式有效市场假说。

五、背景信息

平安信托在 2011 年年底以 51 亿元收购了家化集团的 100% 股权,借此持有上市公司上海家化 27.8% 的股份,为相对第一大股东。此后,在投资项目、资产处理等领域,中国平安与掌管上海家化近三十年的董事长葛文耀及其团队产生分歧。双方矛盾激化并公开,葛文耀及其团队骨干此后相继离开上海家化。多年的内斗,使上海家化的股价从最高峰时期的 60 多元一路下跌。对于平安集团第一次斥巨资发起要约收购的动因,有接近上海家化管理层的人士分析,是中国平安方面急于在董事会改选前牢牢掌握住主动权,但第一次要约收购失败了。

六、关键点

要约收购,公司控制权等基本原理;要约收购定价、时间、流程等法律法规。

七、课堂计划建议

本案例可以作为专门的案例讨论课进行。以下是按照时间进度提供的课堂计划建议,仅供参考。

整个案例课的课堂时间控制在80—90分钟。

课前计划:由于案例涉及金融专业知识较多,为了达到效果,建议至少提前一周以上将案例发放给学员,使学员有足够的时间了解相关的知识,并提出启发思考题,请学员在课前完成阅读和初步思考,并要求每位学员撰写分析报告提纲。另外,教师需提前提醒学员用动态的眼光、站在讨论的时点,主动搜索上海家化的最新信息资料。教师可以根据学员的学习程度,适当增减讨论题,如减少开放型的讨论题。

课中计划:

教师提出简要的课堂前言,明确主题(2—5分钟)。

分组讨论,告知发言要求,让小组成员在每个人分析提纲的基础上,经过充分讨论,形成小组观点和意见(30分钟)。

小组发言,小组讨论结束后,由小组派一位代表在课堂上向全班演示讨论结果。教师应引导学员就每组分析结果进行交流、讨论和辩论(每组5分钟,控制在30分钟)。

最后教师对每个小组的讨论结果进行点评,并做最后的归纳和总结(15—20分钟)

课后计划:如有必要,请学员采用报告形式给出更加具体的解决方案,包括具体的职责分工,为后续章节内容做好铺垫。

参考文献

1. 上海家化官网,http://www.jahwa.com.cn。
2. 搜狗百科词条,http://baike.sogou.com/v6534639.htm?fromTitle=%E4%B8%8A%E6%

B5%B7%E5%AE%B6%E5%8C%96。

3."套利良机来了！上海家化溢价要约收购（附挂单技巧）",证券时报网,2017年10月13日,http://yq.stcn.com/2017/1013/13688624.shtml。

4."白话投资:闲扯要约收购的类型和方式",https://xueqiu.com/8142384897/31815423。

5.潮起潮未落:"要约收购是个什么鬼？",雪球。

6.赵晓庆,"中国平安对上海家化控制权争夺的案例分析",华南理工大学专业硕士论文,2015年。

"全通教育"变成"神通教育"
——企业内在价值与市场价格[①]

杨长汉

摘　要:2014年至2015年6月,深圳创业板上市公司全通教育股价增长了十倍以上,超越沪深第一高价股贵州茅台,市场惊呼全通教育为"神通教育"。股票的市场价值受宏观环境、市场因素、公司业务和财务基本面的影响,也受股票市场的价格走势、投资者心态、资金供求等市场因素的影响。全通教育的股价走势,反映出人们需要深入研究股票内在价值与市场价格的关系问题。

关键词:内在价值　市场价格

引　言

广东全通教育股份有限公司(以下简称"全通教育")是一家在深圳创业板挂牌的上市公司。全通教育2014年1月21日在深圳创业板上市,发行价30.31元/股,上市价36.37元/股。按照不复权股价计算,2015年6月30日全通教育股价达到上市以来最高的467.57元/股。全通教育是何方神圣,如何能获得如此惊人的股价增长?股价奇迹增长背后,公司实质价值可以支持其股价增长吗?

---

① 本案例只供课堂讨论之用,并无意暗示或说明某种管理行为是否有效。

1 一年十倍,"全通教育"变"神通教育"

股价一年增长十倍以上,上市公司全通教育创造了股价增长奇迹。

2014年1月21日,全通教育以"中国教育信息服务第一股"的主营概念上市,仅一年多时间就取代贵州茅台一跃成为中国沪深两市第一高价股。

如图1所示,按照后复权价计算,全通教育2014年5月30日最低股价为36.37元/股,2015年6月30日最高股价达825.23元/股。不按复权计算,全通教育2014年5月30日最低股价为38.00元/股,2015年6月30日最高股价达467.57元/股。

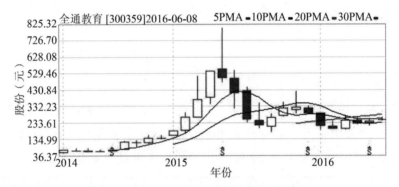

图1 2014年1月21日以来全通教育股价走势

如图2所示,2014年1月21日,深圳创业板综合指数开盘为1 370.69,2015年6月5日达到最高4 037.96,指数增长不到2倍;而同期沪深指数增长比创业板指数增长更低。

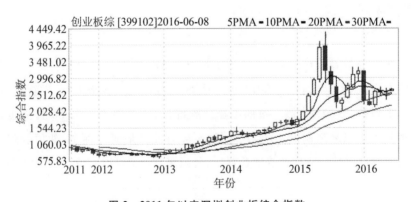

图2 2011年以来深圳创业板综合指数

2　全通教育简介

全通教育于 2014 年 1 月 21 日在深圳证券交易所创业板挂牌上市,上市之初总股本仅为 6 480 万股。公司主营业务为综合利用移动通信和互联网技术,采用与基础运营商合作发展的模式,构建信息化系统平台,为中小学校(幼儿园)及学生家长提供即时、便捷、高效的沟通互动服务,推动家庭教育和学校教育二者间的良性配合,满足家长对于关心子女健康成长、提升教育有效性的需要,同时在统一业务体系下,为学生提供学习资源、学习辅导等产品和服务。

全通教育是从事家校互动信息服务的专业运营机构,从属于家庭教育信息服务领域。公司已与多个省级基础运营商和地市级基础运营商建立了密切持续的合作关系,先后获得"市级企业技术中心""广东省高新技术企业""广东省软件和集成电路产业 100 强培育企业"等 30 多项荣誉。

3　股价奇迹增长背后全通教育的财务基本面

全通教育每股财务指标如表 1 所示。

表 1　全通教育每股财务指标

指标	2016 年 3 月 31 日	2015 年 12 月 31 日	2014 年 12 月 31 日	2013 年 12 月 31 日
审计意见	——	标准无保留意见	标准无保留意见	标准无保留意见
每股收益(元)	0.050 0	0.430 0	0.210 0	0.470 0
每股收益(扣除)(元)	0.047 0	0.390 0	0.390 0	0.670 0
每股净资产(元)	7.640 8	7.589 2	3.818 8	3.579 4
每股资本公积金(元)	5.658 9	5.658 9	1.286 5	0.710 2
每股未分配利润(元)	0.890 0	0.838 5	1.328 5	1.618 5
每股经营现金净流量(元)	-0.720 9	0.433 9	0.269 1	0.742 7
每股现金流量(元)	-1.204 5	1.897 0	0.809 2	0.465 6

全通教育经营发展能力指标如表 2 所示。

表 2　全通教育发展能力指标

指标	2016 年 3 月 31 日	2015 年 12 月 31 日	2014 年 12 月 31 日	2013 年 12 月 31 日
存货周转率	8.4350	17.6468	50.0378	64.5952
应收账款周转率	0.9428	4.2223	3.6857	4.2994
总资产周转率	0.0843	0.3199	0.6072	0.7818
营业收入增长率(%)	287.5959	127.9742	11.7955	9.9989
营业利润增长率(%)	243.1425	182.5171	-3.3396	5.1266
利润总额增长率(%)	261.8711	163.5012	5.7192	-3.3487
净利润增长率(%)	129.6668	108.5586	6.8710	-3.9196
总资产增长率(%)	447.6343	493.6431	65.7928	18.1205
净资产增长率(%)	414.3096	418.6782	72.8337	16.2320

全通教育基本面异动指标如表 3 所示。

表 3　全通教育基本面异动指标

指标(万元)	2016 年 3 月 31 日	2015 年 12 月 31 日	2014 年 12 月 31 日	2015 年变动幅度 (%)
货币资金	37 892.24	68 447.37	20 324.62	236.77
应收账款	25 691.33	14 689.85	6 105.32	140.61
其他应收款	2 576.19	1 464.97	262.91	457.21
应付账款	2 562.73	1 578.11	515.24	206.29
在建工程	218.67	168.40	274.21	-38.59
存货减少	—	-1 934.91	6.31	-30 764.18
流动负债合计	14 267.16	34 494.91	2 287.61	1 407.90
负债合计	14 681.84	34 899.59	2 447.61	1325.86
营业利润	2 309.99	13 194.65	4 670.39	182.52
利润总额	2 374.30	14 137.32	5 365.18	163.50
归属于母公司所有者的净利润	1 308.35	9 359.56	4 487.74	108.56
未分配利润	22 578.51	21 270.16	12 912.70	64.72
营业外收支净额	64.31	942.67	694.79	35.68

全通教育主要现金流量指标如表4所示。

表4 全通教育主要现金流量指标

财务指标(万元)	2016年3月31日	2015年12月31日	2014年12月31日	2015年变动幅度(%)
购买商品、接受劳务支付的现金	8 148.36	16 442.46	5 780.74	184.44
经营活动产生的现金流入小计	15 916.19	46 345.48	19 047.18	143.32
经营活动产生的现金流出小计	34 203.32	35 337.53	16 431.10	115.06
经营活动产生的现金流量净额	-18 287.13	11 007.95	2 616.08	320.78
投资活动产生的现金流入小计	9 563.61	15 541.42	66 313.38	-76.56
投资活动产生的现金流出小计	21 592.96	67 999.26	72 383.42	-6.06
投资活动产生的现金流量净额	-12 029.35	-52 457.85	-6 070.04	-764.21
购建固定资产、无形资产、其他长期资产所支付的现金	2.41	4 829.32	762.12	533.67
筹资活动产生的现金流入小计	—	110 976.20	12 913.67	759.37
筹资活动产生的现金流出小计	238.66	21 403.55	1 594.51	1 242.33
筹资活动产生的现金流量净额	-238.66	89 572.65	11 319.16	691.34
分配股利或偿付利息所支付的现金	238.66	721.26	810.00	-10.96
现金及现金等价物净增加额	-305 55.14	48 122.75	7 865.19	511.84
经营性应收项目的减少	—	1 905.99	11.26	16 827.09
经营性应付项目的增加	—	1 905.99	11.26	16 827.09

全通教育主要经营指标如表5至表8所示。

表5 主营业务按行业构成(截至2014年12月31日)

项目名称	营业收入(万元)	营业利润(万元)	毛利率(%)	占营业收入比例(%)
软件和信息服务	18 850.28	9 015.69	47.83	97.89

表6 主营业务按产品构成(截至2014年12月31日)

项目名称	营业收入（万元）	营业利润（万元）	毛利率（%）	占营业务收入比例（%）
产品	18 850.28	9 015.69	47.83	97.89
教育信息服务平台	5 051.94	2 776.93	54.97	26.23
教育信息服务运营	13 798.33	6 238.76	45.21	71.65

表7 主营业务按行业构成(截至2015年12月31日)

项目名称	营业收入（万元）	营业利润（万元）	毛利率（%）	占营业务收入比例（%）
软件和信息服务	43 901.85	22 698.91	51.70	100.00

表8 主营业务按产品构成(截至2015年12月31日)

项目名称	营业收入（万元）	占营业务收入比例（%）
E-SaaS业务	10 736.61	24.46
继续教育业务	9 938.86	22.64
家校互动升级业务	22 237.15	50.65
家校互动信息服务	32 973.76	75.11
其他	16.68	0.04
学科升学业务	972.55	2.22

案例使用说明

一、教学对象与目的

本案例适用于 MBA 及金融院系的研究生、本科生"财务管理""证券投资"等课程中使用。

本案例的教学目的。第一,从现实问题和学员兴趣出发,引导学生研究上市公司财务管理、公司价值分析、证券投资技术分析与基本面分析等问题;第二,组织学员进行案例分析讨论,引导学员针对案例提出的现实问题、焦点问题,采用理论联系实际的方法,培养学员发现问题、分析问题、解决问题的兴趣与能力;第三,通过分析讨论促进学员学习探索上市公司内在价值、上市公司股票价格、上市公司现金流折现估值等方面的专业知识和技能。

二、启发思考题

（1）哪些因素促使全通教育的股价奇迹增长？

（2）股价奇迹增长,投资者是否在击鼓传花？

（3）如何运用现金流折现模型对全通教育进行公司价值估值？

（4）上市公司股票价格和公司内在价值是什么关系？

三、分析思路

（一）理解股票价格与股票价值的不同

股票价格分为理论价格与市场价格,股票的市场价格即股票在股票市场上买卖交易的价格,理论价格则指股票的内在价值和实质价值。

（二）分析股票价格与股票价值的决定因素

股票价格与股票价值有不同的决定因素。股票价格既有决定股票价值的内在的基本面决定因素,又有股票市场供求、投资者行为与心理等外在因素。

（三）把握投资者心理和行为对股票价格的影响

投资者的心理活动对投资决策具有很大的影响,影响和指导着投资者的行为。投资者的心理（包括从众心理、预期心理、偏好心理、博傻心理等）可能非理性地推高或打压股票价格。

（四）掌握上市公司股票价格与股票价值之间的关系

股票价格是股票价值的反映,股票价值决定股票价格,股票价格可能偏离股票价值,股票价格围绕股票价值波动。

四、理论依据

（一）股票价格的影响因素

股票价格的影响因素包括上市公司本身的基本面因素,还包括市场因素如成交量、股票供求、投资者心理和行为、市场情绪等。

（二）股票价值的决定因素

股票价值即股票理论价格的决定因素,主要包括上市公司本身的基本面,比如上市公司的业绩、经营与增长潜力、公司的盈利预期、公司治理等。

（三）投资者的心理和行为对股票价格的影响

投资者的心理和行为对股票价格有重大影响。投资者的心理和情绪容易导致股市羊群效应,带来投资者追逐题材股和盲目炒作热点等非理性行为,使股票价格偏离股票价值。

（四）上市公司股票价格与股票价值之间的关系

受市场因素及投资者心理和行为的影响,股票价格可能会偏离内在价值。但是,最终决定股票价格的根本因素是股票的内在价值,股票的价值是股票价格最终的、根本的、长期的因素。

五、背景信息

全通教育成立于2005年,秉承立足校园、面向家庭的教育信息服务的定位,聚焦并专注于中国K12基础教育领域的互联网应用和信息服务运营。借助十余年O2O模式的持续耕耘,公司秉承"为节省教师工作每一秒"和"用心做事,真诚待人"的朴素理念,锻炼并形成"平台应用+服务拓展+内容增值"的市场运营能力。公司围绕"校园和班级教育应用场景""家庭学习和教育应用场景"打造产品矩阵,以应用工具体系服务校园和家庭,以互联网平台汇聚海量用户,形成平台战略。围绕学校应用场景,以多点应用工具系统深度服务校园,实现平台引流;以个性化内容服务家庭,打造全通教育服务生态圈。全通教育上市以来,股票价格随着市场波动而出现了巨幅波动。2015年,中国股市出现了离奇的狂热以及随之而来的"股灾"。上半年沪指从3 049点上冲到5 178点,下半年又下跌到2 850点。2014—2015年,创业板市场几乎成了"神创版",指数从低点585点到高点4 037点再到1 959点,犹如过山车。

六、关键点

（一）全通教育股票价格的决定因素

一方面，重点分析公司的经营发展和财务基本面，进而找到公司价值决定的根本因素（内在因素）；另一方面，结合 2014—2015 年中国股票市场的整体表现进行分析，找到影响股票价格的市场因素、心理因素和行为因素。

（二）2014—2015 年中国股票市场整体表现的原因分析

2014 年中国股票市场出现了触底反弹的走势，但是 2015 年年初又出现了非理性的狂热，继而又走向了"股灾"。需要分析整体市场及经济社会发展环境及政策，才能充分认识当期的市场走势。

七、课堂计划建议

课前阅读计划：要求学员在课前阅读案例和参考文献，布置学员围绕启发思考题进行初步思考。

分组讨论：课堂分组讨论 20 分钟，各小组准备发言提纲。

小组发言：每组 5 分钟，总体控制在 20 分钟。

梳理总结：教师进行思考题讲解和知识点梳理，并点评小组讨论和小组发言，控制在 5 分钟。

参考文献

1. 广东全通教育股份有限公司信息披露公告。
2. 东方财富网股票价格分析信息系统。
3. 华安证券研究报告：《聚焦 K12，打造教育 O2O 闭环》，2014 年 6 月 5 日。
4. 华安证券研究报告：《O2O 启程，在线教育生态圈初现》，2014 年 8 月 8 日。
5. 广发证券研究报告：《收购继教网+西安习悦，构建 K12 在线教育生态圈》，2015 年 1 月 30 日。
6. 安信证券研究报告：《线下地推线上转化推动 K12 用户数加速增长，丰富产品矩阵助力未来 ARPU 值提升》，2015 年 4 月 13 日。

獐子岛 8 亿元扇贝游去游来
——消耗性生物资产与内部控制[①]

杨长汉

摘　要： 上市公司獐子岛集团股份有限公司（以下简称"獐子岛公司"）于2014年10月发布公告称，公司价值近8亿元的深海底播虾夷扇贝遭遇冷水团，有关资产受灾致使公司巨额亏损。受到舆论的广泛质疑和证券监管部门的行政处罚之后，公司董事长自掏腰包1亿元以弥补公司损失。2015年6月4日，獐子岛公司又发布公告称，8亿元虾夷扇贝经抽测评估为尚不存在减值的风险。8亿元虾夷扇贝游去游来，对上市公司消耗性生物资产的计量和确认、审计和信息披露、内部控制，以及上市公司财务会计信息的真实性和可靠性等提出了尖锐的疑问。

关键词： 消耗性生物资产　上市公司审计　信息披露　内部控制　财务造假

引　言

2014年10月30日晚间，獐子岛公司发布公告称，因北黄海遭到几十年一遇的异常冷水团，公司在2011年和2012年播撒的部分100多万亩即将进入收获期的虾夷扇贝绝收。受此影响，獐子岛公司前三季业绩"大变脸"，由预报盈

[①] 本案例只供课堂讨论之用，并无意暗示或说明某种管理行为是否有效。

利变为亏损约 8 亿元,全年预计大幅亏损。

1 "獐子岛 8 亿元虾夷扇贝游去"

2014 年 10 月 31 日,獐子岛公司发布《獐子岛:关于部分海域底播虾夷扇贝存货核销及计提存货跌价准备的公告》。公告内容是公司特别风险提示,核心内容如下:

2014 年 9 月 15 日至 10 月 12 日,公司按制度进行秋季底播虾夷扇贝存量抽测,发现部分海域的底播虾夷扇贝存货异常。根据抽测结果,公司决定对 105.64 万亩海域、成本为 73 461.93 万元的底播虾夷扇贝存货放弃本轮采捕,进行核销处理,对 43.02 万亩海域、成本为 30 060.15 万元的底播虾夷扇贝存货计提跌价准备 28 305 万元,扣除递延所得税影响 25 441.73 万元,合计影响净利润 76 325.2 万元,全部计入 2014 年第三季度。公司披露的 2014 年第三季度报告已包含本次对部分海域底播虾夷扇贝的存货核销及计提跌价准备对 2014 年前三季度业绩的影响。结合目前实际情况,预计公司 2014 年全年亏损。

2014 年 10 月 31 日,獐子岛公司发布《獐子岛:前三季度业绩预告修正公告》。业绩预告修正公告核心内容如下:

业绩预告期间:2014 年 1 月 1 日至 2014 年 9 月 30 日。前次业绩预告情况:公司于 2014 年 8 月 27 日披露的 2014 年半年度报告全文中预计公司 2014 年 1—9 月归属于上市公司股东的净利润比上年同期增减变动幅度为 -30%—-20%,2014 年 1—9 月归属于上市公司股东的净利润变动区间为 4 412.86 万—7 564.91 万元,修正后的预计业绩为亏损 -81 234.45 万元。

近 8 亿元的虾夷扇贝,说没了就没了!獐子岛公司首次预告 2014 年前三季度公司净利润为 4 412.86 万—7 564.91 万元,言犹在耳,现又修正为亏损 8 亿元。

一时舆论哗然!

2 行政监管

2014 年 12 月 5 日,獐子岛公司发布《獐子岛:关于收到大连证监局行政监管措施决定书的公告》,称公司收到中国证券监督管理委员会大连监管局(以下简称"大连证监局")下发的《行政监管措施决定书》,分别为《关于对獐子岛集团股份有限公司采取责令改正监管措施的决定》(〔2014〕5 号,以下简称《责令改正的决定》)和《关于对獐子岛集团股份有限公司采取出具警示函措施的决定》(〔2014〕6 号,以下简称《警示函》)。

(1)《责令改正的决定》主要内容。针对獐子岛公司披露的 2014 年第三季度报告和关于部分海域底播虾夷扇贝存货核销及计提存货跌价准备的公告,大连证监局对公司开展了专项核查,发现公司存在以下违规行为:①部分事项决策程序不规范。2009 年以来,公司每年虾夷扇贝苗种底播计划经总裁办公会批准并以总裁工作报告的形式报董事会审议,未以单独议案的形式履行董事会审批程序。上述行为不符合《上市公司治理准则》第四十二条、《上市公司章程指引》第一百零七条等有关规定。②内部控制制度执行不规范。总裁办公会会议记录不规范,记录内容不详细,缺少参会人员签字;部分可能对公司产生较大影响的经营管理事项缺乏充分论证和可行性研究;部分款项支出未按财务制度规定履行签批程序。上述行为违反《企业内部控制基本规范》第六条等有关规定。大连证监局要求獐子岛公司应在收到本决定书后 30 日内提交书面整改报告,大连证监局将组织检查验收。

(2)《警示函》的主要内容。针对獐子岛公司披露的 2014 年第三季度报告和关于部分海域底播虾夷扇贝存货核销及计提存货跌价准备的公告,大连证监局对公司开展了专项核查,发现公司存在以下风险隐患:①海域收购决策存在瑕疵。獐子岛公司 2013 年海域实际使用面积达到 338 万亩,是 2006 年上市时的 5 倍。海域面积扩大与公司虾夷扇贝苗种底播、海域使用金缴纳等后续支出紧密相关,在此过程中,獐子岛公司未经充分研究即大幅扩增海域面积,决策过程中存风险隐患。②深海底播缺乏充分论证。2010 年起,獐子岛公司底播虾夷扇贝进入 45 米以上海域;2011 年,45 米以上海域底播面积达 68 万亩,占当年底播总面积的 53.3%;截至 2012 年,45 米以上海域底播面积近 120 万亩。在深海底播过程中,獐子岛公司仅由内部职能部门进行了初步调查,借鉴以往的开发经验即做出深海底播决定,未经充分论证和可行性研究,也未进行深海底播实验即大规模投入,存在较大的风险隐患。③公司深海底播信息披露及风险提示问题。公司对于由浅海底播到进入 45 米以上深海底播的经营环境变化事项仅在定期报告中进行简单披露,而未对相关风险进行详细披露及提示。大连证监局要求獐子岛公司针对《责令改正的决定》中的问题,提出切实可行的整改措施和整改计划,于 30 日内形成整改报告及时上报,杜绝此类事情再次发生。

3 董事长自掏1亿元腰包平息"民愤"

2014年12月5日,獐子岛公司发布《獐子岛:关于董事长兼总裁吴厚刚自愿承担1亿元灾害损失与公司共渡难关暨关联交易的公告》。公告核心内容为:因公司海洋牧场遭受灾害损失,为支持公司未来发展,公司董事长兼总裁吴厚刚自愿承担1亿元灾害损失,与公司共渡难关。资金安排为:2 000万元在本次董事会决议公告后1个月内到位,剩余8 000万元在本次董事会决议公告后1年内到位。资金来源为以大宗交易或协议转让方式减持其所持有的公司股票净回收资金1亿元(扣除相关税费)。

獐子岛公司同时发布了《獐子岛:关于总裁办公会成员计划增持公司股份的公告》。公告主要内容为:獐子岛公司总裁办公会11名成员计划于公司股票复牌后1个月内,出资不少于2 000万元增持公司股票,2年内不减持(董事长兼总裁吴厚刚根据"自愿承担1亿元灾害损失与公司共渡难关"所减持的公司股票除外)。

4 "獐子岛8亿元虾夷扇贝游来"

2015年6月4日,獐子岛公司发布《獐子岛:关于2015年春季底播虾夷扇贝抽测结果的公告》。公告主要内容为:獐子岛公司为积极落实对资本市场的承诺,进一步提升海洋牧场的透明度,于2015年5月15日启动春季底播虾夷扇贝抽测活动。按照原定抽测方案,公司于5月15—27日完成全部计划调查点位的抽测工作,5月28日、29日完成抽测汇总结果统计。本次抽测涉及2012年、2013年、2014年底播未收获的海域160余万亩,共完成抽测点位75个,其中2012年底播未收获海域点位18个,2013年底播未收获海域点位37个,2014年底播未收获海域点位20个。抽测调查结果显示,公司底播虾夷扇贝尚不存在减值的风险。

时隔8个月,8亿元虾夷扇贝经抽测评估为尚不存在减值的风险。獐子岛公司的8亿元虾夷扇贝又游回来了!

5　獐子岛"披星戴帽"

獐子岛公司2015年亏损2.43亿元,连续两个会计年度经审计的净利润均为负值,公司股票于2016年5月3日停牌一天,自5月4日复牌后被实行"退市风险警示"特别处理,股票简称由"獐子岛"变更为"*ST獐岛",股票代码仍为002069,实行退市风险警示后股票交易的日涨跌幅限制为5%。公司同时发布2016年第一季度报告,归属于上市公司股东的净利润亏损923.07万元。

案例使用说明

一、教学对象与目的

本案例适用于 MBA 及金融院系的研究生和本科生在学习"财务管理""审计""证券投资"等课程中使用。

本案例的教学目的为:

第一,从现实问题、学员兴趣、社会责任出发,引导学员研究上市公司财务管理、审计、证券投资等问题。

第二,组织学员进行案例分析讨论,引导学员针对案例提出的现实问题,采用理论联系实际的方法,培养学员发现问题、分析问题、解决问题的兴趣与能力。

第三,通过分析讨论促进学员学习探索消耗性生物资产、上市公司审计、上市公司信息披露、内部控制等方面的专业知识和技能。

二、启发思考题

(1)獐子岛公司底播虾夷扇贝应该如何进行会计计量?消耗性生物资产计量和确认应该遵循什么会计准则?

(2)獐子岛事件是否存在财务造假,怎样识别上市公司财务造假?上市公司在保证财务报告的真实性和可靠性方面应该采取哪些内部控制措施?

(3)会计师事务所对獐子岛公司底播虾夷扇贝的数量、价值应该如何审计?相关审计将遇到什么困难,如何应对这些审计困难?

(4)投资农、林、牧、副、渔等行业相关上市公司,其股票投资风险有什么特点,如何防范?

三、分析思路

(一)理解会计计量和财务报表之间的钩稽关系

獐子岛公司的会计计量直接影响公司的利润表现。

(二)把握财务报表分析与公司实际经营分析

这是识别上市公司财务造假的前提和基础。

(三)审计的切入点

上市公司财务报表和经营情况分析,是实施审计的切入点。防范上市公司财务造假的一个策略是加强上市公司的内部控制。

（四）深入了解行业特点

农、林、牧、副、渔等行业相关上市公司，受行业特征和公司治理等因素影响，其股票投资风险独特，需要投资者加以识别和防范风险。

四、理论依据

（一）会计计量

会计计量是用货币或其他度量单位计量各项经济业务及其结果的过程，是财务会计的一个重要环节。会计计量主要包括资产、负债、所有者权益、收入、费用、成本、损益等，以资产计价与盈亏决定为核心。

（二）资产计价

资产计价是用货币数额确定和表现各个资产项目的获取、使用和结存。

（三）损益

损益是指企业经营的财务成果，表现为收益或亏损。

（四）资产负债表和利润表之间的钩稽关系

资产负债表是静态的，利润表是动态的。利润表和资产负债表的钩稽关系在于资产负债表中的未分配利润是公司期初的未分配利润数加上本期利润表中的实现利润数。本年利润，利润表中的本年利润加上年初未分配利润就是资产负债表中"未分配利润"项的期末数。利润表就是资产负债表中本年利润部分的扩展。

五、背景信息

（一）獐子岛公司基本信息

獐子岛公司是深圳 A 股上市公司，现简称"＊ST 獐岛"，股票代码为 002069，总股本为 71 111.2194 万股。公司上市日期为 2006 年 9 月 28 日，公司所处行业为渔业，主营范围包括虾夷扇贝、海参、鲍鱼等海珍品的育苗、养殖、加工、销售等业务，是以海洋水产业为主，集海珍品育苗业、海水增养殖业、水产品加工业、国内外贸易、海上运输业于一体的大型综合性渔业企业。公司拥有全国最大的清洁海域，产品品系以喜贝（虾夷扇贝）、海参、鲍鱼、海胆、海螺等高档海珍品为主，"獐子岛"在国内水产品中率先成为中国驰名商标，并在美国、欧盟、澳大利亚、新西兰等三十多个国家和地区注册。公司主导产品目前已取得无公害食品、AA 级绿色食品等国内食品安全方面的三大主要认证,并被认定为原产地标记产品。

(二) 獐子岛主要财务信息

"獐子岛 8 亿元虾夷扇贝游去游来"背后的公司主要财务指标如表 1 和表 2 所示。

表 1 獐子岛集团股份有限公司主要财务指标

指标/报告期	2016 年 3 月 31 日	2015 年 12 月 31 日	2014 年 12 月 31 日	2013 年 12 月 31 日
审计意见	—	标准无保留	标准无保留	标准无保留
每股收益(元)	-0.0100	-0.3400	-1.6700	0.1400
每股净资产(元)	1.2373	1.2454	1.5922	3.3945
每股资本公积金(元)	1.2331	1.2317	1.2302	1.2021
每股未分配利润(元)	-1.3203	-1.3073	-0.9656	0.8568
每股经营现金净流量(元)	-0.0493	0.4468	0.0678	0.2683
每股现金流量(元)	0.0197	0.1868	-0.0434	-0.1108
营业利润增长率(%)	75.0238	50.3846	-868.1048	-42.5083
净利润增长率(%)	2.0262	79.5736	-1 326.8348	-8.2671
净资产增长率(%)	-21.4607	-21.7804	-53.0958	-5.0069

表 2 2014 年度獐子岛集团股份有限公司资产负债表主要指标 (单位:元)
(2014 年 12 月 31 日)

	金额
货币资金	595 861 445.15
应收账款	201 939 812.71
预付款项	163 632 810.52
其他应收款	35 720 047.11
存货	1 706 755 623.73
其中:消耗性生物资产	—
一年内到期的非流动资产	7 843 489.21
其他流动资产	16 000 000.00
流动资产合计	2 727 753 228.43

（续表）

	金额
长期股权投资	133 374 253.56
固定资产	1 291 095 375.49
在建工程	50 393 448.05
无形资产	334 956 015.07
商誉	11 998 781.25
长期待摊费用	126 627 139.95
递延所得税资产	183 709 794.61
其他非流动资产	18 335 203.00
非流动资产合计	2 150 490 010.98
资产总计	4 878 243 239.41
短期借款	2 603 896 033.00
应付票据	8 031 651.85
应付账款	245 618 938.71
预收款项	30 291 683.71
应付职工薪酬	50 462 407.24
应交税费	−44 045 645.69
应付利息	9 838 280.09
其他应付款	37 690 106.63
一年内到期的非流动负债	53 630 900.00
流动负债合计	2 995 414 355.54
长期借款	642 063 345.29
预计负债	35 360 881.84
递延所得税负债	17 446 548.18
非流动负债合计	726 272 284.06
负债合计	3 721 686 639.60
实收资本（或股本）	711 112 194.00
资本公积	874 828 371.07
盈余公积	245 199 949.89
未分配利润	−686 681 949.52

(续表)

	金额
少数股东权益	24 340 974.50
归属母公司所有者权益(或股东权益)	1 132 215 625.31
所有者权益(或股东权益)合计	1 156 556 599.81
负债和所有者(或股东权益)合计	4 878 243 239.41

六、关键点

消耗性生物资产是指为出售而持有的,或在将来收获为农产品的生物资产,包括生长中的农田作物、蔬菜、用材林,以及存栏代售的牲畜和水产养殖产品等。水产养殖的动物和植物的成本,包括在出售或入库前耗用的苗种、饲料、肥料等材料费、人工费和应分摊的间接费用等必要支出。消耗性生物资产在收获为农产品时,应按其账面余额,借记"库存商品"科目,贷记本科目。已计提跌价准备的,还应同时结转跌价准备。消耗性生物资产的计量、确认、账务处理容易产生财务风险,是审计风险的多发点。上市公司需要加强相关的内部控制,防范财务造假。

七、课堂计划建议

课前阅读计划:要求学员在课前阅读案例、背景信息和参考文献,布置学员围绕启发思考题进行初步思考。

分组讨论:课堂分组讨论20分钟,各小组准备发言提纲。

小组发言:每组5分钟,总体控制在20分钟。

梳理总结:教师进行思考题讲解和知识点梳理,并点评小组讨论和小组发言,控制在5分钟。

参考文献

1. 獐子岛集团股份有限公司有关信息披露公告。
2. 朱邦凌,"獐子岛巨亏事件四大疑问",《上海证券报》,2014年11月3日。
3. 章琳,"水产养殖业消耗性生物资产内部控制研究——以'獐子岛'为例",《财会月刊》,2015年第9期,第63—65页。
4. 吴黎华、林远,"獐子岛事件是天灾还是骗局",《经济参考报》,2014年11月4日。
5. 张佳,"獐子岛的四重财务迷雾 谁能解扇贝失联迷",《中国基金报》,2014年11月10日。

涅槃之路漫漫其修远兮：ST风华破产重组的启示[①]

郭晓焜

摘　要：风华股份有限公司为A股上市公司，在业内曾经辉煌一时。2008年全球金融危机后，风华公司业绩开始持续下滑，连续五年出现亏损，并于201×年[②]陷入财务困境和经营困境，其股票成为"垃圾股"，面临被退市的危险。为了力挽狂澜，公司决定启动重组方案，由此拉开了"保壳"运动的大幕。经过一年多的努力，公司顺利执行完成重组方案，并于第三年申请上市复牌。然而，天有不测风云，重组标的公司因核心业务受政策影响，导致资金链出现问题，进而直接影响到重大资产重组的继续推进，最终导致重组方案失败。从停牌接近两年、濒临准退市股的危险，到以借壳重组企图重振旗鼓，再到后来的借壳失败，风华公司的涅槃之路漫漫其修远兮。优质资产注入失败，重组一年多的努力付诸东流，意味着风华公司将继续保持糟糕的基本面，仍旧仅仅是一个壳公司。鉴于行业大环境的不景气局面短期内难以复苏，继续筹划重组是风华公司改写命运的唯一选择。

关键词：买壳上市　资产重组　国改民　债转股

[①] 本案例资料来自国内某著名国企濒临退市股事件的调查资料和公开信息资料，出于保密起见，作者已对企业名称和其他可识别信息进行了必要处理，本案例仅供课堂讨论之用，并无意暗示或说明某种管理行为是否有效。

[②] 本案例中，将事件发生的基期定义为201×年，之后年度用"第二年""第三年"……的方式表示。

1 ST 风华涅槃记

风华股份有限公司(以下简称"风华公司")为 A 股上市公司,曾是行业内经营业绩最好的企业之一。公司成立于 20 世纪 90 年代初,1993 年在深交所上市。2008 年全球金融危机以来,公司受行业大环境不景气、成交价长期处于低位等因素的影响,导致财务负担过重,进而陷入财务困境和经营困境的泥潭不能自拔。连续五年出现亏损后,风华公司上年年末合并报表项下负债总额高企,净资产为负,已严重资不抵债。

201×年 4 月,风华公司被出示退出风险警示,变更为 ST 风华。11 月,风华公司不能清偿到期债务,经债权人申请,公司注册地法院裁定,受理该公司破产重整案。12 月 25 日,ST 风华公告称公司股票将自 12 月 29 日停牌后不再复牌,进入暂停上市阶段。

201×年度铁定亏损的 ST 风华将保壳的希望全部寄托在重组上。12 月 19 日,ST 风华发布了出资人权益调整方案,正式拉开了壳保卫战的序幕。12 月 29 日,公司股票正式停牌。12 月 30 日,法院主持召开债权人会议,审议、表决重整计划草案,财产担保债权组、职工债权组、税款债权组表决通过了重整计划草案,而普通债权组表决未通过重整计划草案。为了使重整计划草案能够顺利通过,ST 风华管理人表示要再次进行表决。

第二年 2 月,ST 风华就重整计划草案举行再次表决。参加再次表决的有表决权的普通债权人中,大多数同意重整计划草案,超过普通债权组出席会议债权人的半数,所代表的债权金额占普通债权总额约 70%,超过普通债权组债权总额的 2/3。普通债权组表决通过了重整计划草案。财产担保债权组、职工债权组、税款债权组以及普通债权组均表决通过了重整计划草案,出资人组也表决通过了重整计划草案所涉及的出资人权益调整方案。根据《中华人民共和国企业破产法》(以下简称《企业破产法》)第八十六条的规定:"各表决组均通过重整计划草案时,重整计划即为通过。"后续,管理人将依法申请法院裁定批准重整计划;之后,公司将按规定向深圳证券交易所申请复牌。

第二年 3 月 18 日,法院裁定批准 ST 风华管理人申请的重整计划。3 月 24 日,风华公司发布重整计划,并计划于当年 9 月 25 日实施完毕。ST 风华高层对公司财务困境的解决和保壳的实现持乐观态度。然而,连续五年的巨额亏损累积的财务困境可谓积重难返,公司面临较大的重组难度。法院批准重整计划仅意味着公司股票复牌的可能性较大,但不会降低公司重组成功的难度。

ST 风华进入债务重组之后,首先需要扭转公司净资产为负值的局面,并尽快积极采取多种措施提升公司经营业绩。一旦实行债转股,公司债务也将随之减少,有利于公司保壳。重整计划的通过意味着 ST 风华净资产转正,公司股票有希望复牌。但是,ST 风华破产重组成功的不利因素仍然显而易见,主要是公司主营业务所在行业的中期预期不佳,业务的发展性、盈利性预期不足。若不能引入有实力重组方并注入优质资产,ST 风华实现保壳的希望不大。

关于行业不景气和公司可持续经营问题,公司大股东也持不乐观的态度。况且,债转股会增加公司股本,导致所有者权益增加,增大公司寻找重组方的难度。公司的大股东是大型有国企业,只要集团能将盈利的资产注入上市公司,ST 风华保壳的希望还是很大。但由于行业的整体低迷,ST 风华的持续经营出现问题只是一方面,公司大股东国有企业也连续产生巨额亏损。有消息称大股东集团公司利润总亏损额超百亿元。巨额亏损的原因,首先是大行业和板块的不景气,导致经营性利润显著下滑。为了第二年的重组计划能成功执行、公司的持续经营能重新开始,ST 风华在 201×年主动进行了资产减值和人员分流等活动,造成非经常性损益,这部分减值也是巨额亏损的重要组成部分。

第二年 2 月 14 日,大股东公司董事长承认集团 201×年度巨额亏损的情况,但并未公开披露具体的亏损数额。同时强调,接下来一年,集团将以市场化为导向,以转型升级为驱动,力求实现主要业务板块的一体化经营,加速行业上下游板块的资源整合,有序调整优化,顺利度过集团下属两家上市公司的危机,全面提升经营质量、优化资产负债水平、加强管理及控制风险,保持营运的安全稳定,推进集团整体走出财务困境。

大股东集团公司旗下两家上市公司 ST 风华和另外一家同样被 ST 的公司皆面临退市危机,集团的意向是尽力保住 ST 风华。旗下另外一家 ST 公司已经因连续三年亏损被暂停上市,从 201×年业绩预报来看,公司 201×年业绩亏损已经没有悬念,可能会成为国企首家退市股。对此,该公司负责人表示,根据《上海证券交易所股票上市规则》的相关规定,公司退市后若满足上海证券交易所重新上市的条件,则可以申请重新上市。公司将本着对股东负责、对资本市场负责的态度,切实做好客户关系维护和银行协商沟通工作,确保公司持续经营;加大资产处置力度,推进资本、资产和业务结构的调整,积极为公司股票重新上市创造条件。

2 破产重整方案及效果

2.1 破产重整方案

本次风华公司破产重整方案主要包括三部分内容:

2.1.1 权益调整

以公司现有总股本为基数,按每 M 股转增 N 股的比例实施资本公积金转增股票。转增股票不向股东分配,在管理人的监督下部分用于偿付各类债务和费用,部分用于改善公司持续经营能力。

2.1.2 债权清偿

债权清偿主要包括以下几个部分:有财产担保债权以其经确认的担保债权额就担保财产变价款优先受偿,或者在对应的担保财产评估价值范围内优先获得清偿,未受偿的债权作为普通债权,按照普通债权调整及受偿方案获得清偿;职工债权和税款债权全额清偿;对每个普通债权人 30 万元以下的债权部分以现金方式按照 100% 的比例清偿,30 万元以上的债权部分,每 100 元普通债权可分得一定数量的风华股票,以风华股票 201×年 12 月 29 日停牌价折价。普通债权人不接受股票分配的,由管理人将应分配的股票计提,存在 ST 风华重整案专用账户内。管理人可在重整计划批准后提存股票变现,再按照每笔债权对应分配股票的变现价值向债权人实施清偿。

2.1.3 持续经营

持续经营主要包括剥离不良资产,将现有资产中部分与主营业务关联性较低、盈利能力较弱或长期闲置的低效资产剥离,以改善现有资产结构和状况;扁平化管理,减少行政管理层次,裁减冗余人员,提高执行力,采用合同用工模式;由经营船舶向经营市场转变,整合资源,少拥有、多经营,探索全程物流化和无船承运人运作模式;择机引入重组方并注入优质资产。

第二年 9 月 25 日,ST 风华的重整计划全部如期执行完毕。第三年 5 月,ST 风华董事会向深交所提出股票恢复上市申请。7 月,原大股东公司与拟接盘的第三方公司(民营资本背景)签订了股权转让协议。8 月初,ST 风华的原大股东公司将持有的 ST 风华的股权成功转让给第三方公司。重组后,ST 风华由国资背景变为民资背景。国有企业因经营困难而被迫卖壳，通过"国改民"的方式实现重生，是国有企业改革的一种方式。"接盘侠"民营企业以高额溢价的方式接盘了ST风华。鉴于前述的种种困难，ST风华的盘活难度依然比较大。市场质疑"接盘侠"民营企业花费巨额成本购买"壳"的意义，但也有乐观市场预期一旦恢复上市，ST风华的股价在很大程度上就会呈现数倍甚至数十倍的增长。

在ST风华取得国务院国有资产监督管理委员会关于同意本次股份转让的批复和深交所关于同意公司股票恢复上市的批复后，标的股份方可办理交割过户手续。根据双方签订的协议，民营企业应当于签订股份转让协议后3日内向原大股东支付股份转让价款的30%，公开征集阶段已支付的认购意向金可直接冲抵股份转让价款，并应于股份转让协议约定标的股份交割先决条件全部满足后3日内向原大股东支付股份转让价款的70%。

第三年8月14日，法院正式通报，ST风华破产重整案执行完毕。ST风华最终通过重整的方式成功实现了财务脱困，并获准于8月18日恢复上市。重整后的ST风华，财务压力得到实质性缓解，恢复上市后期待借助资本市场力量重新取得业界领先地位。

风华公司的重组事项为借壳重组，"接盘侠"民营企业在股份顺利转让完成后将进行重大资产重组安排，依法将所持有一家控股子公司的全部股份注入ST风华，并计划于第四年5月底之前完成重大资产重组交割事宜。在ST风华开展重大资产重组的过程中，"接盘侠"公司将ST风华的全部资产、负债、业务、人员作为置出资产以资产置换等合法方式整体置出。根据重组方案，风华公司以拥有的截至2015年年底的全部资产及负债（包括或有负债）与"接盘侠"公司下属拟注入资本子公司的全体股东所持有的100%股权进行等值资产置换，置出资产无偿、无条件交付给风华公司原大股东公司或其指定的第三方。置入资产和置出资产的差额部分由发行股份进行对冲，同时募集配套资金，计划于第四年5月底之前将该等置出资产无偿、无条件交付给原大股东公司或其指定的第三方。

拟注入上市公司的"接盘侠"公司下属子公司是其核心资产之一，公司实际控制人一直在找合适的机会，希望运作该子公司上市。实际控制人对上市计划的推进热情是本次买壳行动的重要驱动力。ST风华能否成功脱困，取决于该标的公司的经营情况。

2.2 破产重整效果

经过时间的检验,风华公司破产重整的实际后续经营情况如下:

2.2.1 优化资产配置

风华公司重整后,固定资产占比相比重整前显著下降,主要是按重整方案处置固定资产偿还债务,对现有经营性固定资产成本、效率、效益等进行分析后,结合市场适应度及实际市场需求等,在控制亏损的情况下,将成本高、效率低、运营亏损的经营性固定资产予以处置。人力资源方面,重整前后员工总数显著下降,减员超过1/3。公司按照调整方案,调整运营结构,提高效率,减少冗员。重整后的风华公司,员工人数仍然呈减少趋势,人员缩减较重整前并无降低。机构去臃肿、人员去冗余的改革使公司经营成本下降,实现了人力资本结构优化,增强了市场竞争力。员工结构方面,破产重整前及破产重整期间,公司受教育程度较高的员工不断增加,受教育程度较低的员工比例下降。公司培养骨干经营管理者及专业程度较高的经营人员,为重新走向可持续经营之路做准备。

2.2.2 市场表现震荡下行

停牌近两年的风华公司借壳重组完成后,第三年12月10日,风华公司实现股票复牌。复牌当日,公司股价暴涨,主要是因为投资者看重拟注入优质标的公司的盈利前景。恢复上市首日,公司股价以高于开盘价近20%的价位报收,当日成交量、成交额均实现爆发。然而,之后风华公司的股价一路震荡下行。公司第四年半年报显示,第四年上半年营业收入和归属上市公司股东的净利润双双下滑。公司主营业务市场供求双弱,大格局难以发生改变,上游企业普遍亏损、重组加快,同行企业普遍生存艰难。截至第四年12月29日收盘,公司股价已跌至低于开盘价一半的价位。

2.2.3 经营效益无明显改善

风华公司重组完成后的首份年报显示,公司分别实现了营业收入和净利润的盈余。对比分析风华公司破产重整前后的经营业绩发现,公司业绩并没有得到明显改善,毛利率仅实现微涨,营业利润和净利润均显著大幅下降。

自第三年8月启动重组方案以来,"接盘侠"公司接下来一年的主要大事是推进重组和运作标的公司上市。然而,天有不测风云,重组标的公司因核心业务资质未获批准,导致其核心项目无法按期开工,资金链出现问题,进而直接影响到重大资产重组的继续推进,最终导致重组方案失败。第四年9月,风华公司发布了终止公司重大资产重组事项的公告。重组失败导致风华公司股价大跌,虽然暂时没有跌停,但是对于此前看好公司资产重组的长期投资者来说无异于当头一击。

从停牌接近两年、濒临准退市的危险,到以借壳重组企图重振旗鼓,再到后来的借壳失败,风华公司的涅槃之路漫漫其修远兮。优质资产注入失败,重组一年多的努力付诸东流,意味着风华公司在很长一段时间内将继续保持糟糕的基本面,仍然仅仅是一个壳公司。根据证监会发布的新规,终止重大资产重组,只需承诺一个月内不再进行资产重组。根据新规,风华公司在宣布终止此次重大资产重组后,做出了一个月内不再进行重大资产重组的承诺。一个月后,公司可重启筹划重大资产重组。鉴于行业大环境的不景气局面在短期内难以复苏,继续筹划重组是风华公司改写命运的唯一选择。

第五年4月,风华公司发布公告,宣布权益变动,另一家民营企业W公司支付了高额转让费,取得上市公司股份,取代了此前的"接盘侠"民营企业,成为风华公司新晋大股东。W公司宣布将向上市公司置入具备持续盈利能力的优质资产,提升上市公司盈利能力。在不到两年的时间里,风华公司再次易主。风华公司的涅槃之路几经波折后,又看到了浴火重生的希望。而这次,涅槃之路在何方?我们拭目以待。

案例使用说明

一、教学对象与目的

本案例适用于有一定工作经验、尤其是有一定实践和管理经验的MBA学生在"公司金融""资本市场理论与实践"等课程中使用。教学目的是使学员认识和理解国有企业改革领域在发展过程中面临的破产重组、买壳上市、"国改民"等一系列关键问题,并引导学员对几个关键问题进行深入的思考和探讨。

二、启发思考题

(1)国企混改有哪些阶段性特点?

(2)拟重整企业在何种情况下适合采用债转股方案?

(3)何种债可以转股?债转股后应由谁来购买?

(4)重整程序的核心因素有哪些(如法官和管理人在破产程序中的角色定位、对股东和债权人利益产生的影响等)。

(5)分析买壳上市中的关键问题(如壳公司的甄选原则、标准,壳公司价格确定的决定因素,买壳上市成本收益分析,交割价款支付方式等)。

三、分析思路

背景分析:包括宏观层面分析、政策法规分析、行业层面分析、企业层面分析、企业基本情况分析。

关键点分析:结合案例内容和背景,本案例中,买壳上市、资产重组、国改民、债转股等是关键点和重点,应逐一展开分析。

四、理论依据与分析

(1)哈特的产权理论。从合同不完备性出发,解释产权和所有权的本质。现实世界中,合同永远有漏洞,任何合同事后都可能引发争议。资产所有者的核心就是剩余控制权,即合同里没有规定的、出现争议时的控制权。而一旦出现争议,谁做这个资产的所有者、主人、有剩余控制权,谁就有动力去管好企业,因为事后可以控制剩余控制权覆盖的资产。

(2)借壳上市的基本思路。非上市公司选择收购上市公司,然后利用这家上市公司的上市条件,将公司的其他资产通过配股、收购、置换等方式注入上市公司。借壳上市的重点是壳公司的选择原则和标准、壳公司价格确定、成本收益分析、交易价款支付方式、上市方式分析等。

（3）债转股。国有企业将债权转变为对企业的股权,企业对债权人由原来的还本付息变为按股分红,本质是改变国有企业的资本结构,降低资产负债率,实现企业市场价值的最大化。根据早期 MM 理论,由于所得税法允许债务利息在税前扣除,在投资融资相互独立、无税收、无破产风险、资本市场完善的严格假设下,导致负债越多的企业价值越大。但由于假设不符合现实,早期 MM 理论只能作为资本结构调整的起点。修正 MM 理论认为,负债可以带来避税利益,但随着负债比率的增高,破产成本也会同时增加,当负债率达到一定程度时,负债带来的避税利益与边际破产成本相抵。

风华公司资产负债率自 2011 年起连续 5 年高于 90%,处于资不抵债的局面,依据《企业破产法》选择了破产重整。本案例梳理了风华公司破产重整事件的整个过程,并对破产重整的具体实施计划及结果进行分析,总结了其破产重整的启示。

《企业破产法》第二条规定:"企业法人不能清偿到期债务,并且资产不足以清偿全部债务或者明显缺乏清偿能力的,依照本法规定清理债务。"风华公司已发生不能清偿到期债务或资不抵债的客观事实,依法进入破产程序。目前,我国破产程序的实施结果有两大类:通过破产和解或破产重整来实现持续经营,通过破产清算程序来实现推出。破产重整是指当企业因财务困难而具有破产原因或有破产之虞而又有复兴的可能时,为防止其破产,由利害关系人申请,经法院裁定,对其实施强制治理,使其得以维持和再生的法律制度。ST 风华选择了破产重整,主要是出于三方面的考虑。

（一）财务困境的严峻程度

《企业破产法》规定:"企业法人有前款（第二条——编者注）规定情形,或者有明显丧失清偿能力可能的,可以依照本法规定进行重整。"可见,企业提出破产清算与破产重整的前提有所不同。陷入债务困境的企业在出现"有明显丧失清偿能力可能"的情况下就可以申请破产重整。企业出现债务困境主要有以下两种表现形式:①企业无能力且客观上停止支付到期债务。针对此种情形,可以利用企业的偿债能力指标加以衡量。案例中 ST 风华的短期偿债能力极差,流动比率及现金流量标准均为行业最低水平。在长期偿债能力方面,ST 风华的资产负债率连续五年高企。偿债能力的现状,显示企业的债务不能且停止清偿已处于一种持续状态,而非暂时的财务困难。②企业濒临破产。ST 风华的财务风险高,资不抵债,连续五年亏损,并连续两年年末净资产为负,公司濒临破产,公司股票是名副其实的"垃圾股",被深交所暂停上市。公司已达到不能清偿到期债务或资不抵债的条件,依破产法可以进入破产程序。

(二)重组成功的可能性

破产重组是为了使濒临困境的企业免于停业或暂停营业,使其重新获得正常经营和取得利润的机会。破产重整的前提条件是企业营运价值高于清算价值。ST风华能否重组成功,公司的财务状况是首要考虑事项。此外,还应结合国家政策、行业大环境、企业面临的内外部市场环境等因素综合考虑。

1. 企业自身方面

在行业大环境景气的年代,企业的资产规模和利润业绩都处于行业领先地位,具有独特的业务优势。在客户资源方面,企业背靠国有企业大股东,在多年的经营中积累了稳定和丰富的客户资源,能为客户提供全程服务。企业大股东是具有良好经营历史的大型国有企业,国有企业地位和良好的信誉受到客户的信赖。ST风华在无形资产和过去的经营业绩方面均具有独特的核心竞争力,"壳资源"具有一定价值。

2. 企业面临的外部环境方面

十多年来,全球相继爆发经济危机和金融危机,受其影响,ST风华所在的行业面临全球性的不景气和大面积亏损,多家曾经创造了辉煌的同行企业陷入了严重的财务困境。ST风华严重亏损、资不抵债而陷入财务困境在很大程度上是受到国家政策及行业大环境不景气的影响。在国家政策和行业大环境改善方面,一带一路倡议为行业拓展新的业务领域提供了机遇,相应的配套政策也不断出台,这些都是ST风华成功重组的加分项。

(三)社会稳定

企业破产有可能导致出资人无法收回资金、债权人无法得到足额清偿、职工面临失业和安置等诸多问题。如果困境企业的利益相关方众多,其破产将导致多方利益受到严重损害,甚至影响到市场和社会的稳定。ST风华的股东众多,涉及众多散户股民,关联方企业也众多,其破产清算对股东、客户、债权人、银行和政府等众多关联人的影响都十分显著。此外,保留一个上市公司的牌照对于地方政府来说象征着更高的就业率和更好的形象。因此,地方政府有强烈的意愿对法院、债权人和债务人施加影响,促进和推动ST公司的重组。从维护社会稳定的角度考虑,ST 风华有重组的价值。

五、关键点

本案例中,在风华公司的重整过程中暴露了一系列国有企业在混改过程中普遍面临的关键性问题,值得深思。

(一)债转股的适用性

为避免较低的清偿率,风华公司选择采用债转股的股东权益调整方案,结果停牌两年后重新复牌交易首日即暴涨,并成功扛过了 A 股 2015 年下半年的两次暴跌,为债权人、股东赢得了退出时机。但此后一年,风华公司股价表现不佳,重整后的毛利率仅有小幅升高,业绩改善效果并不明显。

2016 年 3 月,国务院首次明确提出可以通过市场化债转股的方式逐步降低企业的杠杆率。本案例中,债转股方案具有良好的短期效果,缓解了偿付率低的困境,公司在成功保壳的同时债权人全身而退。但是,债转股方案不是万能的,债转股最适合的对象是暂时亏损,但成长潜力大、综合效益好、有发展前景的企业。如果操作对象选择错误,债转股的结果只能是暂时的,难以从根本上改变企业的困境,甚至债转股容易被债权人利用,当作置换和套出投资的工具,进而使企业陷入转股、再借债、再转股的恶性循环。债转股实施后,公司能否长期摆脱困境,谋求好的发展,公司股票能否得到市场和股民的认可,时间会检验一切。债转股作为资本市场的金融工具,不是解决上市公司困境的唯一一根救命稻草。债转股在实践中,必须通过市场化的方式执行,具体企业的具体情况要符合债转股的适用范围,具体重组方案要具体企业具体分析,根据实际情况具体制定。

(二)保护核心资产的重要性

风华公司破产重整期间的部分资金来源包括资产处置所得,保留核心经营性资产,公开处置其他资产,顺利实现扭亏为盈。以较高的效率实现盈利,很大程度上是由于剥离了与主营业务关联性较低的低效资产,保留了部分核心资产。在处置资产时保留重建后满足持续经营的核心资产十分重要,有利于保持企业的核心竞争力和长远发展,还有利于重组后尽快重整旗鼓,提高企业的盈利能力与经营竞争力。

(三)企业社会责任

破产重整企业可在一定程度上避免因自身破产而导致部分员工下岗,但也会对正常企业吸纳劳动力产生明显的抑制作用。同时,破产重整企业的存在会提高行业竞争激烈程度,阻碍市场的潜在进入者。行业潜在进入者缺乏投资的意愿和正常企业因行业竞争激烈而退出市场会造成大量工作岗位的损失,不利于缓解就业压力。因此,企业在破产重整过程中要妥善安置富余人员,持续裁员时要谨慎,以避免破产重整给社会带来不稳定的因素。

(四)"国改民":卖壳成与败

从国有企业手中高价购入历史包袱沉重的壳资源,只有在国有企业改革的大背景下,才能实现国有企业上市公司的壳卖给民营企业,成为国有企业混改的典型案例。国有企业时代原有的资产和人员性质是国有企业资产和人员,卖壳给民营企业之后,这部分国有的成分将面临被剥离的结局,最后还应收归国有企业。新晋大股东入主ST风华后,让ST风华摆脱历史包袱、企业经营步入正轨才是最终目的。作为民营资本背景的公司,在关键时刻接盘濒临退市的国有企业,等于押下了很大赌注。壳公司能否走出困境,对民营企业的经营能力和资本市场操作能力提出了很大的挑战。

六、课堂计划建议

本案例在教学中,学员应提前阅读相关背景资料,提炼出重要信息,对背景材料做出初步的归纳、整理和分析。针对案例分析的关键问题,如"国改民"、破产重组、国企混改等,让学员分小组讨论,并分别进行展示和发言。发言后,安排自由讨论、相互质询和问答。最后,由教师进行点评。

成长的烦恼：大资管之路在何方[①]

郭晓焜

摘　要：Z信托于三年前的1月和7月，分别发行了两只信托产品——"Z信托1号集合信托计划"和"Z信托2号集合信托计划"，资金投向为同一家融资公司。两只产品分别于当年1月和7月到期兑付。2012年12月，"Z信托1号集合信托计划"出现兑付危机，几经波折后，终于落实接盘者，大多数投资者以全额收回本金和最后一年应付利息大幅缩水的方式结束了该信托计划的投资，"Z信托1号集合信托计划"涉险过关。然而，由于宏观经济不景气，行业市场低迷，融资公司经营困难，资金链出现问题，"Z信托1号集合信托计划"兑付危机刚刚解决，"Z信托2号集合信托计划"能否如期兑付又引发了投资者的不安。投资有风险，但我国迄今为止还没有发生过信托违约事件。然而，全盘式甚至秘密式兜底只是暂时掩盖危机，会继续导致风险和收益关系的扭曲，背离市场意志。基于这些原因，此项目是否会打破为业内诟病不已、对经济负面作用巨大的刚性兑付？另外，两起兑付危机事件中暴露出的信息披露、风险管理、金融监管等一系列问题该如何化解和优化？

关键词：刚性兑付　信息披露　风险管理　金融监管

[①] 本案例仅供课堂讨论之用，并无意暗示或说明某种管理行为是否有效。

1　Z信托1号集合信托计划

1.1　兑付风险浮现及解决方案

面临兑付风险的项目"Z信托1号集合信托计划"由Z信托发行,某国有银行代销,涉及投资者数百人,共募集资金30多亿元,对国内某煤炭集团进行股权投资,预期收益率为9.5%—11%,期限三年,2013年1月30日是兑付日。由于融资方出现经营危机,核心资产短期难以变现,直接导致兑付危机。随着到期日的临近,此项目被外界认为将打破刚性兑付,受到国内及国际金融界的关注。

"Z信托1号集合信托计划"三年存续期间,前两年利息已如期兑付,第三年只兑付了约1/3的利息,引起了投资者的不安。部分投资者试图咨询私人银行财富顾问,但没有得到明确答复。之后,投资者、银行、信托公司间的博弈不断上演。当年1月6日,Z信托正式表示,"Z信托1号集合信托计划"在1月30日到期日之前的兑付存在不确定性。在各方压力下,1月20日,Z信托发布公告,称正与有意向的若干投资者商谈,就具体投资细节加紧磋商。同时,信托资金投向的两座煤矿取得了采矿许可证,煤矿所在地表示无条件配合并支持后续审批事宜。

1月22日,银行公开表示作为托管方和代销方,不会对该产品进行刚性兑付。1月25日,投资者接到银行客户经理通知,只兑付本金,不兑付第三年剩余利率部分的利息。随后,Z信托在当日发布公告称,以股权投资附加回购的方式,运用信托资金对原投资的煤炭集团有限公司进行股权投资,并已与意向投资者达成一致,请投资者尽快与客户经理联系。

1月27日,距"Z信托1号集合信托计划"兑付大限还有三天。Z信托发布公告,声明与意向投资者就兑付方案达成了一致,由第三方接盘解决兑付压力。具体兑付方案是投资者若愿意签署股权转让协议,本金将被退还,但无法获得剩余利息;不愿转让的投资者可以继续持有股权,但后期风险自担。在上述兑付解决方案下,相当于投资者购买这款三年期产品的年化收益率从10.5%降至7.95%,低于当时发行的集合信托产品平均8.51%的年化收益率。多名投资者当即表示坚决讨要利息,坚持本金利息一样不能少。

1.2 投资者反应

在兑付方案公布的当日,"Z信托1号集合信托计划"授权委托书开签,部分投资者接到银行的联络后,即开始签订银行提供的授权委托书,以获得本金兑付。部分投资者反对只保本不付尚欠预期收益的方案,表示要继续维权。出于谨慎考虑,该部分投资者准备先签署协议拿到本金,再追讨应付的收益。投资者认为Z信托公布的兑付方案是霸王条款,只归还本金,剥夺了投资者获得投资收益的权利,表示将签署协议,但在签署时明确表示反对霸王条款,并说明要"保留追索收益的权利",同时录音留证。银行方面也主动要求给投资者录音,并要求投资者考虑清楚再签订委托书。

授权委托书签字后第二天,本金就到账了。不少投资者在签字的当时都向所在支行的工作人员声明,本金拿回后,将保留继续追讨利息的权利。也有投资者表示,不排除不签署协议或者走法律途径维权的可能。

1.3 艰难维权

2月14日,一位投资者表示,签了授权委托书后,投资者的本金已安全到账。如果投资者不签署转让协议,可继续持有股权等待项目运作,但本金无法保障兑付。有维权意向的投资者表示,将就未支付的利息继续找银行交涉,并且要求Z信托工作人员在场。

该投资者认为,应追讨的利息包括两部分:一部分是第三次付息中尚未支付的部分,约为7.2%;另一部分是1月的利息,以投资本金计算,合计约为25.7万元。对于利息追讨一事,目前有一些投资者在拿回本金后便不再继续主张,还有多名投资者明确表示将继续维权。

此次兑付事件解决方案有两种:一种是签订授权委托书,同意将所持有的股权转让,然后兑付本金,第三年剩余部分利息不兑付,如果能在协议上签字,本金在1月31日前能到账;另一种是本金继续留下,可能出现的情况是本金利息都可以收回,也可能全部亏损,因此需要投资者注明风险自负。头两年的利息已经按照10%的利率予以兑付,第三年是按照2.8%的利率计算利息,除了本金,现在还剩下7.2%的一年期利率部分利息没有给付。

兑付本金方案出台并签订授权委托书后,兑付风波并未消退。部分投资者坚持拿回利息,于2月20日赴所在银行讨要说法。

2　Z信托2号集合信托计划

2.1　兑付隐患

4月,"Z信托1号集合信托计划"兑付事件逐渐平息,公司另一只产品"Z信托2号集合信托计划"又浮现不确定因素。该产品第一季度报表显示,融资方第一季度再次拖欠股权维持费。该产品将于7月30日到期。

《Z信托2号集合信托计划当年第一季度管理报告》公布,报告显示融资公司未向受托人支付该年度第一季度的股权维持费和此前欠付的股权维持费。截至3月底,融资公司共计向信托专户支付股权维持费3.62亿元,累计欠付股权维持费1.8亿元。

股权维持费相当于融资方需要支付的融资成本,是投资者取得信托收益的一部分,一般由融资方与信托公司约定在信托存续期内分期支付。如果在信托收益分配日期前不能支付当期全部股权维持费,将影响该信托计划收益的兑付。Z信托公告显示,融资公司自上年第二季度支付了当季部分股权维持费后,再未支付这一费用。连续三个季度拖欠股权维持费,说明融资方的现金流比较紧张,意味着"Z信托2号集合信托计划"面临较大的兑付压力。

早在1月,"Z信托2号集合信托计划"就没能按照预期收益率分配上年收益。Z信托当时表示,由于煤炭市场低迷,融资公司经营困难,相关公司未按期足额支付股权维持费。融资公司下属煤矿正处于二次整合中,公司已于上年12月12日与某国有煤炭企业签署合作协议,该国有煤炭企业将在60日内完成对融资公司所属煤矿的尽职调查、财务审计、资产评估工作。在这些工作完成后,双方将签订正式合作协议。融资公司向受托人申请待二次整合完成后一并支付欠付的股权维持费及其他款项。二次整合很有可能是该国有煤炭企业收购融资公司的下属煤矿,由此融资公司能支付拖欠费用。

根据"Z信托2号集合信托计划"第一季度报告,截至3月初,前述国有煤炭企业已完成主要现场尽职调查工作,但未披露是否已签订正式合作协议。Z信托相关负责人表示一切以公司公告为准。

"Z信托2号集合信托计划"成立于三年前的7月,规模为13亿元,预期年收益率10.5%,将于2013年7月25日到期。Z信托作为受托人以股权投资附加回购的方式,运用信托资金对融资公司进行股权投资,资金用于煤矿收购价款、技改投入、洗煤厂建设、资源价款及受托人认可的其他支出。由于煤矿行业产能过剩、价格下跌造成矿产企业经营困难,很容易出现资金链断裂。连续三个季度拖欠股权维持费,说明融资方的现金流出现了问题。

一位投资者于发行当月购买了300万元的"Z信托2号集合信托计划"产品,他表示,前两期利息都及时兑付了,上年12月20日,代销行的客户经理通知,项目暂时无法支付当期收益,融资方面临重组,需要再等两个月,但直到当年3月,银行仍没有给出任何消息。

2.2 背后故事

"Z信托2号集合信托计划"中的融资公司经营了约二十年,经营范围是煤矿开采、洗煤、运输、石材、铁矿粉选矿、酒店餐饮。此次"Z信托2号集合信托计划"中,融资公司将下属一家公司的股权抵押给Z信托,股权抵押是以冒用股东签名方式获取抵押款的。该下属公司实际资产规模2亿多元,拥有优质花岗岩石矿山一座,资源面积、可采储量尚可,采矿权年限40年。

"Z信托2号集合信托计划"成立前四个月,另一家信托公司H信托成立了"H信托融资公司整合特定资产投资集合资金信托计划"。H信托以信托资金专项用于购买融资公司享有的对某煤炭运销公司的煤炭的债权。融资公司将信托资金主要用于收购煤矿、洗煤厂、支付资源并购款。"Z信托2号集合信托计划"与H信托建立的信托产品的资金用途大致相同。为增强信托计划资金的安全保障,该产品由融资公司的关联公司和另外几家持股公司及融资公司的实际控制人为融资公司的溢价回购义务提供连带责任保证,并且融资公司将其持有的这几家公司的股权质押给H信托。

该信托计划发行当年的第二季度信托财产管理报告显示,报告期间,因受当地政策影响,融资公司与其他公司合伙经营的煤矿停产,暂未复工。在此情况下,经协商,由融资公司向受托人出具"代为交付第1期煤炭确认函",并且由融资公司采取外购原煤并筛洗后经控股公司销售给其他公司的方式,代为履行本期煤炭交付义务。连续的大规模融资,表明当时融资公司的资金链可能已经出现问题。但为何四个月后Z信托仍然发行了"Z信托2号集合信托计划",值得推敲。

"Z信托2号集合信托计划"由某大型国有银行私人银行部发行。项目应为地方政府推荐给银行,银行委托Z信托发起,银行和信托公司签署保证协议,当项目兑付出现问题时,银行为项目提供贷款化解兑付危机。Z信托通过尽职调查,对于政府推荐的客户,理应了解融资公司的融资活动和经营状况。据说,"Z信托2号集合信托计划"在尽职调查时已被否决,到最后由领导力推上马,做成后该领导辞职。风险控制环节没有通过而领导力推的信托项目时有发生。

在"Z信托2号集合信托计划"发行前,根据信托文件的约定,信托资金以股权投资附加回购的方式对融资公司进行投资,即"假股真债"。如果单从债务人资产价值看,足够偿还信托本金,但由于煤炭市场的"有价无市",行业周期下行,变现困难。

根据约定,信托计划到期时,融资公司原股东和实际控制人以现金回购信托计划持有的股权以实现退出。融资公司由于无法在银行拿到足额授信而引入Z信托,银行负责信托计划的推介和代理资金收付,担任托管行和资金监管行;Z信托担任信托计划受托人。投资者来自银行私人银行高端客户,门槛为300万元,基本上是自然人客户,涉及数百名投资者。信托计划发行的当年,煤价还处于高位;然而,由于市场持续低迷以及煤矿整合复产进展缓慢,融资公司经营在信托到期的前一年就已经陷入困境,开始出现欠付股权维持费等情况,导致信托计划出现风险。

由银行或者其他第三方代销信托产品的信托公司很难获得客户的真实联系方式,导致信托公司无法与客户及时沟通,信息不对称。在"Z信托1号集合信托计划"出现兑付问题时,不少投资者就对"Z信托2号集合信托计划"能否实现如期兑付表示担忧。

Z信托已启动紧急工作机制,在前期资产处置工作的基础上,积极寻找资金或者引入第三方机构,实现信托计划原投资者退出,信托计划延期。如果在信托计划到期日无法引入新的资金或投资者,Z信托将根据信托合同规定,在信托财产未全部变现的情况下,信托计划自动延期,直至货币形态的信托财产能满足全部优先受益人信托资金本金及按照预期收益率计算的预期收益,或信托财产全部变为货币形态且进入信托专户。信托终止时以信托财产为限向信托受益人返还信托财产,信托最终预期收益取决于信托财产变现情况。Z信托称,目前"Z信托2号集合信托计划"所投资的融资公司下属煤矿正处于二次整合中,而且已与某国有煤炭企业签署合作协议,有望于二次整合完成后一并支付欠付资金。

2013年年初"Z信托1号集合信托计划"涉险过关,"Z信托2号集合信托计划"的投资者对7月如期拿回本金持有乐观预期。然而,Z信托在6月底的一份临时报告中声明,信托财产在当年7月30日前完成处置及变现存在不确定性,信托计划存在延期可能。这使得投资者如期拿回本金的预期再添不确定性。

2013年年初处理"Z信托1号集合信托计划"时,监管层给出的窗口意见强调不能从募集金额巨大的案例中打破刚性兑付潜规则的口子。"Z信托2号集合信托计划"的募集金额和影响力不及"Z信托1号集合信托计划",监管层的态度有所变化,市场环境也更加严峻。项目设立时承诺的高收益率,是建立在当时煤炭市场景气的基础上的,现在经济状况堪忧,煤炭市场不景气,项目出现问题,投资者应对自担风险、项目不能如期兑付有充分的心理准备。业内多方均主张采取市场化的方式解决,到期时如没有信托资金偿还本金就只能延期。

基于这些原因,此项目是否会打破为业内诟病不已、对经济负面作用巨大的刚性兑付?

案例使用说明

一、教学对象与目的

本案例适用于有一定工作经验,尤其是有一定实践和管理经验的MBA学生在"金融机构与金融市场""证券市场运作与管理"等课程中使用。教学目的是使学员认识和理解我国大资管领域在发展和转型过程中面临的信息披露、风险管理、刚性兑付、金融监管等一系列关键问题,并引导学员对其中几个关键问题进行深入的思考和探讨。

二、启发思考题

（1）信托产品的兑付账单应该由谁负责？

（2）国内信托的刚性兑付神话将如何打破？

（3）风险管理和行业监管之路在何方？

三、分析思路

背景分析：包括宏观层面分析、政策法规分析、行业层面分析、企业层面分析、企业基本情况分析。

关键点分析：结合案例内容和背景，本案例中，信息披露、风险管理、刚性兑付、金融监管等是关键点和重点，应逐一展开分析。

四、理论依据与分析

本案例分析的主要理论依据有：

（一）寻租理论

信息是权力的来源，具有信息优势的个人掌握着实际有效的权力，并且这种权力的范围和空间受到正式控制权的约束。拥有信息之所以能成为一种信息权力，是因为信息租金的存在。也就是说，实际权力与信息和知识的分布相对称。具有信息优势的人（经营者）即使不具有法定权力，也可能拥有有效的权力，因为那些具有法定正式控制权的人（所有者）可能会遵从他们的建议。信息及网络技术的应用极大地改变了社会经济的形态。掌控信息的个体拥有权力，而拥有超级信息的个体则享有巨大的潜在利得。拥有私人信息的人必然享有一定的信息租金，如果不让他们享有信息租金，就有可能促使他们逆向选择并降低整个社会的福利。因此，对信息租金的追逐是资本市场信息披露最本质的特征。

(二) 经济后果理论

因为信息披露具有经济后果,管理者当局就有可能为了特殊利益选择性地披露信息,从而产生选择性信息披露。

(三) 软预算约束学说

软预算约束学说是20世纪80年代由匈牙利经济学家科尔奈提出的,主要描述在计划经济和转轨经济中企业经营中存在的一个常见现象,即企业经营不善或资不抵债时不会破产,而是通过政府的救助继续经营。这就与真正市场经济中的企业不一样。在市场经济中,企业经营失败、资不抵债就会破产。

(四) 风险管理理论

对风险的处理有回避风险、预防风险、自留风险和转移风险四种方法。风险管理的基本目标是以最小的经济成本获得最大的安全保障效益,即风险管理就是以最少的费用支出达到最大限度地分散、转移、消除风险,以实现保障人们经济利益和社会稳定的基本目的。分为三种情形:①损失发生前的风险管理目标——避免或减少风险事故发生的机会;②损失发生中的风险管理目标——控制风险事故的扩大和蔓延,尽可能减少损失;③损失发生后的风险管理目标——努力使损失的标的恢复到损失前的状态。

风险管理过程的基本环节:风险识别、风险估测、管理方式选择、风险管理决策、风险管理效果评价。

五、关键点分析

本案例集中反映了我国大资管领域在发展和转型过程中面临的几个关键问题:信息披露、风险管理、刚性兑付、金融监管。从整个事件看,私人银行和信托机构在风险处理等方面的应对机制不成熟,信息披露机制薄弱,而投资者迷信"刚性兑付",认为在国字头银行购买的产品,本金和盈利安全性没有任何风险。

解决方案中提到的授权委托书,内容包含三个要点:投资者同意转让全部信托受益权、包括与受益权相关的所有权益、转让价格为对应的本金金额。委托书约束了投资者获取未支付利息的申诉权。法律上,授权委托书本质上是投资者对转让信托收益权做出的承诺,而不是转让协议本身,对受托人没有约束力。投资人签署授权委托书进行授权即代表接受只兑付本金的方案,同时又通过录音取证表示反对该方案,在后续的维权中很难得到法律上的支持。

这类事件的发生,暴露出私人银行和信托机构的风险处理应对机制不充分,应主动、及时、详细地向投资者通报处理的最新进展。虽然这两款产品最终涉险过关,但在现实中,即使是私人银行的高净值投资者,所购的产品涉险后,也很难获得及时、准确的信息披露。"Z信托1号集合信托计划"兑付危机初现端倪时,投资者多方交涉的结果是仅被告知总行尚未得出明确结论。直到兑付前夜,Z信托才发出产品临时报告,告知煤矿取得采矿许可证、与接盘者接洽等利好消息,安抚投资者的意图明显。更有甚者,不少出现风险的信托产品,即使融资方已陷入债务危机、财务状况严重恶化或担保方无法继续提供有效担保,信托公司仍在每季度的管理报告中隐瞒这些危机,投资者则被蒙在鼓里。

从之前部分信托机构成功安抚投资者的风险产品案例看,一方面,要分批与投资者小范围沟通,及时通报最新情况;另一方面,要表明和投资者立场一致,积极维护他们的合法权益。虽然最后还是发生了收益风险,但与最后关头才抛出一纸没有协商余地的兑付公告相比,更能让投资者接受。

本案例中,当兑付危机初现时,银行认为以托管方和代销方的身份,根据协议和相关规定,没有任何义务承担兜底责任;Z信托认为在融资公司出现资金困难时,银行应通过正常渠道决定是否为其提供贷款,而不应以引入Z信托并通过发行信托产品的方式为其提供融资,将Z信托一并带进"沟",故银行也有一定责任;监管部门认为,虽然法律和文件没有规定信托产品必须刚性兑付,但在"Z信托1号集合信托计划"兑付危机出现时,因募集资金额大、涉及投资者多等复杂情况,不倾向于以产品大幅亏损的方式清盘;投资者则认为,此前没有发生过信托违约的情况,这次也不应出现,对刚性兑付的必然性深信不疑。最终,Z信托得到了紧急援助,解决了兑付资金问题。但援助的详细情况没有公之于众,仅宣布与第三方达成协议,出售所持融资公司的股份。银行和Z信托都没有告知偿付投资者的这些资金来自哪里或者第三方是谁。神秘的接盘侠帮助Z信托度过了兑付危机,维持了刚性兑付神话。

本案例中信托产品涉险过关,但未来是否会打破刚性兑付?央行发布的《中国金融稳定报告(2014)》中首次提出"有序打破刚性兑付",指出应在风险可控的前提下,有序打破刚性兑付,顺应基础资产风险的释放,让一些违约事件在市场的自发作用下"自然发生"。但是,考虑到公司形象及今后的市场,没有信托公司愿意第一个打破刚性兑付,而宁愿选择想尽一切办法兜底。

我国银行体系面临系统性危机风险是 Z 信托得到紧急援助的主要原因。若持有人没有获得全盘兜底式紧急援助而违约，可能会促使信托产品及相关理财产品资产突发恐慌性资金外逃，从而引发流动性危机。如果这款产品被允许违约，刚性兑付被打破，在很短时间内我国金融体系就可能出现巨额不良贷款。即便此次违约已经得以避免，考虑到信托贷款的规模，接下来也会面临流动性紧张。如果银行间利率继续每隔一段时间就大幅波动，央行很难把上海银行间同业拆放利率（SHIBOR）变成信贷产品的定价工具，金融改革也将陷入僵局。我国在 2013 年 12 月公布了地方政府债务审计结果，显示地方政府存在从影子银行取得投资资金的现象，央行和审计署及时启动影子银行审计，并发布国务院 107 号文要求加强对影子银行活动（信托和理财产品）的监管力度。

由于是否打破刚性兑付存在不确定性，投资者对我国金融业风险的担忧情绪只会愈演愈烈。如果遇到兑付危机时，最后的处理方式一贯是全盘兜底式的紧急援助，甚至秘密紧急援助，就对我国政府推行改革的立场带来负面影响，会增加宏观风险。目前已经有大量资金投资于信托基金和理财产品，用于向不同经济部门提供贷款，我国的金融体系面临前所未有的压力，且风险的程度难以测算。倘若大部分信托贷款无法得到偿还，最终会需要大量的紧急援助，并且导致银行体系崩溃，引发一场规模更大的经济危机。即使乐观考虑，由于信托贷款与相关投资之间有已知的期限错配问题，依然存在巨大的流动性风险。尽管 Z 信托依靠紧急援助涉险过关，相关部门已经提出考虑允许信托产品违约，政府干预市场脱离困境会产生道德风险，让预期政府未来还会提供紧急援助的投资者甘冒更大的风险进行投资押注，从而导致更加难以控制的后果，不利于遏制影子银行和信托投资冒险，刚性兑付危机的集中爆发将引发更大的危机。监管机构知道影子银行活动的程度以及正规银行部门如何与影子银行部门相关联之后，政府可能会允许违约，当作风险管理方面给予投资者的教训，倒逼信托和理财产品投资调整和改进以往的冒进做法，实现业务模式的转型，由盲目追求资产规模、以量取胜的粗放式经营和外延式发展的模式，转向内涵式发展、精细化经营以及高附加值产品转化。

从行业发展的角度来看，杜绝刚性兑付危机的关键在于从源头上控制风险。对于信托行业的危机，根本在于完善监管体系、提高风控能力。监管部门出台的允许金融机构破产、重点银行设立"生前遗嘱"、加快建立存款保险制度等措施去杠杆和管控风险的政策意图明显，政府应从金融市场风险兜底者的身份中逐渐撤出。

六、课堂计划建议

本案例在教学中,学员应提前阅读相关背景资料,提炼出重要信息,针对案例分析的焦点问题对背景材料做出初步的归纳、整理和分析。

学员分小组进行讨论,对信托行业的信息披露、风险管理、刚性兑付,以及金融监管等重要问题进行深入剖析。讨论结束后,按小组分别进行发言和展示。发言结束后,由教师进行点评。

企业社会责任

万科企业社会责任实践案例分析[①]

张爱卿　刘诣洋

摘　要：伴随全球企业社会责任运动的演进以及我国经济发展进入新常态，经济高速发展与社会责任的缺失相伴随，引发了越来越多有关环境、资源、劳动关系等的社会问题，可持续发展问题和企业社会责任问题受到普遍关注。从2006年我国仅有19家企业发布企业社会责任年度报告到2014年有1 526家企业发布，不仅报告数量增长，报告内容也更加丰富多元。本案例选取万科作为践行中国企业社会责任的代表，分析其近些年发布的企业社会责任报告，呈现万科在各个社会责任领域的管理策略与履行情况，感知中国企业社会责任现状，同时供其他企业与组织作参考。

关键词：企业社会责任　利益相关者　企业公民

引　言

万科企业股份有限公司（以下简称"万科"）成立于1984年，1988年进入房地产行业，1991年成为深圳证券交易所第二家上市公司。经过三十多年的发展，万科已成为国内最大的住宅开发企业，目前业务覆盖珠三角、长三角、环渤海三大城市经济圈以及中西部地区的共计53个大中城市。

2007年5月20日，万科首次发布企业社会责任报告，到2015年为止，万科

[①] 本案例仅供课堂讨论之用，并无意暗示或说明某种管理行为是否有效。

每年发布一次企业社会责任报告,共发布了7份。在这个过程中,万科不断积累对企业公民的认识,并在制定企业发展战略时进行企业社会责任规划,充分理解其决策、行动、产品所产生的影响,保障利益相关方参与识别、理解和回应彼此的关注重点,并对此承担责任和保持透明。

1 企业发展背景描述

万科认为,坚守价值底线、拒绝利益诱惑,坚持以专业能力从市场获取公平回报,是获得成功的基石。公司致力于通过规范、透明的企业文化和稳健、专注的发展模式,成为最受客户、投资者、员工、合作伙伴欢迎,最受社会尊重的企业。

万科始终关注在自身专业领域发挥优势、践行社会责任。2006 年以来,万科响应政府号召,积极参与各地保障房、廉租房建设。2007 年,万科在广州落成万汇楼,该项目是国内首例由企业出资、探索低收入人群居住问题的廉租房,被广东省建设厅列入"面向低收入群体租赁住房试点项目"。目前,万科已竣工和在建的保障性住房共 367 万平方米。

万科在发展过程中积极实践自身的社会责任。2008 年,由万科发起,经国家民政部、国务院审核批准的万科公益基金会正式成立,至今已为公益项目累计捐助超过 5 907 万元,项目主要集中在孤贫儿童大病救治及环保领域。2011 年 4 月,万科宣布将从股东大会批准的企业公民专项费用中拨出 500 万元,启动"春天里行动"项目,为因贫困无力承担自身或配偶子女的大病治疗费用或因贫困致子女无法完成教育的劳务工提供救助,并协助与支持施工单位等合作伙伴建立劳务工互助共济制度。

下文主要从六大方面分析万科的企业社会责任报告:企业责任管理、企业员工责任、企业市场责任、企业社会责任、企业社区责任和企业环境责任。

2 企业责任管理

2.1 核心价值

万科经营的愿景是成为中国房地产行业持续领跑者,成为卓越的绿色企业。坚持让建筑赞美生命的核心理念,也是万科坚持的产品核心价值观。万科致力于为不同消费者提供展现自我、和谐共生的理想生活空间,保护环境、改善环境,促进人与自然的可持续发展。"创造健康丰盛的人生"是万科的价值观,包含客户是永远的伙伴、人才是万科的资本、阳光照亮的体制、持续的增长和领跑。

2.2 利益相关方沟通

万科的商业蕴含多个环节和不同维度,每一个环节和维度都涉及众多利益相关者。在经营过程中,万科依据业务关联度和潜在影响认定重要利益相关者,在集团企业公民办公室的协助下,指定专门部门负责与利益相关者沟通,确保企业社会责任的落实,与利益相关者保持沟通与合作,实现企业经营、社会、环境的可持续发展。

在与股东沟通方面,万科与投资者建立公开、透明、多层的沟通机制,保证股东的利益是公司经营的核心需求,1991年以来保持每年分红,1993年以来每年现金分红。股东通过股东大会依法行使经营方针、筹资、投资、利润分配等重大事项的表决权,公司严格遵守上市公司有关信息披露的规定,与投资者建立了顺畅的、长效的交流渠道。公司全年召开2次股东大会,接待投资者来访约570次,参加境内外机构组织的大型投资见面会69场,组织投资者见面会4场,进行网上路演3次。此外,万科还通过电话、电子邮件、网上互动平台等方式与投资者交流,聆听投资者意见,传递公司的信息,维护投资者和公司之间的长期信任关系,提高透明度,连续获得深圳证券交易所信息披露优秀评级。

3 企业员工责任

人才是万科的资本,万科的发展离不开员工的努力。万科的各项保障举措最大限度地保证了员工的职业健康安全和合法权益,在万科"阳光照亮的体制"下,员工能通过各种沟通渠道向公司管理层充分表达想法、意见和进行投诉,并通过不同平台展示自己的才干。

3.1 人才培训与发展

2013年,万科管理学院正式成立,在建立集团内部管理培训体系和开展各项培训的同时,力争成为未来房地产行业专业人才输送的造血基地,为万科的未来培养健康人才,为万科和行业的革新营造最佳人才氛围。

3.1.1 领导力培训行动

万科资深经理人才培养计划"珠峰行动"、一线管理层赴任交流、新经理培训是万科领导力培训的三大重要板块。领导力培训为公司培养未来10年适应战略发展的核心人才。2013年,珠峰行动第一期29名学员完成3次集训、11门课程、3次企业交流、2次主题任务、1项个人极限挑战项目。一线管理层赴任交流,22位学员完成30天培训、6大维度科学测评。新经理培训的86位学员完成2期、5天内部和外部相结合的测评。

3.1.2 专业化培训行动

万科形成专业化培训体系,涵盖工程、财务、营销、设计、客服和新业务等。工程系统专业化培训"千亿计划"、财务系统专业化培训"雄鹰行动"、营销系统专业化培训"雨林培训营"、设计系统专业化培训"真实课堂"、客服系统专业化培训"大雁学堂"等品牌培训为万科各专业系统注入新的知识和技术能量。

3.1.3 万科化培训行动

新职员培训、向职业理想致敬、NP14集训营是万科化培训的重要组成项目,价值观认同和职业经理人素养是未来30年万科保持专业领域人力竞争的核心。新职员培训让新职员充分了解和理解公司的历史、文化价值观和职业底线。"向职业理想致敬"由万科花讲师团授课,覆盖6个地产公司、3个商业管理公司。NP14集训营让一群热心公益、创意无限、追求自由和快乐的新动力开启在万科的新生活。

3.1.4 跨界学习

领导力、专业化和万科化三大培训构成了课程体系的核心模块,如何在生物技术、电子商务、互联网等行业日新月异的环境下拓展视野,并在未来30年保持行业领跑,万科虚心向行业外伙伴学习,通过跨界交流开启未来革命。2013年,万科通过"之间"活动,走进阿里巴巴、腾讯和华大基因等企业交流学习。

3.1.5 物业系统培训

针对物业管理行业的特点,万科物业逐步完善针对社区业主实际需求的物业人员专业技能培训,通过基础员工训练体系、岗前岗位培训、送教上门、内部培训评定等措施,在提升物业人员综合素质和专业素养的同时,有的放矢地为社区业主服务,为进一步提升业主满意度、减少物业管理风险、稳定工作团队奠定了坚实的人力资源储备。其中,"三新"培训助推员工稳健成长,在员工入职、晋升的关键阶段,对职业心态、方法、能力进行科学引导及训练。万科从传统文化体验、职业成长经历梳理到参照EMBA培养模式,为不同背景的员工提供了全新的培养通道。

3.2 公平的成长环境

万科严格招聘工作流程指引,坚持公平、透明、公开的甄选原则,注重本地化人才就业,连续11年成为中国大学生最佳雇主。在年度招聘过程中,万科从未发生过性别、民族、年龄、健康状况相关方面的招聘歧视事件。

万科采用市场化定薪,根据员工的工作岗位、市场水平、能力和业绩支付固定薪酬,在获得超越同行平均业绩的同时,员工还获得超越同行业水平的奖励薪酬。万科是一家由职业经理人驱动的公司,有一套完整的机制保障职业经理人与股东分享价值创造的成果。

在公平的成长环境下,万科将规范绩效管理视为人才选拔、岗位调整、薪酬管理、团队配置等决策的根本,员工的工作业绩和行为表现会通过绩效考核管理体系进行客观评价。在客观公正、规范透明、绩效导向的原则下,员工根据岗位性质不同分别参加季度考核和年度考核,并在考核过程中享有充分的知情权和申诉机制。董事会的薪酬与提名委员会负责监督公司高管的考核与激励,公司通过年度述职会议,将高级管理人员的业绩情况、岗位价值和绩效达成状况薪酬挂钩。

3.3 职场道德

万科人坚持阳光是最好的消毒剂。任何情况下不谋取不当私利、不受贿、不行贿,拒绝不当利益的诱惑,保持正直和诚信的品格是万科每一位员工坚守的职业底线;恪守职业操守、保持正直品格、发扬好风气、传递正能量是每一位员工努力的置业梦想。万科一直致力于建立阳光照亮的体制,通过《职员手册》《职员职务行为准则》、年度目标与行动沟通会、100%全覆盖的企业价值观及反腐培训、业务流程法律指引等多种方式,让员工坚守职业底线、防止职务犯罪,万科认为这是对员工最好的保护。

公司与每一位员工签订阳光合作协议,明确反腐败、反贿赂要求,列明多种举报渠道(审计监察部门设立的公开举报网站、举报邮箱、举报电话等),并将此协议作为采购合作协议的重要附件,具备法律效力。这不仅是对采购供应双方权益的基本保障,更是对契约精神的宣传。

除了制度保障,在实践过程中,公司对违规员工无论职位高低一律惩处,对举报属实的举报人进行奖励。日常工作中,定期对公司各专业系统进行不定期的反腐败培训或发布风险提示,如节假日对公司员工和供应商发布反腐败提示,对核实违反职业道德和职务犯罪问题的公开处理以警示全体员工,并且每半年组织全体员工进行一次潜在利益冲突审报,加强公司内部风险控制,提高管理透明度,保护公司、股东和利益相关者的合法权益。

3.4 职场环境安全

万科按照 OHSAS 18000 安全及卫生管理体系的要求,对所有工作场所的健康危害因素进行严格监控和管理。公司针对员工健康、安全生产、应急情况处理制定了完善的管理举措,并对办公楼、售楼处、项目部和项目现场等工作场所的环境因素提出了严格的控制指标,设立专职员工关系岗直接负责员工的健康与安全,通过不同渠道在员工中普及健康知识。职业安全、避险与急救等安全培训和紧急事件处理、火警疏散演习等模拟演练已成为传统。

3.5 员工劳动权益保护

万科拥有全员民主选举产生的职工委员会,代表员工的利益并为员工服务,并制定了《员工委员会章程》《职工委员会选举办法》,保障公司职工劳动权益。同时,万科严格遵守劳动合同法,与所有员工签订合同,并使用规范的《劳动合同书》范本。员工依法享受法定休假日、年休假、婚假、丧假、产假、看护假等带薪假期。万科按照员工资质和岗位需求与员工个人订立薪酬与合同条款,男女员工在工资待遇、培训、晋升等方面享有公平的待遇。

3.6 员工福利保障

万科按照国家法律规定和标准为员工提供福利保障,以及多种额外福利和援助。法定福利包括国家规定的五险一金(养老保险、医疗保险、失业保险、生育保险、工伤保险和住房公积金)、法定节假日、婚丧假、产假、产期陪护假、哺乳假、高温补贴、防暑降温费、独生子女费等。额外福利包括额外带薪年假、意外商业保险、综合医疗商业保险、职员健康体检、各类喜丧礼仪等。除按国家规定为员工购买医疗保险外,公司每年为员工购买大病医疗险、意外伤害险等商业保险。此外,公司提供家属医疗保险渠道,员工可根据家人的健康状况自愿投保。

4 企业市场责任

4.1 质量管控

质量是万科的底线,只有保证工程质量才能为客户提供更好的产品体验和服务感受。2013年,万科明确"每天向前一小步,成就三年质量梦"的目标和方法,将精细管理和质量文化贯彻到底。"两减一提"是提高质量、提高效率、减少对工人的依赖,以此完善质量管控体系,积极推行实测实量项目评估、项目交付评估和客户验房指引表,从过程监控、结果控制、客户视角三个维度全面提升产品质量。

万科提倡用工程师的思维去思考、用工程师的性格去做人,万科的工程师文化是"坚持、讲真话、有担当、不给别人添麻烦、照顾比自己更弱的人"。高素质工程师队伍建设是这种文化传承的基石。2013年、万科发起"千亿计划",累计完成422人赴日研修课程。学员除万科工程系统的员工以外,还覆盖设计、成本、采购、客服、人力等相关专业系统,也包括万科的外部合作伙伴成员,以提高行业工业化整体水平,推行质量文化建设。

4.2 劳务工权益保障

万科持续与施工总包商推行劳务工工资保证金制度,要求总包商优先支付所属劳务工劳动报酬,并将其作为年度合格供方评审的必查项,要求在标准施工合同中明确保障劳务工工资支付及相关违约责任条款,如总包商有拖欠、克扣劳务工劳动报酬行为的,万科将在工程款中扣除相应款项并直接支付给劳务工,确保劳务工工资无拖欠、无克扣。同时,万科根据国家相关规定要求施工单位为劳务工办理各项社会保险。万科要求施工单位为劳务工提供安全及健康培训,每三个月根据工程实际情况修改培训计划并编订新培训课程。

4.3 供应链管理

万科一直与供应链上的伙伴们保持良好的合作关系,深化与优秀合作伙伴的战略合作、加强集中采购,推行飞行检查制度,从源头控制产品质量,在事先不通知供应商的情况下,现场抽取产品样品直接递送经国家权威认证的第三方质量检测机构。根据不定期检测结果,万科将不合格的供应商列入黑名单,并严格执行《万科集团各级采购供应商红黄牌及黑名单管理办法》。通过供应商评估分级体系让优秀的供应商与万科长期合作是供求双方共同的愿望,在保证公平、公正、透明的基础上,完善万科供应商评估体系,简化评估指标,建立数字化供应商分级和评定机制。

4.4 城市配套服务商

社区是城市的重要组成部分,万科的发展不仅要做好社区的配套服务,更要做城市配套服务商。在进一步完善产业链的基础上,不仅要满足城市居民在居住、餐饮、文化、娱乐等方面的多样化生活需求,还要满足城市商业和公共事业发展的需要,为城市发展创新做出贡献。2013年,万科成立商用地产管理部,在商业地产服务着力推进三个产品线:社区商业,紧贴社区最基础的生活配套服务;生活广场,覆盖整个社区的商铺群;城市综合体,大体量商业综合项目。

4.5 客户关系管理

客户永远是万科的伙伴,尊重客户、理解客户、持续提供超越客户期望的产品和服务是万科的价值观。万科根据不同阶段客户所关注的焦点,实施相应服务举措,努力提升客户对产品生命周期各个阶段的品质体检。在对客户服务上,推动尝试"完美交付""维修精益流程"两项精细化服务的新标准。客户关系精细化管理从客户角度出发落实《万科装修房客户验房指引》,这是目前国内房企首份装修房客户验房指引,是万科对客户关系管理的一次自我革新。

万科站在客户视角解决问题,客服联合采购系统针对卫生间淋浴屏的玻璃自爆问题制定了专项解决方案,实现供应链上下游企业/客户服务达成共识。万科在以移动互联网为载体的客户体验方面进行客户关系研究。广州万科、重庆万科通过设立微博公共账号的方式,积极探索和接入客户需求与体验。

5 企业社会责任

5.1 保障房建设

万科持续参与保障房、安置房、廉租房等公共事业性房产项目,帮助为无力承担商品房价格的城市中低收入者家庭提供保障性居住条件。尽管保障房资金回收周期长、利润少、成本高、投入大的情况短时间内难以改变,但在不影响股东利益的情况下,万科一直身体力行地参与保障房建设,承担社会责任。对于在房地产开发过程中发现的人文历史遗迹,万科采取主动保护措施,传承文化,并将这一城市文脉保护理念传递给每一个合作伙伴。

5.2 公益慈善事业

2008年,万科在国家民政部注册成立了万科公益基金会,是一家3A级全国非公募基金会,是企业开展社会公益慈善活动的重要平台,是致力于促进社会进步与可持续发展的重要民间力量。万科公益基金会作为一个由企业发起的公益慈善组织,严格遵守国家有关基金会管理的各种条例,拥有独立的法人代表,并将企业的管理方式和执行效率融入公益事业中,注重基金会管理的规范和透明,特点是由不领薪水的志愿者完成基金会的运营和项目执行;将企业管理的方式纳入公益项目运行,实现项目可评估、可改进、可复制,以周为周期检视项目进展,进行资源匹配和调整;发动和组织志愿者,动员员工、业主和社会各界提供志愿服务,让普通人和普通机构能够共同加入社会可信赖的项目中;每月及时披露捐赠和资助信息,并通过配比捐赠倍增捐赠效果。

5.3 万科专项基金

从2009年开始,万科公益基金会与爱佑慈善基金会合作设立"爱佑童心"万科专项。万科坚持对受资助对象100%走访和回访,并向员工和社会招募走访志愿者,志愿者承担自己的全部费用。万科这样做不仅是为了把每一元善款都用于最需要帮助的贫困患儿,还能确保所有善款最多地用于救治。此外,万科还有雪豹保护计划,慈善跑步项目"爱的每一步",以及通过联合国大会积极加入节能减排的行列。

6 企业社区责任

6.1 幸福社区

幸福社区模型是万科在社区推广人文活动的理论基础,希望从单向的服务转变为双向的共建,让每一位居民都有机会参与到社区发展中,在互联网时代背景下,成就智慧的、有强烈幸福感的社区生活。

6.2 社区信任

万科的邻里公约推广促进邻里和谐,提高社区文明,致力于获得普通而真实的共同心声——"好邻居""好服务""好社区"。杭州良渚文化村的村民公约被视为公民社区理想准则,万科将其精神拓展到更多的城市。

6.3 社区安心

6.3.1 社区驿站

电子商务在极大程度上便捷了网络消费体验,提升了居民日常消费量,将物品递送到社区的"最后一公里"是创造社区便捷居住体验的关键。万科在社区创立了实体店形式的"一站式"生活管家服务,贴心地为居民提供邮包中转、家政、配送等多种日常生活代理代办服务。

6.3.2 万物仓

延伸住户房屋使用面积、提高住房套内面积使用率、提升居住舒适度是万科关注住户家庭成长的良好实践。万物仓是自存仓,又叫迷你仓,是一类储存物件的小型仓库,能很好地帮助客户解决家庭闲置性物品、季节性物品、收藏性物品、情感性物品的存储问题。

6.3.3 第五食堂

"第五食堂"的参与者有老人、儿童、上班族和偶尔不愿下厨做饭的家庭,它不仅满足了社区居民的需求,还解决了周边百姓的就餐问题。除此之外,非用餐时间的食堂空间还成了邻居们联络感情的好地方。"五谷之饭,安于食堂",走出家门,共享第五空间生活圈,是社区的活力,也是第五食堂的魅力。

6.4 社区参与

万科在社区中举办家庭节,体现出家是亲情的港湾、社区是友爱的延续,同时关爱社区孩子们的未来,让孩子在社区里健康快乐成长。社区中形成的儿童圈子,开展的各项活动在家庭和社区的支持下更丰富多彩。此外,万科还在社区成立业主委员会,社区共管是未来社区健康发展的方向,选举协商机制也是公民社会成长的土壤,社会自治与共管的形成是一个需要文化传承和理念更新的较慢过程。

6.5 社区共生

从2010年起,万科发起了珠峰垃圾清扫的"零公里行动",紧接着在全国社区掀起了由业主参与的垃圾分类活动。万科通过推动社区的垃圾分类和处理,建设更多绿色社区,让"低碳环保"成为社区居民的一种健康生活方式,也为低碳城市发展做出了积极贡献。万科持续资助独立研究机构和非政府组织开展北京、上海、广州三个一线城市垃圾减量诚意评估项目,对大城市的垃圾减量政策和实施效果进行全方位评估,并对比各城市生活垃圾管理条例和国家垃圾管理政策,为未来城市社区在分类、回收、处理全链条上开展垃圾分类减量。

7 企业环境责任

7.1 住宅产业化

万科采用标准化的设计和生产,对建筑效率和质量提出更高要求,以先进的、集中的工业生产方式代替过去分散的、落后的手工业生产方式。在中国大规模的城市化过程中,住宅产业化是一个必然趋势,核心是将建筑过程中的误差减到最少,以大大提高建造质量。万科积极推进住宅标准化和产业化进程,为实现对传统建筑方式的更新换代,全面利用工业化技术,以精确的建筑尺度提高空间使用效率,努力将建造误差缩小至毫米计。

7.2 绿色建筑

绿色建筑是在建筑的全寿命期内最大限度地节约资源、保护环境和减少污染,为人们提供健康、高效的使用空间,以及与自然和谐共生的建筑。万科应用先进技术,从设计建造到交付使用过程中减少温室气体的排放,为应对气候变化做出了贡献。装修房项目减少资源浪费、提高资源利用效率是对社会节能环保的重要贡献,我国大多数交付房还是毛坯房,有品质保证的装修房可以减少二次装修过程中的资源浪费、时间成本和居住空间的污染。

在绿色技术创新方面,万科建筑研究中心是住宅产业化技术及产品研发、培训的平台,为实践零碳、零能耗、零污水排放的国际领先环境目标积累并分享宝贵经验。同时,万科在不断地增加科研投入,坚持绿色创新和实践,推进行业技术革新,全年投入科研经费近亿元。

7.3 生产活动环境管理

万科坚持严格施工现场环境管理,将环保理念融入工程规划、设计及施工过程中,善用资源及持续改善环境管理。万科严格遵照施工工地噪声控制、扬尘及空气污染排放控制、污水排放管理、废弃物排放及处理、土壤保护及自然资源保护等条例,从实际出发,规范施工现场的环境保护事务。此外,万科还发展生态住宅园林模式,增加园林物种多样性,利用乡土植物与本土其他生物建立生态联系,形成相对有机的生态系统,利用住宅园林中人群聚集的环境进行生物多样性的科普宣传。

7.4 节能减排行动

万科在全国范围内推广小区 LED 灯更换行动,并对未来新项目均制定 LED 推广方案,做好环境效益评估。万科根据国际标准化组织(ISO)对温室气体管制发展趋势及未来温室气体减量要求,持续推动碳排放管制以降低经营成本,兼顾资源效率、能源节约、行业低碳永续发展。

8 万科企业社会责任报告评价

企业社会责任报告是反映企业履行社会责任情况的信息载体,随着全球经济一体化的发展,经济、社会、环境之间出现了很多矛盾,不仅有越来越多的企业认识到可持续发展的重要性,公众也更加重视和要求企业履行自身的社会责任,监督企业披露社会责任信息。很多大型企业已把履行企业社会责任纳入企业战略规划之中。

2008年,国资委发布《关于中央企业履行社会责任的指导意见》,鼓励中央企业发布可持续发展报告,接受社会公众的监督,加强与各利益相关方的沟通,持续改进企业的各项工作。沪深两地交易所先后发布关于上市公司履行企业社会责任的文件,上交所2009年年初更进一步制定了上市公司社会责任报告编制指引以及上市公司董事会对社会责任报告审议工作底稿。

万科的企业社会责任报告内容丰富,就其履行社会责任的理念、内容、方式和绩效进行了系统的披露,在阅读过程中,人们可以感受到企业切实与利益相关方进行了全面的沟通交流。纵观万科编写和披露社会责任报告以来的报告内容,报告的复杂性和综合程度越来越高,内容涵盖职员、环境、健康安全环境、社会责任等多方面,报告内容的形式和结构也越来越成熟。报告图文并茂、设计美观,将企业在社会责任方面的努力更友好地呈现给公众,面向社会价值观和社会对企业社会责任的关注点,从利益相关方获取资本资源、人力资源和无形的声誉资源等,在这个过程中推万科自身的价值观。

除了完整性和易读性,通过对万科企业社会责任报告的逐年对比,可以发现报告自身有一定的创新性,关注与企业运营活动最为相关的实质性议题,充分体现行业特点,突出万科对自己在行业和社会中的定位。另外,通过在报告中附加与GRI标准索引的对比,主动体现出未在报告中披露的内容及原因,并在某些条目的信息披露中,真实反映企业经营状况遇到的一些负面问题与事件,并做出原因分析和改进措施的补充。

案例使用说明

一、教学对象与目的

本案例适用于人力资源管理课程，也适用于"营销管理""公司治理""企业伦理与社会责任"等相关课程，启发学员通过学习万科企业社会责任形象塑造，认识企业社会责任是企业营销与可持续发展的基础。

二、启发思考题

(1) 万科为何多年坚持社会责任？你对此有何评价？

(2) 万科的企业社会责任营销策略是什么？效益如何？

(3) 万科是如何履行对员工、公众以及消费者的社会责任的？

(4) 你对万科未来的社会责任营销有何建议？

三、背景信息

社会责任标准(SA 8000)是全球第一个可用于第三方认证的社会责任国际标准。它于1997年由社会责任国际组织(SAI)颁布，并经过公开征询和深入研究，于2001年12月正式发表，旨在改善和保障全球劳工的工作条件。企业社会责任标准建立的基本原则是促进企业的可持续发展。该标准规定的社会责任内容包括禁止企业雇用童工，禁止强迫性劳动，必须为工人提供基本的医疗和健康福利以及安全的生产环境，保护结社自由及集体谈判权利，严禁性别和种族等歧视，严禁对员工进行惩戒性措施，工作时间不得超过所在国规定、超过部分必须按照要求予以补偿，保障工人获得的报酬不低于所在国最低薪酬标准等九个方面。这些问题主要涉及劳工关系的改善，为转型经济中我国的组织与人力资源管理提出了挑战，也为企业组织良好形象的树立和持续发展提供了契机。

从社会责任标准的九项内容来看，SA 8000主要关注人力资源方面的劳工权益与保护问题，是管理的新趋势。SA 8000把人本管理、商业道德和精神文明等指标化，使关心人、理解人、尊重人、保护人有了可操作的具体量化标准，使人本管理、人文关怀和人性化告别了抽象与模糊，变成在实践中可操作、可衡量、可对照的尺子和镜子。一个企业是否做到了人本管理，用SA 8000标准就可以衡量。SA 8000的问世是全球经济的一件大事，标志着人类社会从只重视资本、科技发展,转到了以人为本、以社会责任为己任的发展上来。因此,人力资源管理部门是企业社会责任行为的主要协调者,企业的社会责任为人力资源管理提供了一个很好的机会,使人力资源管理在组织中扮演更具影响力的角色。SA 8000 也对人力资源提出了更高的要求,并促使企业努力维护员工的利益、为员工创造良好的工作环境、提供应有的保障。

国际标准化组织(international standard organization, ISO)从 2001 年开始着手进行社会责任国际标准的可行性研究和论证,于 2004 年 6 月最终决定开发适用于包括政府在内的所有社会组织的"社会责任"国际标准化组织指南标准,由 54 个国家和 24 个国际组织参与制定,编号为 ISO 26000,是在 ISO 9000 和 ISO 14000 之后制定的最新标准体系。这是 ISO 的新领域,为此 ISO 成立了社会责任工作组(WGSR)负责标准的起草工作。在借鉴 SA 8000 的基础上,2010 年 11 月 1 日,ISO 在瑞士日内瓦国际会议中心举办了社会责任指南标准(ISO 26000)的发布仪式,标志着该标准正式出台。

ISO 26000 框架大致分为范围、参考标准、术语和定义、组织运作的社会责任环境、社会责任的原则、社会责任的基本目标、组织履行社会责任的指导等十个部分,标准的核心部分覆盖了社会责任内容的九个方面,包括组织管理、人权、劳工、环境、公平经营、消费者权益保护、社区参与、社会发展、利益相关方合作。相比其他社会责任国际指南与标准,ISO 26000 的内容体系更加全面。该标准的诞生将会在更大范围、更高层次的意义上推动全球社会责任运动的发展,并将获得各类组织的响应与采纳。

四、分析路线

从企业社会责任标准 SA 8000 的九项实质内容为出发点,参照 ISO 26000,了解万科是如何在营销管理实践中落实社会责任策略的;对评价万科的客户或消费者的社会责任承担状况;学习企业通过社会责任承担来提升消费者忠诚度的有效方法;认识企业社会责任承担对企业可持续发展的作用以及对社会进步的重要意义。

五、关键点

(1) 准确理解 SA 8000 和 ISO 26000 的实质含义,关注企业社会责任承担与营销战略的实现问题,企业社会责任代表了企业未来的方向,企业社会责任营销是提高消费者忠诚的关键,也是和谐社区以及和谐社会发展的重要方面。

（2）认识万科社会责任营销的策略及其社会绩效和经济绩效。

（3）认识企业履行对员工、公众及消费者社会责任的重要性。

六、课堂计划建议

建议使用 2 个课时进行讨论，提前一周发放案例材料，教学过程中教师保持中立立场，组织学员开展讨论，分析该企业社会责任营销策略效果及其需要改进的地方。

参考文献

1. 杨秀清，"企业社会责任视野下的标准化与消费者参与"，《流通论坛》，2010 年第 3 期，第 25—28 页。

2. 温家宝，"企业家身上要流淌着道德的血液"，中国新闻网，2009 年 2 月 3 日。

3. Andereas Georg Scherer and Guido Palazzo, *Globalization and Corporate Social Responsibility, the Oxford Handbook of Corporate Social Responsibility*, A. McWilliams, D. Matten, J. Moon, D. Siegel, eds., Oxford University Press, 2008.

4. Meral Elc, "The Impact of Perceived Organizational Ethical Climate on Work Satisfaction", *Journal of Business Ethics*, 2009, 84: 297—311.

5. 王七萍，"从'三鹿'奶粉事件探讨乳制品企业的社会责任"，《科技和产业》，2009 年第 1 期，第 51—53 页。

6. 陈淑妮，《企业社会责任与人力资源管理研究》，北京：人民出版社，2007 年。

7. 谭小宏、秦启文、潘孝富，"企业员工组织支持感与工作满意度、离职意向的关系研究"，《心理学》，2007 年第 2 期，第 441—443 页。

8. 中华商务网讯，《2006 年中国食品市场调查与年度预测报告》，2006 年。

9. 王浩、蒋兰英，《如何提升员工忠诚度》，北京：北京大学出版社，2005 年。

10. 吕昆鹏，《企业社会责任形象与员工工作满意度及组织公民行为的关系研究》，北京：中央财经大学，2009 年。

11. 陈英，《企业社会责任理论与实践》，北京：经济管理出版社，2009 年。

12. 刘新芬，"从我国农业食品安全看企业对消费者的社会责任"，《农业经济》，2007 年第 11 期，第 38—40 页。

13. 李智、崔校宁，《中国企业社会责任》，北京：中国经济出版社，2012 年。

14. 林建宗，"企业社会责任综合治理机制研究"，《经济管理》，2011 年第 11 期，第 174—183 页。

15. 刘凤军、李敬强、李辉,"企业社会责任与品牌影响力关系的实证研究",《中国软科学》,2012年第1期,第116—118页。

16. Yuan-Shuh Lii & Monle Lee,"Doing Right Leads to Doing Well:When the Type of CSR and Reputation Interact to Affect Consumer Evaluations of the Firm", *Journal of Business Ethics.*, 2012, 105:69—81.

17.《万科企业股份有限公司2014年度社会责任报告》,http://gz.house.sina.com.cn/news/2015-06-29/11586021134304229507942.shtml。